영혼이 변화하는
제자도 시리즈
Renovaré Apprentice Series
2

선하고 아름다운 삶

The Good and Beautiful Life

제임스 브라이언 스미스 지음 | 전병철 옮김

생명의말씀사

THE GOOD AND BEAUTIFUL LIFE
by James Bryan Smith

Originally published by InterVarsity Press as The Good and Beautiful Life
by James Bryan Smith
ⓒ 2009 by James Bryan Smith.
Translated and printed by permission of InterVarsity Press,
P.O. Box 1400, Downers Grove, IL 60515, USA.
All rights reserved.

Korean Edition published by Word of Life Press, Seoul 2010
Printed in Korea.

선하고 아름다운 삶

ⓒ 생명의말씀사 2010

2010년 9월 15일 1판 1쇄 발행
2024년 2월 27일   8쇄 발행

펴낸이 | 김창영
펴낸곳 | 생명의말씀사

등록 | 1962. 1. 10. No.300-1962-1
주소 | 서울시 종로구 경희궁1길 6 (03176)
전화 | 02)738-6555(본사) · 02)3159-7979(영업)
팩스 | 02)739-3824(본사) · 080-022-8585(영업)

기획편집 | 박미현
디자인 | 오수지
인쇄 | 영진문원
제본 | 다온바인텍

ISBN 978-89-04-15918-5 (04230)
ISBN 978-89-04-00148-4 (세트)

저작권자의 허락없이 이 책의 일부 또는 전체를
무단 복제, 전재, 발췌하면 저작권법에 의해 처벌을 받습니다.

나의 스승들,
달라스 윌라드와 리처드 포스터에게

마치 새것과 옛것을 그 곳간에서 내오는 집주인과 같은
천국의 제자된 서기관들 (마태복음 13:52)

* 이 책의 원서에 나오는 성경구절들은 New Revised Standard Version에서 인용했고,
한글번역은 〈개역개정〉을 사용했다.

CONTENTS

서문 … 6
이 책을 최대한 활용하는 법 … 16

chapter 1 미처 누리지 못한 선하고 아름다운 삶 … 20
　영혼의 훈련 하나님께 편지 쓰기 … 48

chapter 2 많은 사람들이 한 번도 들어보지 못한 복음 … 50
　영혼의 훈련 놀이 … 69

chapter 3 진정한 행복으로의 위대한 초청 … 72
　영혼의 훈련 환대 … 97

chapter 4 화내지 않고 사는 법 배우기 … 102
　영혼의 훈련 안식일 지키기 … 121

chapter 5 정욕을 이기며 사는 법 배우기 … 126
　영혼의 훈련 미디어 금식 … 150

chapter 6 거짓말하지 않고 사는 법 배우기 … 152
　영혼의 훈련 침묵 … 175

chapter 7 저주하는 사람을 축복하는 법 배우기 ... 178
영혼의 훈련 경쟁자의 성공을 위해 기도하기 ... 203

chapter 8 허영심 없이 사는 법 배우기 ... 206
영혼의 훈련 은밀한 섬김 ... 228

chapter 9 탐욕을 부리지 않고 사는 법 배우기 ... 230
영혼의 훈련 가진 것을 나누기 ... 256

chapter 10 염려하지 않고 사는 법 배우기 ... 258
영혼의 훈련 기도 ... 277

chapter 11 다른 사람을 판단하지 않고 사는 법 배우기 ... 280
영혼의 훈련 험담하지 않고 하루 보내기 ... 307

chapter 12 날마다 하나님 나라를 경험하며 살기 ... 310
영혼의 훈련 하루를 경건하게 사는 법 ... 326

부록 : 소그룹 토의를 위한 인도자 지침 ... 335

Note ... 378

서문

감리교의 창시자이자 위대한 설교자였던 존 웨슬리(1703-1791)에게 불신을 품은 한 남자가 찾아와 물었다.

"칠흑같이 어둡습니다. 아무런 생각을 할 수가 없습니다. 하지만 당신은 매일 아침저녁으로 수많은 사람들에게 설교한다고 들었습니다. 말씀해주십시오. 그들에게 무엇을 해주십니까? 그리고 그 사람들을 어디로 인도하시는 겁니까? 어떤 종교를 가르치십니까? 그게 어떤 도움이 됩니까?"

그 말에 웨슬리가 다음과 같이 대답했다.

"당신은 내가 사람들을 위해 무엇을 해주느냐고 물으셨지요? 나는 사람들이 덕이 있고 행복하고, 자신의 본모습과 화목하고, 다른 사람들에게 쓸모 있는 사람이 되도록 돕습니다. 내가 그들을 어디로 인도하느냐고 물으셨습니까? 천국으로 인도합니다. 재판관이시고 만인을 사랑하시는 하나님께로, 그리고 새로운 언약의 중보자이신 예수님께로 인도합니다. 내가 어떤 종교를 설교하느냐고요? 사랑의 종교를 설교합니다. 복음에 의해 밝은 빛으로 인도하는 사랑의 법들을 설교합니다. 그게 왜 그리 좋은 거냐고요? 복음을 받아들인 사람들은 삶속에서 하나님을 즐거워하며, 하나님을 닮아가고, 모든 만물을 사랑하며, 자신의 삶에 자족할 줄 알며, 죽음 앞에서 오히려 평온하나 확신을 갖고 '사망아, 너의 승리가 어디 있느냐! 우리 주 예수 그리스도로 말미암아 우리에게 승리를 주시는 하나님께 감사하노라!' 하고 담대하게 외칠 수 있기 때문에 좋습니다."

웨슬리의 대답이야말로 선하고 아름다운 삶에 대한 간략하지만 탁월한 설명이다.

이 시대에는 그러한 대답을 듣기가 어렵다. 사람들은 더 이상 선(善)에 대하여 이야기하지 않는다. 하지만 웨슬리는 선이야말로 가슴 떨리고 기쁨으로 충만한 삶을 이루는 데 매우 중요한 요소라고 말한다. 어떻게 해야 선한 삶을 살 수 있는가? 웨슬리는 기독교의 복음이야말로 우리가 갈망하는 삶을 살아가는 데 필수적인 기본원칙이라고 여겼다.

우리가 하나님을 알고 그분이 우리를 아시는 것이 바로 우리가 갈망하는 바다. 하지만 하나님에 대한 지식이 있다고 해서 모두 그렇게 될 수 있는 것은 아니다. 웨슬리는 하나님을 심판자로 묘사한다. 하나님은 거룩하시다. 하지만 그 심판의 하나님이 한편으로는 만인을 사랑하시는 분이다. 우리는 바로 그 거룩하고 사랑이 많은 하나님과 교제하도록 만들어졌다. 하지만 우리

스스로 그렇게 할 수 있는 것이 아니다. 그런 까닭에 웨슬리는 자신의 사역이 복음을 듣는 이들을 새로운 언약의 중보자이신 예수님께로 나아가게 하는 것이라고 했다. 바로 그 용서와 회복의 새 언약을 통해 우리는 그리스도가 거하기 원하시고 기뻐하시는 존재들로 변화된다.

그렇다면 웨슬리가 설명하고 규정하는 종교란 무엇인가? 그것은 율법의 종교, 혹은 예식이나 신비주의적 지식의 종교가 아닌 사랑과 자비의 종교다. 우리가 사는 이 세상은 사랑의 사람들을 절실하게 필요로 하고, 순수한 자비를 베푸는 사람들을 목말라한다. 너무 목마른 나머지 실제로 만나면 깜짝 놀란다.

종교의 핵심은 무엇인가? 천국에 들어가는 것인가? 아니다, 오히려 천국을 소유하는 것이다. 하나님과 관계 맺는 법을 통해 하나님을 즐거워하며 우리 안에 거하시는 하나님과 쉽게 교제하는 법을 발견하도록 돕는 것이다. 웨슬리가 믿었듯이, 만일 우리가 그러한 삶을 발견할 수만 있다면, 우리도 영원한 기쁨에 대한 확신을 가지고 평온 속에서 죽음을 맞이할 수 있을 것이다.

이 책은 제자도 시리즈의 두번째 책으로서 웨슬리가 묘사한 바로 그것을 위해 만들었다. 이 시리즈의 1권부터 다음에 출판될 3권까지 모두 이 한 가지 목표를 위해 글을 썼다. 사랑과 변화를 위한 하나님의 거룩한 모략으로 사람들을 이끌려는 것이다. 첫번째 책인 『선하고 아름다운 하나님』은 웨슬리가 묘사한 하나님, 즉 사랑 많으시고, 거룩하시고, 용서하시며, 기쁨을 주시는 하나님께 초점을 맞추었다. 그리고 이 책은 우리의 삶과 마음과 성품에 초점을 맞추었다. 이 책은 기쁨과 자비가 넘치는 선한 삶으로 자라가는 방법들을 다룬다. 세번째 책인『선하고 아름다운 공동체』는 독자들이 하나님 나라의 원리들을 매일의 삶속에서(가정에서, 직장에서, 공동체에서 그리고 그들의 세상 속에서) 어떻게 적용하고 살아야 할지를 배울 수 있게 했다.

예수님은 어떻게 생각하실까?

이 제자도 시리즈의 가장 중요한 핵심원칙들 가운데 하나는 우리가 평소에 어떤 생각과 이야기를 하느냐에 따라 삶이 달라진다는 사실이다. 이야기와 생각이 생활방식을 결정짓는다. 만일 우리가 하나님에 대해, 마치 화가 난 회계사처럼 못마땅한 얼굴로 우리를 옥죄는 분이며, 우리가 사랑받을 만한 일을 해야만 사랑해주시는 분으로 생각한다면, 바로 그 생각이 삶에 그대로 반영될 것이다. 혹은 원수를 미워하고 화를 내면서 사는 것도 괜찮은 인생이라고 생각한다면 그 또한 매일매일의 삶속에 그대로 드러날 것이다.

오늘날 하나님과 인생에 관한 수많은 잘못된 가르침과 편견이 우리 사회에 깊이 자리 잡았다. 문제는 그러한 잘못된 가르침이 교회 안에서도 이루어진다는 것이다. 해결책은 오직 예수님이 어떻게 생각하셨는가를 배우는 것이다. 예수님이라면 '어떻게 하셨을까' 보다 '어떻게 생각하셨을까' 를 고민해보는 것이다.

삼위일체의 두번째 인격이신 예수님은 아버지이신 하나님과 성령하나님과 아주 친밀한 관계다. 예수님은 성부 하나님의 성품을 우리에게 드러내신다. 그리고 아버지 하나님에 대한 아들 예수님의 증거가 가장 확실하고 믿을 만한 것이다. 그런 까닭에, 선하고 아름다운 삶을 사는 가장 중요한 첫 단계는 바로 그 예수님의 가르침을 받아들이는 것이다.

　나 자신의 삶을 보더라도, 내가 기존에 가졌던 잘못된 생각과 가르침을 예수님의 참된 가르침으로 대체했을 때 내 삶이 변화하기 시작했다. 예수님이 사랑하셨던 그 하나님과 사랑에 빠지게 되었다. 나 자신을 그리스도가 거하시는 가치 있고 소중한 존재로 보기 시작했다. 하나님 나라에 들어가면서부터 다른 사람들을 이전과 다르게 대하기 시작했다. 그리고 내 원수들을 위해 기도할 수 있게 되었고, 나를 저주하는 사람을 위해 축복할 수 있게 되었다. 심지어 나를 저주하던 사람들이 저주를 멈추기도 하였다.

변화의 4요소

　변화를 위해서는 지성과 생각과 이야기가 처음부터 뗄 수 없는 관계로 설정되어 있다. 하지만 진정한 변혁은 또 다른 세 가지 요소를 더 포함한다. 천국에 이르는 구원을 얻기 위해서는 아니지만, 영혼을 치유하기 위해 영성을 개발하도록 연습하고 훈련할 필요가 있다. 이 책은 각 장별로 예수님의 가르침을 우리의 영혼에 젖어들도록 도와주는 영적 훈련방법들로 마무리된다. 확신하건대, 마음을 새롭게 하고 영혼의 훈련을 실천함으로써 변화를 경험하기도 하겠지만, 공동체 안에서 함께 훈련하면 더 깊고 오래 지속되는 변화를 맛보게 될 것이다. 우리는 자신이 누구며 누구의 소유인지를 객관적으로 볼 수 있도록 도와주는 다른 지체들이 필요하다.

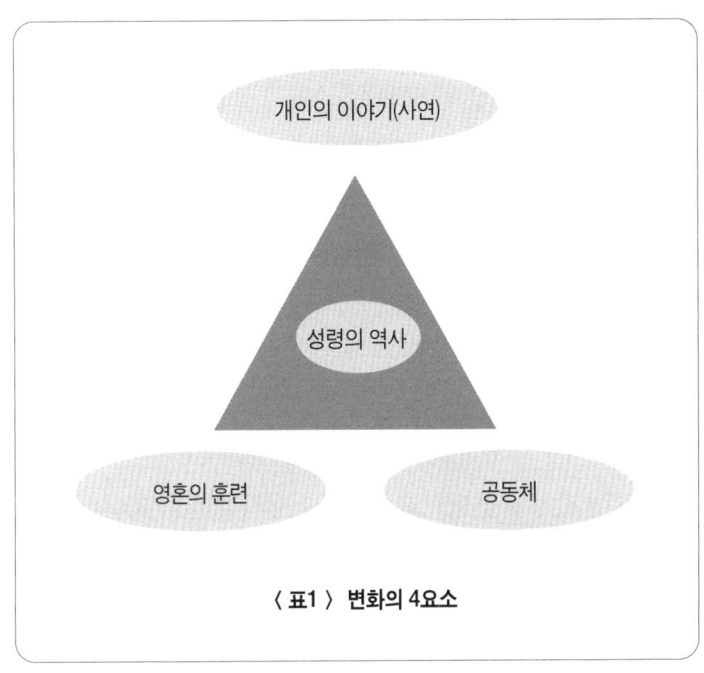

〈 표1 〉 **변화의 4요소**

　지성·훈련·공동체는 변화의 기초가 되는 중요한 요소들이다. 하지만 진정한 변화를 가져오는 것은 성령님이시다. 성령님은 우리를 예수님께로 이끄시고, 하나님 아버지를 드러내시며, 잘못된 것들을 드러나게 하시고, 고치시고, 변화와 성숙을 위해 위로하시고 격려하신다. 성령님은 우리를 진리로 이끄시고, 훈련을 통해 깨닫게 하시고, 공동체에서 하나됨을 경험하게 하셔서 기존의 잘못된 생각을 변화시키신다. 성령의 역사가 아니라면, 변혁은 일어나지 않는다.

　하지만 성령이 주도하시는 그 변화의 과정에 우리가 반드시 참여해야 한다. 진지하게 읽고, 묵상하고, 영혼의 훈련들을 연습하고, 공동체에 참여함으로 우리는 성령께서 우리의 성품을 변화시키실 수 있도록 환경을 조성한다. 표1은 바로 그 4가지 변화를 위한 요소들의 상관관계를 그림으로 보여준다. 제자도 시리즈는 바로 이 모델을 바탕으로 쓰였다.

이 책이 나오게 된 배경

이 책은 두 분의 위대한 스승, 리처드 포스터와 달라스 윌라드 교수에게 받은 배움의 소산이다. 리처드 포스터는 내가 대학생일 때부터 멘토가 되어준 분이다. 훗날 달라스 윌라드 교수를 만나게 되었고, 약 10여 년 동안 윌라드 교수의 조교로 일했다. 구체적으로 말하자면, 이 책은 달라스 윌라드 교수와 함께 일하기 시작하면서 태동되었다고 할 수 있다. 그는 교회와 신자들을 위한 "그리스도를 닮아가는 교과과정"이 필요하다고 끊임없이 내게 강조했다. 달라스 윌라드의 정말 탁월한 역작 『하나님의 모략』 9장에 보면 그 커리큘럼의 청사진이 담겨있다. 그가 그 부분을 저술할 때 내가, "교수님, 그런 훈련과정의 개발이 진짜 가능할까요?"라고 약간 부담을 주는 질문을 했다. 그때마다 그는, "물론 가능하지!"라고 대답했다. 내가 다시, "그럼 왜 그 훈련과정을 직접 개발하지 않으시죠?"라고 물으면, "제임스, 자네가 그 일을 해야 한다고 생각하기 때문이네."라고 대답했다. 그리고 부담 갖지 말라는 말도 잊지 않았다.

1998년, 달라스 윌라드 교수의 청사진을 참조하여, 예수님께서 제자들에게 가르쳐주신 대로 살아가는 방법을 훈련하는 과정을 개발하기 시작했다.

그리고 2003년 내가 출석하고 있던 교회(켄사스 위치타시에 있는 채플 힐 연합감리교회)의 중직자 회의에 가서 이 훈련과정을 시행해보기 위해 교회에서 사람들을 몇 명 모집해도 되는지 문의했다. 모두 흔쾌히 허락해주었고, 첫해에 25명의 참여자들과 장장 30주간의 훈련과정을 시작했다. 그리고 훈련을 시작한 첫 해, 커리큘럼이 진행되는 중에 예수님을 닮아가는 삶이 실제로 가능하다는 달라스 윌라드의 주장이 옳다는 것을 깨달았다. 인간이 그리스도의 성품을 닮아가는 것이 정말로 가능했던 것이다!

그때부터 나는 75명의 새로운 참여자들과 그 커리큘럼에 맞추어 영성개발 훈련을 시작했고, 동일한 결과를 체험했다. 참여자들의 삶에 눈에 뜨이는 변화들이 생기기 시작한 것이다. 교회에서는 그 훈련과정에 참여하는 사람들의 배우자들이 내게 와서 이렇게 말하곤 했다.

"목사님, 도대체 제 남편에게 뭘 어떻게 하신 거죠? 사람이 완전히 달라졌어요! 인내심도 많아지고, 전보다 가족들에게 더 관심을 갖고, 더 많은 시간을 함께 보내려고 노력해요. 도대체 무슨 일이 벌어지는지 모르겠지만, 저도 내년에는 꼭 그 훈련과정에 동참할 계획이랍니다!"

그 뿐만 아니라, 이 훈련과정이 고등부와 대학부 학생들에게까지 실시되고 있다. 어떤 사람들이 이 훈련에 참여할 수 있느냐고 사람들이 내게 물어올 때마다 항상 이렇게 대답한다. "변화를 원하는 사람이라면 누구든지 참여할 수 있습니다. 젊은 사람이나 나이든 사람이나, 초신자나 오래된 신자나, 남녀노소를 불문하고 누구나 참여할 수 있습니다."

이 책에 언급된 주제들

이 책은 마음에 관한 주제들을 다룬다. 우리 마음은 삶의 중심이며, 행동을 통해 마음이 드러나고, 또한 마음 상태가 성품을 형성한다. 영성의 형성은 궁극적으로 성품의 형성이다. 이 책은 우리가 삶속에서 흔히 묻는 "누가 선한 삶을 사는가?"라는 질문에서 비롯되었다. 2장과 3장에서는 예수님의 핵심 메시지와 예수님이 누구에게 그 말씀을 전하셨는지 다루었다. 그 두 장에 걸쳐서 하나님 나라의 실제성과 불변성에 대하여 다루면서 하나님 나라에 대한 확신과 바른 지식이 우리 삶에 얼마나 중요한지를 다루었다.

그리고 나머지 장들에서는 예수님의 산상설교를 깊이 공부하면서 예수님께서 가르치신 순전하고 선한 삶을 어떻게 추구할지에 대하여 다루었다. 4장에서는 분노에 대하여, 그리고 욕망과 거짓, 우리를 저주하는 사람을 축복하는 것, 허영과 탐욕, 염려, 그리고 다른 사람을 판단하는 문제에 대하여 다루었다. 마지막 12장에서는 매일매일의 삶에서 어떻게 하나님 나라를 경험하면서 살 수 있는지에 대한 방향을 제시하고, 어떻게 하면 일상 속에서 하나님과 친밀한 교제를 나누며 살 수 있는지에 대한 문제를 특별히 조명하여 다루었다.

이 책을 읽을 때, 당신의 삶에 분명하고 긍정적인 변화를 경험하게 되리라는 소망과 확신을 가지고 이 훈련에 참여하라고 권면하고 싶다. 확신하건대, 당신 안에서 착한 일을 시작하신 하나님께서 끝까지 그 일을 마치시리라고 믿는다. 당신이 변화할 수 있다는 확신을 가지고 전진하라. 그러면 주위 사람들이 변화하는 당신의 모습을 보면서 감동과 도전을 받게 될 것이다. 하나님께서 당신의 마음과 혼과 육을 변화시키시고, 당신을 통해 이 세상을 변화시키시기를 소망한다.

★ 이 책을 최대한 활용하는 법

이 책은 공동체에서 활용하도록 기획되었다. 소그룹, 주일학교 성경공부, 혹은 가정이나 커피숍에서 몇몇 친구들과 함께 하는 모임 등 어떠한 공동체적 상황에서라도 사용하기 좋게 만들었다. 이 책은 다른 사람들과 함께 공부할 때 그 효과가 더욱 극대화 된다.

그러나 만일 이 책을 혼자서 읽는다면, 아래에 소개한 4가지를 기억할 때 더 많은 도움이 될 것이다. 어떤 상황에서 이 책을 활용하든지, 하나님께서 당신 안에 시작하신 선한 일을 이루실 것을 확신한다.

1. 준비하라. 영혼의 글쓰기를 위한 노트나 일기장을 준비하라.

일기장은 각 장의 질문에 답을 쓰거나, 장 끝부분에 있는 영혼 훈련 연습과정을 묵상한 내용을 적는 데 사용할 것이다.

2. 읽어라. 각 장을 주의 깊게 그리고 철저하게 읽어라.

서둘러 읽지 않도록 하라. 그리고 몰아서 한꺼번에 읽지 않도록 하라. 시간을 잘 분배하여 내용을 충분히 소화할 수 있도록 모임 전에 미리 읽어라.

3. 실천하라. 매주 각 장 뒷부분에 있는 영혼 훈련 활동들을 실천하도록 하라.

각 장의 내용과 관련된 영혼 훈련을 직접 해봄으로써 당신의 영혼이 치유되고 새롭게 형성되어 갈 것이다. 어떤 훈련들은 다른 훈련보다 시간이 조금 더 소요될 수도 있다. 그러므로 소그룹 모임 전에 훈련을 실천할 충분한 시간을 확보할 수 있도록 노력하라. 영혼의 훈련을 직접 해보기 위한 시간뿐만 아니라, 글쓰기를 위한 시간도 반드시 확보하라.

4. 묵상하라. 시간을 내어 반드시 묵상한 내용을 기록하라.

각 장 마지막 부분에 주어진 묵상 질문들을 읽고 묵상한 후 기록하라. 그렇게 하면, 생각이 정리되고, 하나님께서 가르치시고자 하는 것들이 더욱 명확해질 것이다. 또한 소그룹 토론을 위한 준비에 많은 도움이 될 것이다.

5. 나누라. 소그룹에서 다른 사람들의 경험을 경청하고 자신의 체험을 나눌 준비를 하라.

소그룹은 다른 사람들의 경험과 통찰력을 들을 수 있는 아주 좋은 기회를 제공한다. 만일 모든 참석자가 묵상한 내용을 미리 써 온다면, 소그룹 나눔이 더욱 효과적이고 풍성해질 것이다. 사람들은 다른 사람들 앞에서 나눌 때 자신의 머릿속에서 잘 정리된 생각만 나누려는 경향이 있다. 그렇기 때문에 소그룹 모임이 더욱 가치 있다.

중요한 것은 말하는 것보다 두 배 이상 다른 사람의 말에 귀 기울여 들어야 한다는 것이다. 또한 자신의 이야기를 나눌 수 있도록 반드시 준비해야 한다. 소그룹의 다른 지체들이 당신의 생각과 경험에서 배울 수 있기 때문이다.

6. 격려하라. 소그룹 시간 이외에도 소모임 구성원들 간에 교제를 나누어야 한다.

기계문명이 우리에게 허락한 큰 축복 가운데 하나는 서로 교제하고 연락하기가 이전보다 훨씬 더 편리해졌다는 것이다. 소그룹 모임 전에 최소한 두 사람의 멤버들에게 격려의 이메일을 보내는 것도 좋다. 당신이 그들을 기억하고 있다는 사실과, 그들을 위해 기도하고 있다는 것을 알려주라. 이것은 서로 관계를 강화해주고, 전체적인 체험들을 더욱 깊게 도와줄 것이다. 강한 인간관계를 형성하는 것이 성공적인 영적 체험을 위한 열쇠다.

chapter

1

미처 누리지 못한 선하고 아름다운 삶

영혼의 훈련 : 하나님께 편지 쓰기

| The Good and Beautiful Life |

"**이 땅에서의 존재 의미는** 우리가 자라면서 생각해 왔던 것처럼 물질적 풍요에 있는 것이 아니라 영혼의 계발에 달려 있다." _ 알렉산더 솔제니친 (Alexander Solzhenitsyn)

어느 여름에 은퇴한 노인들을 위한 센터에서 목회실습을 한 적이 있었다. 그 일은 매우 쉬웠다. 그곳에 사는 노인들은 지속적인 돌봄이 필요없을 정도로 모두 건강한 분들이었다. 대부분의 노인들이 마치 대학교 기숙사에 모여 사는 대학생들처럼 공동체 생활을 즐겼다. 단지 차이가 있다면 어린 대학생들이 아니라, 지혜가 많고 흰머리와 주름이 있는 나이 지긋한 대학생들이었다는 것이다. 어디를 가든지 만면에 웃음이 가득한 사람들을 볼 수 있었다.

매일 함께 예배하는 시간이면 글래디스(Gladys)라는 여자 분이 찬송가 반주를 했고, 내가 짧은 설교를 한 후에 찬송가 한 장을 더 부르고 축도로 예배를 마치곤 했다. 나머지 하루 일과는 노인들이 모여서 차를 마시거나 게임을 하면서, 자녀들과 손자들에 관해 이야기꽃을 피웠다. 정말이지 그 실습 기간은 내게 편하고 어려울 것 없는 과정이었다. 할머니들과 차를 마시고, 할아버지들과 함께 포켓볼을 치며 보내는 것도 여름을 나기에 그리 나쁘지 않은 방법이었다.

대부분의 시간은 많은 사람들과 함께 게임을 하거나 이야기를 나누었지만, 가끔씩 개인 심방을 원하는 분들도 있었다. 하루는 실습 책임자가 내게 "116호실의 벤 제이콥스가 개인 면담을 원함"이라고 적힌 종이를 한 장 건네주었다.

그 책임자는 나를 한번 힐긋 쳐다보고는 이렇게 말했다. "짐, 행운을 빌어요." 그녀의 목소리에는 내가 곤란한 일을 겪게 될 거라고 여기는 듯한 느낌이 담겨 있었다. 그래도 나는, '사람 만나는 일이 뭐 그리 어렵겠는가?'라고 생각하며 벤 할아버지가 머무는 방으로 찾아갔다.

내가 문을 두드리자, 안에서 굵은 목소리가 들려왔다. "들어오게, 젊은이." 벤 할아버지는 흔들의자에 앉아 있었다. 다리에는 커다란 숄을 덮고, 파란색 카디건과 단추가 달린 셔츠를 입고 있었다. 할아버지는 백발이 성성했고, 잘 다듬어진 수염과 깊고 큰 눈과 아주 길고 가느다란 코를 가진 독특한 인상을 풍겼다. 매우 진지한 분 같아 보였고, 결코 만만한 사람 같지 않았다.

"안녕하세요, 벤 할아버지!" 나는 할아버지의 손을 잡아 악수를 청하며 말했다.

"앉게, 젊은 목사 양반." 벤 할아버지는 내 악수를 받지도 않은 채 대답했다. 그리고 한 30분 정도 철학과 종교에 대하여 대화를 나누었다. 내가 얼마나 똑똑한지, 책은 얼마나 읽었는지를 시험해보고 싶었는지, 아니면 그저 나에게 깊은 인상을 주려고 했는지는 잘 모르겠다. 할아버지는 종교와 철학분야의 아주 복잡하고 까다로운 문제들에 대한 해박한 지식을 갖고 있었다. 우리는 곧 어떤 철학자가 최고의 사상가였는가에 대하여 열띤 논쟁을 벌이기도 했다. 하지만 그가 나하고 철학적 논쟁이나 하자고 만나려고 한 것은 아닐 텐데, 진짜 나를 보자고 한 저의가 파악되지 않았다. 한참이 지난 후에야 할아버지는 내게 이렇게 말했다. "자, 이제 자네도 할 일이 많을 테니 오늘은 이쯤하지. 잘 가시게!"

이번에는 할아버지가 악수를 청하며 내 손을 잡았다. 그리고 방을 나서는 내게 이렇게 말했다. "내일도 다시 와줄 수 있겠나?"

그 후로 6일 동안 나는 할아버지가 계신 116호에 찾아갔다. 벤 할아버지는 내가 찾아 갈 때마다 아주 조금씩만 마음의 문을 열었다. 그리고 자신의 인생 조각들을 조금씩 내게 들려주었다. 7일째가 되어서야 벤 할아버지가 왜 나를 만나려고 했는지 그 의도를 조금 알 것 같았다. 벤 할아버지는 고해성사를 할 대상이 필요했다. 어떤 특정한 사건에 대하여 고백하려는 것이 아니라, 자신이 인생을 얼마나 잘못 살아왔는지를 참회하기 원했다. 놀라운 사실은, 다른 사람들이 말하는 벤 할아버지의 삶은 그렇게 나쁘지 않았다는 것이다. 심지어 어떤 사람들은 벤 할아버지가 인생을 아주 잘 살아오신 분이라고 말하기도 했다.

"나는 1910년에 태어났다네. 1935년에 처음으로 백만장자가 되었지. 겨우 스물다섯 살이었어. 나이 마흔이 되었을 때 난 이미 우리 주에서 최고의 부자가 되었지. 정치인들이 나와 친하게 지내기를 바라더군. 난 돈이 되는 일이라면 가능한 모든 사람들에게 거짓말을 하고 속였다네. 내 삶의 모토는 아주 간단했어. 상대가 누구든지 그 사람에게 얻어낼 수 있는 것은 다 얻어내라. 나는 엄청난 부를 축적했고, 모든 사람들이 나를 부러워했지. 그 시절에 내가 누린 명예와 권력은 대단했어. 2천 명도 넘는 직원들을 거느리고 있었는데, 모두 날 두려워해서 감히 쳐다보지도 못할 정도였지. 나는 온통 돈에만 정신이 팔려 있었다네. 지금 40대인 딸이 하나 있는데, 나하고는 말도 하지 않으려고 해."

벤은 잠시 말을 멈추고 물끄러미 나를 쳐다보았다. 마치 내 심판을 기다리기라도 하듯이. 하지만 나는 다소 놀랐을 뿐, 판단하지는 않았다. 카디건 스웨터를 입은 인자한 할아버지 같은 분이 그처럼 이기적이고, 야심차고, 심지어 죄 많은 인생을 살았다고 여겨지지 않았기 때문이다. 벤이 말을 이었다.

"지금 내가 가진 게 아무것도 없으니 자네에게는 내가 인생을 망친 것처럼 보일 수도 있겠지. 하지만 나에게 돈은 여전히 많다네. 내가 다 쓰지 못할 정도로 많은 돈이 남아 있지. 그러나 돈이 많다고 해도 여전히 난 행복하지가 않아. 매일 여기에 앉아서 죽을 날만 기다리고 있지. 추억이라고 해 봐야 내겐 안 좋은 기억밖에는 없어. 지금껏 나는 나 아닌 다른 누구도 돌봐준 적이 없고, 또 나를 돌봐준 사람도 없어. 지금 자네가 나를 돌보는 유일한 존재야."

모든 사람은 행복해지기를 원한다

사람에 따라 내향적 혹은 외향적인 기질을 갖고 있다. 어떤 사람들은 고양이를 좋아하는가 하면, 또 어떤 사람들은 강아지를 더 좋아한다. 모험을 즐기는 사람이 있는가 하면, 어떤 사람들은 무조건 안전을 추구하는 경향이 있다. 이처럼 우리는 모두 다르다. 모두가 독특하다. 하지만 우리 모두에게서 공통적으로 찾아볼 수 있는 것이 있다. 그것은 누구나 행복해지기를 원한다는 것이다. 따분하고, 생명력 없고, 지루하고, 의미 없는 인생을 살고 싶은 사람은 없다.

나는 여태껏 자신의 인생목표가 인생을 망치는 것이라고 말하는 사람을 만나본 적이 없다. 우리는 모두 행복해지기를 바라고, 어느 한 순간만 행복한 것이 아니라, 가능하다면 항상 그 행복을 누리며 살기를 바란다. 또한 우리가 사랑하는 사람들도 바로 그 행복을 함께 누리며 살기를 기대한다. 최근에 한 여론조사 기관에서 다음과 같은 아주 간단한 질문을 했다고 한다. "성공이나 부, 선한 삶, 행복 가운데 부모님이 당신에게 가장 권장하는 것은 무엇입니까?" 응답자의 85%가 '행복'이라고 대답했다고 한다.

벤 할아버지도 행복해지기를 원했었다. 단 한 순간도 자신의 인생이 기쁨도 없고 슬픔으로 가득 찬 삶이 되었으면 하고 바라지 않았다. 벤은 '내 인생을 제대로 망치기 위해서는 순간순간 이기적인 태도를 유지해야 돼.' 라고 생각해본 적도 없을 것이다. 그는 자신이 행복을 추구하며 살았다고 생각했다.

우리 모두가 항상 그렇듯이, 벤 역시 행복과 기쁨과 만족과 부를 추구하며 살아왔다. 문제는 벤이 믿었던 성공과 행복에 대한 생각이 잘못되었다는 것이다. 벤은 다만 선하고 행복한 인생이 어떤 것인지에 대해 세상이 가르쳐준 잘못된 가르침을 좇았을 뿐이다.

다른 모든 이야기가 그렇듯이, 그가 추구한 잘못된 가르침과 이야기가 그의 삶을 지배했고, 결과를 합리화했다. 그것은 결코 하루아침에 이루어진 일이 아니다. 인생은 한 순간에 잘못되는 것이 아니라 오랜 시간에 걸쳐 망가진다. 그렇지만 그 모든 시작은 우리가 가진 이야기에서 비롯한다. 우리가 가진 이야기가 우리 인생을 만들어가기 때문이다.

오늘날에는 행복의 개념과 기쁨의 개념에 분명한 차이가 있다. 행복은 우리의 환경에 따라 좌우되는 일시적인 조건이다. 반면에 기쁨은 외부 환경과 상관없는 내면의 상태다. 그러므로 기쁨의 감정은 외부 상황에 따라 변하지 않는다. 존 웨슬리 같은 옛날 영성작가들은 선하고 덕망 있는 인생을 묘사할 때 행복이라는 단어를 사용했다. 진정으로 행복한 사람은 선한 사람이다. 웨슬리는 유명한 말을 남겼다. "거룩하지 않으면서 행복할 수 없다." 내가 이 책에서 이야기하는 행복이 바로 그런 선한 삶을 묘사할 때 사용하는 행복이다.

 모든 사람이 행복해지기를 바란다는 사실에 동의할 수 있는가?

잘못된 가르침 :
행복은 세상의 원리를 따를 때만 주어진다

텔레비전 인기 프로그램을 한 시간 정도만 시청해도 이 세상의 가치관이 우리에게 교묘하게 스며든다. 그 가운데 약 20분 정도는 다양한 종류의 상품 광고들로 가득 차 있다. 미용용품부터 호텔과 자동차 타이어 광고까지……. 간접적이기는 하지만, 감추어진 메시지는 이것이다: 행복의 원천은 돈, 섹스, 권력이다! 비키니 수영복을 입은 여자가 자동차 타이어 더미 곁에 서서, 자신들은 그 타이어를 사는 남성들에게 관심이 있다는 듯 착각을 불러일으킨다. 또한 아주 잘생긴 남자가 최고급 호텔에 머무르면서 매우 만족스러워한다. 광고의 핵심 메시지는 간단하다. 비싸고 고급스러운 것이 우리를 행복하게 만든다는 것이다.

이 모든 가르침은 거짓이다. 다시 말하면, 반쪽짜리 진리이거나 노골적인 거짓말이다. 우리가 그런 가르침을 받아들이고 따를 때, 우리 영혼은 서서히 파괴되기 시작한다. 벤 할아버지는 그러한 잘못된 가르침들에 근거하여 살았다. 엄청난 부를 축적하고, 권력도 가지고, 의미 없는 성적 문란에 수없이 빠졌었다.

인간의 모든 행위 중심에는 그 행위의 근간이 되는 이야기, 즉 가치가 숨어 있다. 우리 문화가 가르치는, '해도 좋다' 는 메시지를 주는 긍정적 이야기는 다음과 같이 여러 가지 다른 모습으로 나타난다.

"1등만 살아남는다."

"한 번 뿐인 인생, 후회 없이 다 가져라!"

"사랑과 전쟁에는 수단과 방법을 가리지 말아야 한다."

대부분 이러한 이야기들은 비도덕적이고 비윤리적인 행동들을 정당화하고 합리화하기 위한 것들이다.

'하지 마라'는 메시지를 주는 부정적 이야기에는 다음과 같은 것들이 있다.

"욕망을 억제하지 마라. 모든 욕망은 좋은 것이다."

"법칙은 깨지기 위해서 존재한다."

"약속에 얽매이지 마라."

"착하면 손해 본다."

벤 할아버지는 이러한 가르침을 신념으로 삼았고, 결국 자신을 외톨이로 만들어, 후회스럽고 자신의 행복을 위해 다른 사람들을 희생시킨 나쁜 기억의 노예가 되었다. 그는 내게 '예수님의 가르침들은 매우 좋다고 생각하지만, 도저히 그대로 따르며 살 수 없는 실행 불가능한 가르침'이라고 말했다. 그는 또 말하기를, 만일 예수님의 명령대로 살려고 노력했다면, 자신의 인생은 지루하고 기쁨도 없고, 갑갑하고 불쾌한 인생이었을 것이라고 했다. 예수님은 자신을 연약하고 실패한 인생으로 만드셨을 것이라고 생각했다.

노력하지 않고도 인생을 망치는 법

로마서 1장 18-32절에서 바울은 인간이 어떻게 자신의 인생을 망치는지 잘 묘사해 놓았다. 바울은 현대 심리학이 발전되기 훨씬 전인 2천 년 전에 이미 인간의 영혼이 어떻게 파괴되는지를 잘 기록했다. 바울의 묘사는 내가 지금껏 읽은 어떤 것보다 정확하다. 로마서 1장 18-32절을 읽어보는 것이 전체 그림을 이해하는 데 도움이 될 것이다. 여기에서는 요점만 정리하려고 한다. 〈인생을 망치는 6단계: 밑바닥 인생이 되는 과정〉이라고 이름 붙였다.

1. 하나님께 등을 돌리는 단계 : 내 인생의 하나님 노릇은 내가 하겠다.

인생을 망치는 첫째 단계는 하나님을 하나님 되시지 못하게 하는 것이다. 조금 더 구체적으로 말하자면, 하나님을 경외하고 그분께 영광 돌리는 것을 거부하는 것이다. 그런 태도에 대하여 바울은 다음과 같이 기록한다. "하나님을 알되 하나님을 영화롭게도 아니하며 감사하지도 아니하고"(롬 1:21).

2. 마음이 어두워지는 단계(현실에 대한 무감각).

이 단계에서는 다른 그리스도인들처럼 하나님의 존재는 믿는다. 하나님이 만물의 창조주시며, 시작과 끝이시며, 전지전능하신 존재라는 사실을 믿는다. 하나님의 존재를 믿는다면 당연히 그분께 영광을 돌리며 감사드려야 한다. 그런데 그렇게 하지 않는다. 1단계처럼 하나님께 영광 돌리지 않는다는 것은 결국 현실에서 괴리된다는 말이다. 이것은 우주의 진리와 위배되는 것이기도 하다. 따라서 진리를 추구해야 할 우리의 마음이 어두워지는 것이다. 그래서 바울은 이렇게 말했다. "그 생각이 허망하여지며 미련한 마음이 어두워졌나니 스스로 지혜 있다 하나 어리석게 되어"(롬 1:21-22).

3. 우상숭배하는 단계 : 우리에게는 신이 필요하다.

인간이 하나님을 부인하면, 하나님의 자리를 반드시 다른 무엇인가가 차지한다. "완벽한 진공상태는 없다." 사람이든 물건이든 하나님의 자리를 대신하게 되어 있다. 우리가 원하는 신은 우리를 위해 많은 것을 주고, 그 대가로 우리에게 많은 것을 원하지 않는 신이다. 그래서 나온 해결책이 바로 우상을 만들어 내는 것이다. 바울은 그 다음 단계를 이렇게 묘사한다. "썩어지지 아니하는 하나님의 영광을 썩어질 사람과 새와 짐승과 기어다니는 동물 모양의 우상으로 바꾸었느니라"(롬 1:23). 우상이라고 해서 꼭 어떤 형상을 가진 것은 아니다. 쾌락과 행복, 그리고 잘못된 목적의식을 얻기 위해 우리의 마음이 빼앗기는 그 어떤 것도 우상이 될 수 있다. 우상은 우리가 갈망하는 것들을 채워주고 대신에 그것을 얻기 위해 우리 삶의 에너지를 희생하게 만든다는 것이 바로 핵심이다.

4. 하나님이 내버려 두시는 단계 : 하나님의 진노.

인생의 허망함을 깨닫고 하나님께로 돌이키지 않는 한, 인간은 반드시 우상숭배로 빠져들게 된다. 인간에게 버림받으신 하나님은 선택의 여지가 없으시다. 그래서 바울은 이렇게 기록한다. "그러므로 하나님께서 그들을 마음의 정욕대로 더러움에 내버려 두사"(롬 1:24). 하나님이 우리를 그대로 내버려 두신다. 하나님의 진노는 죄를 간과하지 않으시고, 죄에 대하여 자신의 의를 드러내신다.

5. 쾌락을 위해서라면 무슨 짓이든 하는 단계.

현실에서 분리되고, 지각이 어두워진 상태에서 인간은 자신의 공허함을 채우기 위한 방법을 찾기 시작한다. 임시방편이기는 하지만, 가장 쉬운 방법은 육신의 정욕을 채우는 것이다. 욕정과 폭음은 일시적인 행복감을 맛보는 가장 빠른 방법이다. 그러나 마약이나 술, 음식, 성적인 관계, 혹은 포르노를 통해 경험하는 육신적인 쾌감은 시간이 갈수록 효능이 약해진다. 매번 그런 행위를 할 때마다 쾌감이 줄어들기 시작하고, 결과적으로 더 강력하고 자극적인 것을 찾거나 빈도수를 늘려간다. 사도 바울은 그것을 다음과 같이 묘사한다. "이 때문에 하나님께서 그들을 부끄러운 욕심에 내버려 두셨으니"(롬 1:26). 그들이 초기에 갖고 있던 '마음속의 정욕'이 결국 '비인간적인 정욕'으로 변형된 것이다.

6. 죄의 지배를 받는 단계.

이 마지막 단계는 최악의 상태며, 앞에서 언급된 다섯 단계들의 자연적인 결과다. 죄와 악이 아주 자연스러운 상태가 되어버린 것이다. 하나님을 부인하고 하나님의 자리를 피조물로 대신하여 숭배하고 섬기지만 채워지지 않고, 이제 자연스럽게 하나님을 인정하지 않는 모든 일들, 즉 죄를 저지르기 시작한다. 바울은 오늘날에도 흔히 찾아볼 수 있는 그 죄의 목록을 다음과 같이 기록한다. 사람들이 하나님을 인정하기를 싫어하므로 하나님께서 사람들을 타락한 마음자리에 내버려 두셔서 하지 말아야 할 일들을 하도록 버려두셨다. 사람들은 온갖 불의와 악행과 탐욕과 악으로 가득 차 있으며, 시기와 살의와 분쟁과 사기와 적으로 가득 차 있으며, 수군거리는 자요, 중상하는 자요, 하나님을 미워하는 자요, 불손한 자요, 오만한 자요, 자랑하는 자요, 악을 꾸미는 자요, 부모를 거역하는 자요, 우매한 자요, 신의가 없는 자요, 무정한 자요, 무자비한 자다(롬 1:28-31).

나는 매일 신문을 집어들 때마다 지금 우리가 사는 사회에서 바울이 말했던 타락한 모습들을 본다. 권력을 남용하는 정치인들, 강간, 살인, 방화, 도망자, 폭력조직, 마약 밀매업자, 매춘 등등.

그 모든 것이 치명적인 첫째 단계에서부터 시작된다. 아담과 하와도 에덴 동산에서 하나님을 영화롭게 하거나 감사하지 않는 바로 그 첫째 단계에서 타락했다. 하나님을 떠나면, 선하고 아름다운 삶에서 멀어지기 시작하고, 죄로 가득한 추한 삶으로 전락하고 만다.

 이러한 점진적인 타락의 과정을 다른 사람들의 삶속에서 본 적이 있는가? 아니면 본인이 직접 체험한 적 있는가?

추악한 죄, 아름다운 덕행

죄를 두둔하려고 하는 사람은 많지만, 결코 두둔할 수 없다. 죄는 추악하다. 그것은 아름다움의 반대 개념이다. 가끔 지나가는 여자를 힐끗 훔쳐보는 남자를 보는데, 내가 다 민망해진다. 분노 또한 추하다. 격분하는 사람을 보면 마음이 불편해진다. 염려는 부적절하다. 다른 사람을 판단하는 것도 역겹다. 누군가 다른 사람을 험담하는 것을 들으면 갑자기 내 기분도 안 좋아진다. 교만과 선입견, 속임수와 업신여김⋯⋯이 모든 것들은 추한 것들이다. 그런 추한 모습들을 다른 사람에게서 발견하면 당연히 그 사람의 매력이 사라진다. 하지만 그런 모습들을 내 자신에게서 발견하면 금세 자신을 합리화하고 포장하려고 한다. 그 추함과 파괴성에도 불구하고 죄는 여전히 행복이라는 허상으로 끊임없이 우리를 유혹한다.

그와 반대로, 겉모습이 아니라 선한 것을 사모하는 마음의 내적 현실로서의 선(善)은 아름답다. 진리를 말하는 사람을 대할 때마다, 설령 그것이 자신을 아프게 할지라도, 그 모습이 사랑스럽다. 여성을 차별적인 태도로 대하지 않고 동등한 인격체로 대하는 사람을 대하면 그에게서 아름다움을 본다. 아무도 모르게 선을 베푸는 사람은 놀랍고 경이롭기까지 하다. 『칠층산 The Seven Storey Mountain』이라는 책을 보면, 저자인 토마스 머튼(Thomas Merton)이 자기가 아직 젊었을 때 어떻게 죄로 물들었던 삶에서 하나님께로 돌이키게 되었는지를 설명하는 부분이 나온다. 원래 그는 선이라는 단어를 경멸하고 우습게 여겼었다. 그는 선을 "위선자들이 내숭떠는 행위"이라고 비웃었다. 하지만, 머튼은 훗날 선행이야 말로 도덕적 탁월함에서 나오는 힘이라고 생각했으며, 행복한 삶을 위한 유일한 방편이라는 사실을 깨달았다.

> 선행없이는 행복이 있을 수 없다. 선행은 행복을 획득할 수 있는 힘이기 때문이다. 선행 없이는 기쁨이 있을 수 없다. 선행은 인간의 자연적 정력을 조정하고 조절하여 조화와 완성과 평형을 지향하게 하며 마침내 인간 본성이 하나님과 일치

하여 영원한 평화를 얻도록 하는 습성이기 때문이다.

죄는 항상 추하다. 그러나 순수한 선행은 언제나 아름답다. 죄는 파멸로 이끌지만, 선행은 더욱 위대한 능력으로 인도한다. 그리고 이것이야말로 사람들이, 심지어는 무신론자들까지도 예수님을 사랑하는 이유다. 예수님은 순수한 선 그 자체였다. 주님은 선하고 아름다운 삶을 친히 사셨으며, 제자들에게도 그러한 삶을 살라고 초대하신다. 선한 삶을 사는 사람은 주변의 모든 사람에게 빛이 된다. 몇 년 전 나는 바로 그런 사람을 만나서 교제하게 되었고, 그는 지금도 내 삶에 많은 영향을 끼치고 있다.

 "죄는 언제나 추하다. 하지만 선행은 언제나 아름답다"는 말을 잘 설명해줄 수 있는 몇 가지 예를 들어보라.

선하고 아름다운 삶을 잘 살아낸 사람

2006년 여름 내 인생의 영웅들 가운데 한 사람을 만나는 특권을 누렸다. UCLA의 전설적인 농구 감독 존 우든(John Wooden)을 만난 것이다. 우든 감독은 전대미문의 기록을 가졌는데, 어쩌면 절대로 깨지지 않을지 모른다. 1975년까지 미국대학농구(NCAA) 대회의 우승을 10번이나 기록했다. 어떤 감독도 4번 이상 우승을 거둔 적이 없다. 그가 이끄는 팀이 시즌에서 88연승을 기록한 적도 있다. 그 기록을 제외하면 지금까지 최고 연승기록은 44연승이다.

감독시절에는 빌 왈튼(Bill Walton), 카림 압둘-자바(Kareem Abdul-Jabbar)와 같은 최고 스타 선수들을 키워내기도 했다.

많은 사람들이 우든 감독을 역사상 최고의 농구감독이라고 생각하지만, 사실 농구뿐 아니라 모든 스포츠를 통틀어도 최고의 감독이다. 오늘날까지도 우든 감독과 함께 했던 많은 선수들이 일주일에 한 번씩 안부전화를 하고, 사랑한다는 말과 영향력에 대한 감사의 말을 하고, 운동뿐 아니라 인생 문제에 대하여 조언을 구한다고 한다.

비록 우든 감독이 농구감독으로서 추앙을 받고 있지만, 우승 기록이 그를 존경받게 한 것은 아니다. 내가 우든 감독을 만나 함께 시간을 보낸 그날 오후, 나는 그에게 인생의 비밀이 무엇인지를 물었다. 그는 이렇게 말했다. "짐, 나는 1935년에 삶의 원칙을 세웠네. 그 후로 지금까지 한 번도 그 원칙에서 벗어나 본적이 없다네. 그 삶의 원칙들은 하나님의 말씀과 예수님의 가르침에 바탕을 두고 있지. 용기, 정직, 부지런함, 성품, 충성, 덕행과 존경……. 이런 원칙들이 바로 선한 삶을 만들어가는 비결이라고 생각하네만."

꼬박 3시간 동안 나눈 대화 가운데 그가 한 모든 말을 내 수첩에 적은 것 같다. 당시 14살이었던 아들과 동행했었는데, 우든 감독이 내 아들 제이콥을 어떻게 대하는지 자세히 관찰했다. 우든 감독은 그날 14살 밖에 안 된 내 아들을 거기에 있는 유일한 사람처럼 최선을 다해 존중해주었다. 거기에 진열된 우든 감독의 기념품들을 보던 아들 제이콥의 눈이 휘둥그레졌다. 야구의 전설 미키 맨틀(Mickey Mantle), 데릭 제터(Derrick Jeter), 그리고 조 토레(Joe Torre) 같은 선수들이 사인한 야구공들, 그리고 "우든 감독님께: 감독님은 내 영혼의 스승입니다."라고 적힌 글귀들도 눈에 띄었다.

존 우든 감독은 삶의 올바른 길을 찾았고, 하루도 빠짐없이 그 길에서 벗어나지 않으며 살았다. 젊은 시절 넬 여사와 만나서 사랑에 빠지고 결혼해서 아내가 먼저 하늘나라로 가기 전까지 55년 동안 결혼생활을 유지했다. 농구 연습을 시작하는 첫날이면, 맨 처음 한 시간 동안은 선수들에게 양말 신는 법을 가르친다고 한다. 그의 말에 따르면, 양말을 제대로 신는 법을 배우지 않으면 발에 물집이 생긴다고 한다.

그는 선수들에게 인생의 중요한 원칙들을 가르쳤다. 작은 일에도 최선을 다하라, 점수를 올리면 공을 패스해준 선수에게 반드시 고맙다는 표시를 하라, 등등. 지금도 UCLA에서는 점수 낼 때 도움을 준 선수에게 고맙다고 말하는 훈련을 시킨다. 우든 감독은 선수들에게 이렇게 말한다. "자신을 훈련하지 않으면 다른 선수들이 고생한다." "절대로 거짓말하지 마라. 속이지 말고, 남의 물건을 훔치지 마라." "스스로 자랑스럽고 자신감 넘치기 위해 노력하라."

존 우든 감독은 놀라운 인생을 살았다. 아내를 향한 그의 사랑과 예수님을 향한 사랑이 그의 집을 가득 메운 듯 했다. 우든 감독의 미소는 전염성을 가졌다. 그는 자주 웃고, 겸손한 사람이었다. 살아있음에 감사했고, 자녀들과 손자들을 볼 수 있어서 기쁘다고 했다. 하지만, 사랑하는 주님과 아내 넬이 있는 천국으로 갈 준비가 되어있다는 말도 했다. 존은 정말 멋진 인생을 살았다. 그리고 "내게는 과분하게 멋진 삶이었지!"라고 말했다. 하지만 사실은 우리 모두 그러한 삶을 살아야만 한다. 진리, 선행, 정직한 삶이야말로 진정한 행복으로 인도한다. 존 우든 감독이야말로 진정 선하고 아름다운 삶을 살고 있는 사람이다.

존 우든 감독은 1910년에 태어났다. 벤 할아버지가 태어난 해다. 그 두 사람은 같은 시대를 살았고, 두 사람 다 경제공황을 겪었고, 세계 2차 대전을 경험했고, 경제 불황과 번영을 모두 맛보았으며, 정권이 바뀌면서 12명도 넘는 대통령을 경험했다. 두 사람은 비록 동과 서로 떨어져 있었지만, 같은 나라에서 살았다. 두 사람 다 출발점은 대단하지 않았지만, 확연하게 다른 인생을 살았다.

무엇이 가장 다른 점일까? 벤은 인생과 행복에 대해 잘못된 생각을 갖고 환상을 품고 살았기 때문에 자신의 인생을 파괴하는 결과를 낳았다. 반면에 존은 선하고 아름다운 삶을 이루기 위한 정확한 가르침, 즉 진리와 예수님의 가르침에 근거를 둔 삶을 살았다. 그 가르침에 따라 영광스러운 삶을 살았고, 그리스도와 함께 밝은 미래를 기대할 수 있게 되었다. 벤이 모래 위에 인생이라는 집을 지었다면, 존은 든든한 반석이신 예수님 위에 자신의 인생이라는 집을 지었던 것이다.

한 가지 분명하게 해둘 것은 존이 선한 일을 많이 했기 때문에 하나님의 복을 받게 된 것이 아니라는 말이다. 물론 존의 선한 행위들이 그의 삶을 선한 인생으로 이끈 것은 사실이다. 하지만 선한 삶 자체가 바로 선한 행위의 보상이다. 하나님은 우리의 행위에 따라 복을 주시고 벌을 주시는 분이 아니다. 만일 그랬다면 모든 '나쁜' 사람들은 고통가운데 살고 있어야 하고, 모든 '착한' 사람들은 복 받은 삶을 살아야 하는데, 현실은 그렇지 않다. 하지만 하나님을 따른 사람들만 알 수 있는 삶의 기쁨과 평강이 있는 건 확실하다.

존 우든 감독이나 벤 할아버지 두 사람 모두 인생에서 비범한 성공을 이룬 것만은 사실이다. 두 사람 모두 매우 독특한 인생을 살았다. 그리고 매우 예외적인 삶을 살았다. 하지만 당신과 내 인생은 그만큼 예외적이지 않다. 그러나 매일 우리가 내리는 결정에 따라 선한 삶에 가까워질 것인지, 추한 삶에 가까워질 것인지가 결정된다. 우리는 매순간 탐욕스러운 결정을 내릴 것인가 나누고 베푸는 넉넉한 결정을 내릴 것인가, 자기중심적이고 이기적인 결정을 할 것인가, 아니면 자기희생적이고 이타적인 결정을 할 것인가, 혹은 다른 사람을 정죄할 것인가 아니면 용서할 것인가, 저주할 것인가 축복할 것인가 수많은 결정을 내리며 살아간다. 벤 할아버지나 존 우든 감독의 삶은 평균적인 삶은 아니었지만, 그들의 영혼은 우리와 다르게 특별하지 않았다. 우리가 누구이든 간에 우리가 매일 따르며 살아갈 지침을 선택해야 한다.

 존 우든 감독 같은 사람을 만나본 적이 있는가? 그렇다면 그 사람이 당신에게 어떤 영향을 끼쳤는가?

예수님의 가르침

존 우든 감독은 어린 시절에 그리스도인이 되었고, 자신의 삶을 예수님의 가르침에 뿌리내렸다. 예수님의 가르침은 이것이다.

"선하고 아름다운 삶은 율법이나 규칙이 아니라 내가 지시한 대로 살 때 비로소 가능해진다."

예수님은 산상수훈 마지막 부분에서 그렇게 말씀하셨다. 산상수훈의 내용은 뒤에서 자세히 다루기로 하고, 지금은 예수님께서 당신의 설교를 어떻게 결론 지으셨는지 잠시 살펴보도록 하자. 가장 심오한 설교를 하신 후에 예수님이 이렇게 말씀하셨다.

> 그러므로 누구든지 나의 이 말을 듣고 행하는 자는 그 집을 반석 위에 지은 지혜로운 사람 같으리니 비가 내리고 창수가 나고 바람이 불어 그 집에 부딪치되 무너지지 아니하나니 이는 주추를 반석 위에 놓은 까닭이요 나의 이 말을 듣고 행하지 아니하는 자는 그 집을 모래 위에 지은 어리석은 사람 같으리니 비가 내리고 창수가 나고 바람이 불어 그 집에 부딪치매 무너져 그 무너짐이 심하니라(마 7: 24-27).

누구든지 예수님의 말씀을 듣고 그 가르침을 따라 사는 사람은 비바람이 몰아쳐도 끄떡없는 반석 위에 집을 지은 사람이다. 반대로, 주님의 말씀을 듣지 않고 행하지도 않는 사람은 마치 모래 위에 집을 짓는 사람과 같다. 비가 내리고 창수가 나고 바람이 불면 집이 무너진다. 예수님께서 당신의 말을 "듣고 행하는 사람이 지혜롭다"고 하셨는데, 예수님의 어떤 말씀을 가리키는 걸까? 그것은 바로 산상수훈을 가리킨다.

주님은 당신의 가르침이 분노나 욕정이나 거짓에 덮이는 것을 원하지 않으셨다. 보복이나 염려나 다른 사람을 판단하는 것에 가리기를 원하지 않으셨다. 이상한 것은, 많은 그리스도인들이 주님의 가르침을 너무 어렵다고 여기고 평범한 사람들에게는 해당사항 없다고 생각해서 쉽게 지나쳐 버리려고 한다는 것이다.

이 책은 '산상수훈'이라는 기초 위에 세워졌다. 목표는 그리스도인들이 분노, 정욕, 거짓, 염려, 교만, 판단에 대한 예수님의 가르침을 깨닫고 실천하도록 돕는 것이다. 이런 문제들에 대한 예수님의 가르침은 진리다. 주님의 가르침을 따라 살면 우리 인생에 비가 오고 창수가 나도 흔들리지 않는 선한 삶을 살 수 있다. 반면 주님의 가르침에 불순종하는 삶은 파멸로 치닫는다. 예수님은 인생을 어렵게 만드신 것이 아니라, 주님의 가르침에 순종하는 삶이 선하고 아름다운 삶으로 가는 길임을 나타내려고 하셨다. 다른 길은 없다. 주님의 가르침을 닮아가든지, 아니면 선하고 아름다운 삶을 포기하든지 둘 중 하나다.

지도와 등대

오래전에 고든 리빙스턴(Gordon Livingston)이 82공수사단에서 초급장교로 노스캐롤라이나의 포트 브랙 지역에서 전투훈련을 지휘한 적이 있었다. 그는 그때 이야기를 다음과 같이 기록했다.

> 내가 지도를 살펴보고 있었는데, 소대의 베테랑 중사 한 명이 내게 다가와서 물었다. "중대장님, 지금 우리의 현재 위치가 어디인지 파악하셨습니까?" 내가 대답

했다. "이 지도에 따르면 저쪽 어딘가에 언덕이 있어야 하는데, 언덕이 보이지 않아." 그러자 중사가 내게 말했다. "중대장님, 만약에 지도와 우리가 밟고 있는 땅이 서로 일치하지 않으면 그건 지도가 잘못된 것입니다." 나는 그때 아주 심오한 진리를 깨달았다.

지도는 우리가 어디에 있는지를 알려 준다. 지도가 우리의 현실과 비슷할수록 좋은 지도다. 우리의 삶을 이끄는 이야기도 마찬가지다. 틀린 이야기들도 있다. 아주 탁월하게 정확한 이야기들도 있다. 예수님의 이야기가 그렇다. 아니, 정확한 정도가 아니라 완벽하다. 지도가 묘사하는 것과 실제 지형이 얼마나 일치하는가를 가지고 그 지도의 정확도를 측정할 수 있다. 고든 중위는 위대한 진리를 하나 배웠다. 만약 지도가 지형과 일치하지 않으면 그 지도가 틀렸다는 것이다. 실제 지형이 다를 리는 없기 때문이다.

마찬가지로, 이야기도 우리를 인도하고 길을 가르쳐 준다. 어디서 어떻게 방향을 바꿔야 할지 길잡이가 된다. 하지만 이야기가 실제 삶과 일치하지 않으면 그 이야기는 틀린 것이다. 벤 할아버지가 따랐던 이야기는 부정확했다. "이 길이 선하고 아름다운 삶으로 가는 길이다."라고 말했지만 실제로는 인생을 파멸로 이끌었다. 삶 자체가 잘못된 것이 아니라 그 삶을 이끈 이야기가 잘못되었던 것이다. 반대로 예수님의 이야기는 현실과 일치한다. 예수님의 가르침을 따른 사람치고 실망하는 사람을 본 적이 없다. 예수님의 가르침을 실천했다가 잘못된 사람도 보지 못했다. 주님의 가르침은 현실세계와 정확하게 일치한다. 예수님께 순종하는 것 외에 선하고 아름다운 삶을 살 수 있는 다른 방법은 없다. 그렇기 때문에 우리는 예수님의 길을 따라야 한다.

어둡고 폭풍이 몰아치던 밤, 아주 교만한 선장이 이끄는 배 한척이 정면으로 마주오는 또 다른 배 한척과 맞섰다. 다른 배가 "기수를 돌리시오!"라는 신호를 보내왔다. 하지만 선장은 그 신호를 무시했다. 오히려 선장은 그 배를 향해 길을 비키라고 신호를 보냈다. 유명한 선장이 이끄는 그 배는 아주 중요한 임무를 띠고 있었기 때문에 자신에게 우선권이 있다고 생각했다. 그때 다른 배가 다시 신호를 보냈다. "기수를 돌리시오. 지금 당장!" 그러자 선장은 다시 그 신호를 무시하고 "감히 내가 누구인줄 알고! 이 배가 어떤 배인 줄 아는가? SS 포세이돈이다. 그리고 나는 프랭클린 모란 선장이다. 빨리 뱃머리를 돌려라!"하고 무전을 보냈다. 곧 저쪽 '배'에서 다음과 같은 무전이 왔다. "지금 당장 배의 기수를 돌리십시오. 여기는 등대입니다. 지금 귀하의 배는 암초에 좌초되기 일보직전입니다."

우리는 분명 우리 마음대로 살 수 있는 자유가 있다. 선장이 등대의 신호를 무시하는 것도 자유다. 하지만 자유가 있다 해도 배가 암초에 부딪히는 것만은 피할 수 없다. 우리가 틀린 선택을 하면 현실이라는 바위에 세게 부딪히고 만다. 산상수훈을 읽을 때에 이런 자세로 읽어야 한다. 예수님은 우리에게 복을 주시기 위해, 혹은 우리가 죽어서 천국을 가려면 당신의 가르침을 따라야 한다고 요구하시는 것이 아니다.

주님은 지금 우리 현실에 대한 단순한 진리를 말씀하고 계신다. 예수님이 자신은 고상한 척하시면서 우리에게 정욕을 주의하라고 경고하시는 것이 아니라, 그렇게 하지 않으면 우리 인생이 파괴되기 때문이다. 염려를 너무 많이 하면 우리가 위궤양에 걸릴까 봐 염려하지 말라고 하시는 것이 아니라, 하나님 나라에 속한 사람들은 염려할 필요가 없기 때문에 그렇게 가르치시는 것이다. 염려는 시간낭비일 뿐이다. 정욕, 염려, 판단과 비판, 분노와 보복, 자만은 결코 아름답지 않고 선하지 않다. 그리고 우리를 절대로 자유롭게 할 수 없다. 오히려 그런 것들은 우리를 자유에서 더욱 멀어지게 할 뿐이다.

예수님의 가르침을 따르지 않고서는 행복이나 기쁨을 찾을 수 없다. C. S. 루이스는 이렇게 말했다. "하나님은 하나님과 상관없는 행복이나 평화를 주실 수 없습니다. 그런 것은 세상에 없기 때문입니다. 그런 행복이나 평화는 존재하지 않습니다." 하나님은 우리의 순종 여부에 따라 기쁨을 허락하시거나 빼앗으시는 그런 인색한 분이 아니다. 다만 하나님과 함께하지 않는 인생에는 기쁨이라는 것 자체가 존재하지 않을 뿐이다. "하나님 제발 제게 행복과 평화를 허락해 주십시오. 하지만, 제 삶은 제 마음대로 살게 내버려 두십시오."라고 간구할 수도 있다. 그러면 주님은 이렇게 대답하신다. "미안하구나. 난 네가 원하는 것을 줄 수가 없다. 너는 지금 존재하지도 않는 것을 구하고 있단다."

제자가 되지 않은 대가

영성개발과 제자훈련은 수많은 사람들로 하여금 하나님과 깊은 교제의 삶을 나누기 위해서 반드시 치러야 할 대가가 상당히 크다고 생각하게 만든다. 영성을 추구하면 쾌락을 추구하던 삶, 웃음과 재미로 채워졌던 삶은 더 이상 없다. 건전한 오락, 영화감상, 맛있는 음식, 인터넷 그리고 친구들과 즐기던 게임도 영성훈련을 위해 다 포기해야 한다고 생각한다. 하지만, 절대로 그렇지 않다. 예수님을 따르는 삶을 추구한다고 해서 그런 궁상맞고, 슬프고, 꽁한 인생을 살아야 하는 것은 아니다. 오히려 그 반대다. 그리스도를 따르는 사람들은 더 높은 차원의 즐거움, 깊이 있는 웃음, 그리고 삶이 가져다주는 온갖 선한 것들을 다 체험할 수 있다. 다만 하나님 나라에 속한 사람들은 오락과 즐거움을 추구하는 데 다른 사람들보다 차별적인 선택을 한다는 게 다른 점이다. 선하고 아름다운 하나님은 우리의 기쁨을 빼앗는 분이 아니라, 오히려 적당한 선을 지키고 절제하면 더욱 실제적이고 오래 지속되는 기쁨을 가져다주시는 하나님이시다.

예수님의 가르침을 따르면 삶이 지루해진다는 생각은 우리 영혼의 적이 사용하는 가장 효과적인 거짓말이다. 예수님을 따르고 순종할 때 최고의 기쁨을 얻는다는 사실은 사탄과 그 똘마니들이 더욱 잘 알고 있는 사실이다. 하지만 종교적인 가르침들을 여기 저기 비틀고 꼬아서, 그리스도인들의 삶을 거룩한 못난이의 모습으로 그려놓았다. 사탄은 사람들이 제자도의 대가를 두려워하게 만든다. 하지만 사실은 제자가 되지 않기 때문에 치러야 할 대가가 훨씬 더 크다. 달라스 윌라드는 이렇게 설명한다.

> 제자가 되지 않기 때문에 우리가 치러야 할 희생은 지속적인 평안과 사랑으로 점철된 삶, 영원한 하나님의 통치를 최우선으로 하여 매사를 바라보는 믿음, 어떠한 절망적인 상황 가운데서라도 쓰러지지 않는 소망, 옳은 것을 하고자 하는 능력

과 악의 세력들에게 대적하는 힘, 이 모든 것들이다. 요컨대, 그 대가는 정확하게 말해서 예수님께서 우리에게 가져다주시는 풍성한 삶이다(요 10:10).

예수님을 따르기 위해서 내가 무엇을 포기해야 하는가는 중요한 질문이 아니다. 정작 중요한 질문은 내가 예수님을 따르지 않으면 결코 경험할 수 없게 될 체험은 무엇인가다. 그리고 대답은 의외로 분명하다. 예수님을 따르지 않으면 선하고 아름다운 삶을 결코 살 수 없게 된다.

우리는 항상 다시 시작한다 – 다시 벤 할아버지의 이야기

그해 여름에 수많은 대화들을 나누며 나는 벤 할아버지에게 결국 예수님을 따르는 길만이 유일한 길이라고 말해주었다. 벤 할아버지는 내 말에 특별한 거부반응을 보이지 않았다. 오히려 그는 예수님이 훌륭한 분이라고 했다. 하지만, 자신은 너무 많은 죄를 지었고, 나이가 너무 많아 예수를 믿고 따르기에는 너무 늦었다고 말했다. 그래서 나는 구원은 우리의 나이와 상관없이 하나님이 가장 기쁘게 베푸시는 일이라고 설명해주었다. 여름 내내 우리는 매일 만났다. 만날 때마다 더욱 기쁨이 넘치는 대화를 나눌 수 있었다. 우리는 복음서를 함께 읽었고, 자비와 용서 그리고 변화의 기회에 대하여 이야기했다.

여름이 다 지나고 내 실습기간이 거의 마쳐갈 무렵, 벤 할아버지는 내게 아주 특별한 선물을 준비했다. 그것은 내가 아주 좋아한 오래된 책이었다.

그리고 그는 자신이 예수님을 따르기로 결심했다고 말해주었다. 예수님께 자신의 죄를 용서해달라고 기도했고, 말로 설명할 수 없지만 갑자기 이상하게 하나님께서 자신을 용서해주셨다는 확신이 들었다는 말도 해주었다. 그리고 자신의 딸에게 썼다는 편지도 보여주었다. 그것은 딸의 용서를 구하는 편지였다. 그가 내게 선물해준 책도 귀했지만, 무엇보다 귀한 선물은 여름동안 내게 보여준 그의 변화였다.

내가 벤 할아버지에 관하여 들은 마지막 소식은 그의 딸에게 받은 편지를 통해서였다. 벤은 여든여덟 살을 일기로 세상을 떠났다고 했다. 그 편지에 할아버지가 딸과 화해하게 된 이야기도 있었다. 벤 할아버지가 구원을 받았다는 소식도 함께 실려 있었다. 편지에 의하면, 벤 할아버지는 말년에 완전히 변화된 인생을 살았다고 한다. 그리고 그가 종종 여름에 나와 함께 보낸 시간들에 대하여 이야기하며, 나중에라도 내게 꼭 감사하다는 말을 전해달라고 했다고 한다. 벤 할아버지는 처음 75년 동안은 그다지 빛나는 인생을 살지 못했다. 하지만 변화를 경험했고, 남은 10여 년은 하나님께 헌신된 삶을 살다 돌아가셨다. 딸에 의하면, 벤 할아버지는 빛나는 영광 가운데서 돌아가셨다고 했다.

벤 할아버지를 생각하면서 나는 우리 삶의 변화가 가능한 일일뿐 아니라 필수요건이라고 깨닫게 되었다. 우리는 매일 삶을 새롭게 시작해야 한다. 비록 우리의 과거는 돌에 새겨진 것처럼 바꿀 수 없다 할지라도, 우리의 미래는 여전히 젖은 시멘트처럼 유연하고, 부드러워서 우리가 하기에 달려 있다. 구원받지 못할 사람은 아무도 없다.

우리가 과거에 무슨 잘못을 저질렀는지 어디에 있었는지는 더 이상 문제가 되지 않는다. 이 지구상에서 가장 사랑 많고 가장 지혜로운 선생님의 가르침을 따라 마음과 생각과 행동을 변화시킬 수 있는 기회는 누구에게나 있다. 매일 예수님은 우리 각 사람에게, "나를 따라오너라!"라고 말씀하신다. 주님의 초청에 응하기만 한다면 선하고 아름다운 삶이 우리를 기다리고 있다. 그리고 그 하루하루를 씨줄과 날줄 삼아 성실하게 살다 보면 달이 가고 해가 가고 세월이 흐른 뒤에, 우리는 선하고 아름다운 삶을 살았노라고 고백할 수 있을 것이다. 그러한 삶은 영원한 사랑의 축복을 알리는 증거가 된다.

 과거에 한번이라도 '나도 변할 수 있다'고 느꼈던 적이 있는가? 이 장을 읽으며 변화가 가능하다고 생각하게 되었다면 어떤 부분 때문이었는가?

영혼의 훈련

하나님께 편지 쓰기

편지에다 과거에 저지른 실수를 고백하고 싶을지도 모르지만, 만일 그렇다고 해도, 편지의 나머지 부분은 당신이 기대하고 원하는 '선하고 아름다운 삶'은 어떤 것인지 적어보라. 큰 꿈을 꾸라. 하나님이 당신의 최대의 소망이라고 생각하라.

다 쓴 편지는 안전한 곳에 보관하라. 적어도 일 년에 한 번씩은 이 편지를 꺼내어 읽고 나를 향한 하나님의 꿈과 비전을 확인하는 시간을 갖는 것이 좋다. 이 편지를 삶의 가이드라인 혹은 영감으로 삼아라. 괜찮다면 믿을 수 있는 사람과 함께 이 편지를 나누어 읽는 것도 좋다. 혹시 이 책을 소그룹에서 다른 사람들과 함께 공부하고 있다면, 그 소그룹 구성원들과 함께 편지를 읽는 것도 좋다. 하지만 부담이 된다면 꼭 그렇게 할 필요는 없다. 내 개인적인 경험으로는 소그룹에서 각 사람이 돌아가면서 편지를 읽게 했더니 서로에게 엄청난 위로와 격려가 되었다.

 영혼의 훈련에 대한 묵상

당신이 이 책을 혼자 공부하든지 공동체 안에서 함께 공부하든지 상관없이 아래의 질문들이 당신의 경험을 묵상하고 성찰하는 데 도움이 될 것이다. 아래의 질문에 대한 답을 일기장에 기록하는 습관을 들이는 것이 좋다. 만일 소그룹 안에서 다른 사람들과 함께 학습하고 있다면, 자신의 묵상과 체험을 다른 사람들과 나눌 때 기억하기 쉽도록 일기장을 다음 모임에 가지고 가라.

- 당신이 기록한 편지의 내용에 대하여 설명해 보고, 어떤 느낌이었는지를 나누어 보라.

- 이 영혼의 훈련을 통해 하나님에 대하여 혹은 자신에 대하여 새롭게 깨달은 사실이 있다면 무엇인가?

- 만일 괜찮다면 당신이 기록한 편지를 다른 사람들과 나누어 보라.

chapter
2

많은 사람들이
한 번도 들어보지 못한 복음

영혼의 훈련 : 놀이

| The Gospel Many People have Never Heard |

신학교를 막 졸업한 내게 만일 누군가 "예수님의 복음이 무엇입니까?"라고 물었다면, 나는 서슴지 않고 이렇게 대답했을 것이다. "우리가 죽으면 천국에 갈 수 있도록 예수님이 우리의 죄를 위해 죽으셨다는 사실이요." 혹은 어떤 사람이 나에게 30초의 시간을 주면서 믿지 않는 사람에게 복음을 설명하라고 한다면, 나는 이렇게 대답할 것이다. "하나님은 당신을 사랑하십니다. 당신의 죄 때문에 당신은 하나님과 분리되었고, 하나님과 교제할 수 없었습니다. 하지만 예수님께서 당신을 위해 죽으셨고, 죄의 문제를 해결해주셨습니다. 예수 그리스도를 믿음으로 말미암아 하나님의 사랑을 알게 되고 경험할 수 있게 되었으며, 영생을 얻을 수 있습니다."

나는 시간이 흐른 지금까지도 여전히 그 사실을 믿는다. 복음, 직역하면 '기쁜소식'은 바로 그 메시지를 담고 있다. 나는 하나님이 우리를 사랑하시고 우리 때문에 하나님과의 관계가 단절되었으며, 예수님의 희생만이 하나님과 다시 화해하는 유일한 방법이며, 믿음으로 예수님을 영접해야만 구원을 얻을 수 있다는 사실을 확실히 믿는다. 그것이 사실이라는 것을 믿을 뿐만 아니라, 그것이 복음의 가장 핵심이며 타협할 수 없는 사실이라는 것 또한 믿는다. 내가 처음 그리스도인이 되었을 때 그 진리를 배웠지만, 30년이 지난 지금도 그 진리를 변함없이 믿고 있다.

그런데 세월이 지나면서 복음에는 더 좋은 소식이 포함되어 있다는 사실을 깨달았다. 이전에 쓴 책, 『선하고 아름다운 하나님』에서 나는 하나님께 사랑받고 있다는 사실을 아는 것의 중요성(5장), 용서받았다는 사실을 깨닫는 것의 중요성(7장), 그리스도 안에서 새로운 생명을 얻었다는 사실을 아는 중요성(8장)과 같은 영적인 기본원리들을 다루었다. 바로 그 진리들이 나를 철저하게 변화시켰다. 하지만 복음은 그것만으로 다가 아니라는 사실을 깨달았다. 몇몇 탁월한 선생님들 덕분에, 예수님이 선포하신 복음은 우리가 사랑받고, 용서받고, 하나님과 화목케 되고, 새로운 정체성을 갖게 되는 것으로 그치는 것이 아니라는 사실을 알게 되었다. 내가 수십 년 동안 믿음생활을 하면서 놓친 것이 있었다. 그것은 바로 복음이 우리를 '하나님 나라'에서 사는 위대한 모험으로 초청한다는 사실이다.

확실히 복음의 다른 측면들(사랑받고 있음, 용서받음, 내주하심)도 내가 그리스도의 제자로 살아가는 데 큰 도움이 되었다. 하지만 하나님 나라에 대하여 깨달은 후에야 비로소 예수님의 제자가 된다는 것이 어떤 의미인지를 제대로 알게 되었다. 그토록 중요한 부분을 왜 이제야 깨닫게 된 것일까? 우리가 죽어야 하나님 나라에 들어갈 수 있다는 사실이 지나치게 강조된 나머지 그 하나님 나라를 지금 여기에서 경험할 수 있다는 사실이 빛을 잃었던 것 같다. 강단에서 선포되는 예수님의 모습은 주로 구원자 혹은 윤리적인 교사의 이미지로 그려질 때가 많다(심지어는 수년 동안 내 자신의 설교사역에서도 그랬다). 분명한 것은 예수님은 그 두 가지 모습을 다 가지고 계시다는 사실이다. 하지만 랍비로서 예수님이 가르쳐주신, 하나님 나라에서 사는 법에 대해서는 다루지 않았다는 것도 분명한 사실이다.

예수님의 가르침 : 천국을 바로 지금 우리 안에!

지금부터 우리가 외면했던 복음의 감추어진 측면들을 찾아보기 위해 많은 분량의 신약성경 구절들을 함께 살펴보려고 한다. 내 바람은 우리의 궁극적인 교사이신 예수님의 가르침에 귀를 기울이는 것이다.

메타노이아(Metanoia: 마음의 궁극적 변화): 하나님 나라는 바로 '여기에'의 현재다. 예수님의 공생애는 광야에서 시험을 이기신 이후부터 시작된다. 세례를 받으신 직후에 예수님은 설교를 시작하셨다.

> 이때부터 예수께서 비로소 전파하여 이르시되 **회개하라 천국이 가까이 왔느니라** 하시더라(마 4:17).

아마 이것이 설교 전체를 요약하고 청중들의 관심을 유발하기 위한 도입 부분인지도 모르겠다.

"이 때부터 예수께서 비로소 전파하여 이르시되"라는 구절을 주목하라. 이 말은 예수님께서 이와 똑같은 설교를 적어도 한 번 이상 반복하셨다는 의미다. 예수님이 가르치시거나 설교하실 때마다 이 선포는 반복적으로 포함되었다는 것을 알 수 있다. 왜냐하면, 예수께서 이 선포 외에 다른 것을 설교하셨다는 기록을 찾아볼 수 없기 때문이다. 예수님 당시의 선포(개역한글에는 '전파')라는 단어는 왕이 선포하는 특별한 메시지를 의미한다. 마태는 지금 예수님을 하나님 나라의 왕으로 묘사하며, 그 왕이신 예수께서 아주 기쁜 소식을 선포한다고 말하는 것이다.

예수님의 기쁜 소식은 다음 한 문장으로 요약될 수 있다. "회개하라, 천국이 가까이 왔느니라!" 헬라어로 '회개하다'는 단어는 메타노이아(metanoia)다. 문자적 의미는 '마음의 변화'다. 대부분의 사람들이 회개를 "행동의 변화"라고 생각한다. 그래서 예수님의 선포를 일종의 '경고'로 받아들인다. 하지만 그것은 경고의 메시지가 아니라 초청의 메시지이다. 하나님 나라(혹은 천국)는 하나님과의 친밀한 교제다. 예수님이 말씀하시고자 하는 것은 "지금까지 가졌던 잘못된 사고방식을 바꿔라. 하나님과의 친밀하고 깊은 교제가 바로 지금 당신 곁에 있다."라는 것이다. 예수님 당시의 사람들에게 그것은 진정 은혜로의 초청이었고, 그런 까닭에 수많은 사람들이 그 말씀을 들으려고 모였으며, 예수님이 도저히 빠져 나오실 수 없을 정도로 수많은 사람들이 몰려왔다.

이것은 예수님의 첫 설교이자 설교의 유일한 핵심 포인트다. 예수님이 설교하실 때마다 이 부분을 강조하셨다는 사실을 마태가 지적하기 때문에, 예수님의 설교의 주된 주제가 하나님 나라였다는 사실을 믿게 되었다.

설교뿐만 아니라 가르침의 내용도 하나님 나라다

예수님의 가르침 내용은 무엇인가? 역시 하나님 나라에 관한 것이었다. 예수님은 주로 비유를 통해 가르치셨다. 그리고 대부분의 비유들은 하나님 나라에 관한 것이었다.

> 예수께서 그들 앞에 또 비유를 들어 이르시되 천국은 좋은 씨를 제 밭에 뿌린 사람과 같으니(마 13:24).

> 또 비유를 들어 이르시되 천국은 마치 사람이 자기 밭에 갖다 심은 겨자씨 한 알 같으니(마 13:31).

> 또 이르시되 내가 하나님의 나라를 무엇으로 비교할까 마치 여자가 가루 서 말 속에 갖다 넣어 전부 부풀게 한 누룩과 같으니라(눅 13:20-21).

예수님이 가르치신 내용들 가운데 하나님 나라와 관련되지 않은 것을 찾기가 더 힘들다. 예수님은 부활하신 후에도 제자들에게 여전히 하나님 나라에 대하여 가르치셨다.

그가 고난 받으신 후에 또한 그들에게 확실한 많은 증거로 친히 살아 계심을 나타내사 사십 일 동안 그들에게 보이시며 하나님 나라의 일을 말씀하시니라 (행 1: 3).

가만히 살펴보면, 메시지는 변함이 없다. 공생애를 시작하신 첫번째 설교부터, 산에서 가르치실 때나, 부활하신 이후에 제자들에게 가르치신 순간까지 예수님의 주제는 일관성이 있다. 예수님은 줄곧 하나님 나라에 관하여 설교하셨고 가르치셨다. 그리고 제자들도 똑같은 내용을 다른 사람들에게 가르칠 것을 기대하셨다. 복음서에 보면 예수님은 하나님 나라에 관하여 백 번도 넘게 언급하셨다. 그런데 우리가 어떻게 그 핵심 메시지를 놓칠 수 있단 말인가?

 위에 기록된 성경구절들이 우리에게 강조하는 것은 무엇인가?

예수님을 따르던 사람들이 설교하고 가르친 것

예수님이 제자들을 보내시며 무엇을 어떻게 설교하고 가르쳐야 할지 정확한 지침을 주셨다.

예수께서 이 열둘을 내보내시며 명하여 이르시되 이방인의 길로도 가지 말고 사마리아인의 고을에도 들어가지 말고 오히려 이스라엘 집의 잃어버린 양

> 에게로 가라 가면서 전파하여 말하되 천국이 가까이 왔다 하고 병든 자를 고치며 죽은 자를 살리며 나병환자를 깨끗하게 하며 귀신을 쫓아내되 너희가 거저 받았으니 거저 주라(마 10:5-8).

예수님 자신이 가르치셨던 것과 똑같은 내용이다. 이것은 우리에게 시사하는 바가 크다. 사도 바울은 어떠했는가? 사도 바울도 하나님 나라에 대하여 가르쳤던가?

> 바울이 회당에 들어가 석 달 동안 담대히 하나님 나라에 관하여 강론하며 권면하되(행 19:8).

> 바울이 온 이태를 자기 셋집에 머물면서 자기에게 오는 사람을 다 영접하고 하나님의 나라를 전파하며 주 예수 그리스도에 관한 모든 것을 담대하게 거침없이 가르치더라(행 28:30-31).

'온 이태를', 그것도 이 땅에서의 마지막 2년을 바울은 다른 어떤 것도 아닌 하나님 나라에 대해서 가르쳤다. 게다가 바울은 자신이 쓴 편지들에 '하나님의 나라' 혹은 그와 연관된 단어들을 14번이나 사용했다. 예를 들면 다음과 같다.

> 하나님의 나라는 먹는 것과 마시는 것이 아니요 오직 성령 안에 있는 의와

평강과 희락이라(롬 14:17).

그가 우리를 흑암의 권세에서 건져내사 그의 사랑의 아들의 나라로 옮기셨으니 그 아들 안에서 우리가 속량 곧 죄 사함을 얻었도다(골 1:13-14).

하나님 나라는 예수님만 가르치시고 설교하신 내용이 아니다. 예수님을 따르던 사람들도 모두 그것을 가르치고 설교했다.

 바울도 하나님 나라에 대하여 가르쳤다는 사실을 왜 우리는 그동안 깨닫지 못한 것일까?

하나님 나라에 관하여 얼마나 자주 들었는가?

예수님과 제자들, 그리고 사도 바울이 가르친 메시지의 핵심이 하나님 나라에 관한 것이라는 사실을 발견한 후에, 나는 갑자기 왜 내가 하나님 나라에 대한 메시지를 그토록 자주 듣지 못했는지에 대한 의문이 생겼다. 그런데 나만 그런 것이 아니었다. 달라스 윌라드도 다음과 같이 말했다.

1974년 스위스 로잔에서 열렸던 세계복음주의 대회에서 마이클 그린은 다음과 같이 질문했다. "여기 계신 여러분은 하나님 나라에 대하여 얼마나 들어보셨습니까?" 그리고 이어서 자신이 직접 대답했다. "아마 그렇게 자주 들어보지 못했을 겁니다. 왜냐하면 그것은 우리에게 익숙한 단어가 아니기 때문입니다. 하지만 동시에 그것은 예수님께서 가장 관심을 두셨던 말이라는 사실을 깨달아야 합니다."……피터 와그너(Peter Wagner)도 역시 다음과 같이 말했다. "내가 그리스도인이 된지 30년이 넘었는데, 그 오랫동안 어째서 하나님 나라에 대한 메시지를 듣지 못했는지 묻지 않을 수 없다. 하나님 나라는 성경을 펼쳐 읽을 때마다 반복해서 발견되는 개념임에도 불구하고, 내가 다닌 교회들 가운데 어떤 교회에서도 그것에 대하여 설교하는 목회자를 본 적이 없다. 무엇보다 내 자신의 설교 자료를 들여다보니, 나 자신도 하나님 나라에 대하여 단 한 번도 설교한 적이 없었음을 깨달았다. 하나님 나라는 도대체 어디에 숨어 있었던 걸까?"

이 글을 읽고 나서 약간은 안심이 되었다. 나뿐 아니라, 전도학의 대가인 마이클 그린, 교회성장학의 창시자격인 피터 와그너 같은 사람들도 내가 고민하는 문제들에 대하여 동일한 고민을 한다는 사실을 알게 되었기 때문이다.

영국이 낳은 위대한 설교자, 마틴 로이드 존스도 자기 나라에서 동일한 문제점들을 발견했다.

복음이 선포된 지 2천년이라는 시간이 흘렀음에도 불구하고, 수많은 사람들이 아직도 복음의 핵심을 놓치고 있다는 사실이 참으로 놀랍기만 하다. 많은 사람들이 복음의 기초를 모르며, 핵심 메시지를 오해한다……그러나 안타깝게도, 바로 그것이 우리가 지금 직면한 현실이다.

오늘날 그토록 탁월한 성경학자들이 많음에도 불구하고 하나님 나라에 대하여 제대로 들어본 적이 없다는 사실이 내게는 아주 충격적이었다. 만일 하나님 나라가 복음의 핵심 메시지라면, 우리는 절대로 그것을 놓쳐서는 안 된다.

도대체 어쩌다 이 지경이 되었을까? 아주 강력한 거짓 가르침들(이야기)이 우리로 하여금 하나님 나라를 완전히 잊고 살게 만들었다는 사실을 깨달았다.

잘못된 가르침 : 하나님 나라는 장차 올 것이다

예수님이 하나님 나라를 선포하셨다는 사실에 문제를 제기할 성경학자는 아무도 없을 것이다. 그렇지만 많은 학자들이 예수님이 말씀하신 하나님 나라는 오늘의 현재를 말한 것이 아니라, **아직 시작되지 않은, 하지만 곧 다가올 새로운 시대**를 지칭하는 것이라고 결론지었다. 물론 우리가 알고 있는 세상은 하나님의 권위 아래 놓인 세상이 아니다. 예를 들면, 성서학자인 존 브라이트(John Bright)는 다음과 같이 말했다.

신약시대의 교회는……영원할 것 같았던 어둠의 권세가 그리스도 안에서 무너졌다는 승리를 확신하고 있었다. 그런 까닭에 그들은 하나님 나라를 이미 이루어진 현존으로 이해할 수 있었다. 동시에, 받아들이기 고통스러웠겠지만, 하나님 나라는 아직 온전히 이루어지지 않았다는 사실 또한 잘 알고 있었다. 하지만 가까운 미래에 반드시 실현될 것이었기에, 확신을 가지고 기다릴 수 있었다. 그처럼 신약

교회는 바로 '이미'와 '아직' 사이의 팽팽한 긴장 가운데서 하나님 나라를 누리며 기다렸다.

예수님께서 이 세상의 정부나 모든 권세들을 아직 **완벽하게** 정복하신 것은 아니기 때문에, 브라이트와 몇몇 학자들은 하나님 나라를 '이미 왔으나, 아직 오지 않은 미래'라고 결론지었다.

'하나님 나라는 이미 이루어진 현존'임에도 불구하고, 실제로 많은 신학교의 교수들은 하나님 나라의 미래적 관점에 대해서만 강조하고 현존하는 하나님의 나라에 대해서는 많이 가르치지 않는다. 하나님 나라를 예수님이 재림하실 때 온전하게 이루어질 것이라는 종말론적 관점에서만 다루다보니, 하나님 나라의 현재 역할과 가치가 소홀하게 다루어졌다. 바로 그런 까닭에 오늘날 수많은 그리스도인들에게 하나님 나라는 잊힌 개념이 되어버린 것이다.

물론 하나님 나라가 완벽하게 이루어지지 않았다는 사실에 대하여는 반론의 여지가 없다. 어떤 나라나 정부나 개인도 아직 온전한 하나님 나라의 원리대로 살지 못한다. 우선 내 자신의 삶과 영혼만 봐도 그렇다. 때로는 하나님께 순종하는 삶을 갈망하고, 정말 그렇게 살고 있는 것처럼 착각이 들 정도로 하나님 나라의 원리들을 실천하며 살 때도 있다. 하지만 대부분의 경우는 내 삶의 주인이 나 자신이 되어 예수님께 불순종하고 내 '왕국'을 건설하려고 할 때가 더 많다. 그렇기 때문에 나는 매일 기도할 때마다, "주님의 나라가 임하게 하소서!"라고 기도할 수밖에 없다.

하지만 이것이 절대로 하나님 나라가 현실 속에 아직 임하지 않았다거나,

예수님 안에 잠시 임했다가 예수님이 승천하실 때 함께 사라져 버렸다는 것을 의미하지 않는다. **하나님 나라는 다가올 미래에 완전히 성취될 현존하는 실재다.** 그 나라는 지금 여기에 온전한 능력으로 임했지만, 또한 미래에 임할 나라다. 예수님이 하나님 나라에 대하여 말씀하신 모든 것이 우리 삶 속에서 실현된다. 실제로 언젠가 그 능력이 온 우주를 통치하게 될 테지만, 지금은 당신과 나를 다스리는 권능으로 제한적으로 역사하고 있다.

예수님은 한 번도 "하나님 나라에 대한 내 가르침들, 특별히 비유를 통해 가르친 것들은 지금 너희들과는 상관없는 내용이다. 적용되지 않을 것이다. 그것은 내가 다시 올 때 온전하게 이루어질 미래에 관한 내용들이다."라고 말씀하신 적이 없다. 예수님은 미래에 온전하게 이루어질 하나님 나라에 대하여 가르치셨지만, 동시에 지금 현재에 이루어진 하나님 나라에 대하여 주로 가르치셨다. 주님은 그것을 가르치시기만 한 것이 아니라, 그 능력에 따라 사역하셨다. 또한 그 능력을 가지고 예수님의 제자들이 세상을 변화시켰다. 하나님 나라의 능력은 초대교회 당시의 사회만 변화시킨 것이 아니라, 그때부터 지금까지 각 시대를 막론하고 세상을 변화시켜왔다.

이 기쁜 소식이 의미하는 바는 무엇인가?

내가 아는 모든 사람들은 특별한 능력을 갖고 싶어 한다. 그래서 모두들 건물 사이를 맨몸으로 뛰어넘거나, 날아오는 총알을 맨손으로 막고, 필요할 때 투명인간이 되기도 하는 슈퍼히어로들을 좋아한다. 예수님은 하나님 나라와 그 나라의 원리대로 사는 사람들에게 위대한 능력이 있다고 말씀하신다. 바로 선한 일을 행하는 능력 말이다. 그것은 예수님의 사역과 삶에 아주 잘 드러난다. "예수께서 모든 도시와 마을에 두루 다니사 그들의 회당에서 가르치시며 천국 복음을 전파하시며 모든 병과 모든 약한 것을 고치시니라"(마 9:35).

하나님 나라와 위대한 능력, 이 둘 사이의 관계를 보라. 예수님은 우선 하나님 나라에 대한 기쁜 소식을 선포하셨고, 그리고 나서 병든 자를 고치는 능력을 행하셨다. 예수님이 귀신들을 쫓아내신 것 역시 하나님 나라의 능력을 드러내신 것이다. "그러나 내가 하나님의 성령을 힘입어 귀신을 쫓아내는 것이면 하나님의 나라가 이미 너희에게 임하였느니라"(마 12:28). 하나님의 나라는 지금 그리고 여기에 있다. 그리고 그 사실은 예수님의 초자연적 능력을 통해 잘 드러난다.

혹시라도 하나님 나라의 능력은 예수님께만 주어진 것이 아닌가 하고 생각할지도 모르겠다. 그러나 누가복음 10장 17-18절을 읽어보면, 제자들도 사역을 통해 하나님 나라의 능력을 경험했다. "칠십 인이 기뻐하며 돌아와 이르되 주여 주의 이름이면 귀신들도 우리에게 항복하더이다. 예수께서 이르시되 사탄이 하늘로부터 번개 같이 떨어지는 것을 내가 보았노라"(눅 10: 17-18).

하나님 나라의 능력은 우주에서 가장 강력한 힘이다. 질병이든 폭풍이든 모두 그 능력 아래에 있다. 사탄도 하나님 나라의 권세 있는 말 한마디에 벌벌 떤다. 바울은 그 점에 대하여 다음과 같이 분명하게 언급한다. "하나님의 나라는 말에 있지 아니하고 오직 능력에 있음이라"(고전 4:20). 그러므로 예수님이 자신을 닮으라고 말씀하실 때는 우리가 예수님을 닮을수록 그분이 가지셨던 권세와 능력을 우리도 동일하게 경험하리라는 것을 아셨던 것이다.

어떻게 하나님 나라에 들어가는가?

우리가 어떻게 해야 하나님 나라에 들어갈 수 있는지는 예수님이 친히 가르쳐주셨다. 세 군데 말씀에 기록되어 있다.

> 내가 너희에게 이르노니 너희 의가 서기관과 바리새인보다 더 낫지 못하면 결코 천국에 들어가지 못하리라(마 5:20).

> 내가 진실로 너희에게 이르노니 누구든지 하나님의 나라를 어린 아이와 같이 받들지 않는 자는 결단코 그 곳에 들어가지 못하리라(막 10:15).

> 예수께서 대답하시되 진실로 진실로 네게 이르노니 사람이 물과 성령으로 나지 아니하면 하나님의 나라에 들어갈 수 없느니라(요 3:5).

하나님 나라에 들어가기 위한 첫째 조건은 우리를 기죽게 만든다. 우리가 종교적인 열정과 경건의 열심 때문에 당시에 존경 받던 서기관들과 바리새인들 보다 더 의로워야 한다고? 어떻게 내 의가 그 사람들보다 더 나을 수 있단 말인가?

예수님은 서기관들과 바리새인들의 의로움이 너무 가식적이라는 사실을 엄중히 비판하셨다. 그들은 내면 상태는 신경 쓰지 않으면서 겉으로 드러나는 행위에만(손 씻기, 안식일 규정 등) 집중했다. 하나님 나라에 들어가기 위한 의는 겸손, 순결한 마음, 정직, 양선, 존경, 자비와 같은 영혼의 성품들을 훈련하려는 열망을 의미한다. 바리새인들의 삶은 다른 사람들의 눈에 보이는 겉모습은 깨끗하지만, 그 안은 아주 더러웠다(마 23:25-26).

하나님 나라에 들어가기 위해서는 내면세계를 가꾸어야 한다. 바로 그것이 이 책이 추구하는 궁극적인 목표다. 다음 장들에서 우리는 분노, 음욕, 거짓, 판단에 대하여 다룰 것이다. 하나님 나라에서 살아가기 위해서는 우리 삶에 등장하는 그러한 주제들을 다루어야 한다. 그렇게 할 때 비로소 우리의 의가 바리새인들 보다 더 나아지기 시작할 것이다.

하나님 나라에 들어가기 위한 둘째 조건은 어린아이 같이 되는 것이다. 예수님은 어린아이들의 태도와 성품을 좋아하셨다. 무리 중에 어린아이를 지목하시며 이렇게 말씀하셨다. "그러므로 누구든지 이 어린아이와 같이 자기를 낮추는 사람이 천국에서 큰 자니라"(마 18:4).

어린아이들은 천진하다. 사람들을 잘 믿고, 또한 다른 사람들의 시선을 신경 쓰지도 않는다. 또한 어린아이들은 다른 사람들을 쉽게 판단하지도 않고, 미워하지도 않는다. 사실 그런 행동들은 모두 어른이 되면서 학습된 것들이다. 반면에 어린아이들에게 사랑은 아주 자연스러운 것이다. 물론 어린아이라고 해서 모두 다 순진하고 사랑이 넘치고 사람들을 잘 믿는 것은 아니다. 어떤 아이들은 약아빠지고, 이기적이고, 염려스럽기도 하다. 하지만 아이들은 특별히 통제할 필요가 없다. 어리기 때문에 함부로 권력을 휘두르거나 힘을 악용하지 않기 때문이다. 대신에 매일 매순간 누군가에 의존하고, 신뢰하고, 모든 것을 선물로 여기며 살아간다. 내 생각에는 주님이 바로 어린아이들의 그런 점을 강조하고 싶으셨던 것 같다.

어린아이처럼 되는 것이 우리를 구원으로 이끄는 것은 아니다. 또한 그 자체로는 칭찬할 만한 일도 안 된다. 어떤 사람은 어린아이처럼 굴지만, 하나님 나라와는 아주 먼 삶을 살기도 한다. 예수님께서 말씀하시는, 하나님 나라에 들어가려면 어린아이처럼 되어야 한다는 것은, 하나님 나라의 충만함을 경험하기 위해서는 어린아이들처럼 온전히 의지하고 믿는 성향이 있어야 한다는 의미다.

우리가 자신의 힘과 통제권을 지키려고 자기주장만 하다 보면 진정한 하나님 나라를 경험할 수 없다. 하나님 나라는 우리의 항복을 요구한다. 항복하면 행복해진다.

하나님 나라에 들어가기 위한 셋째 조건은 "물과 성령으로 거듭나는 것"이다. 이것이 물세례를 의미하는 것은 아니다. '물로 태어난다' 는 의미는 첫번째 출생을 의미한다. 왜냐하면 세상에 태어나기 전에 아기들은 엄마 배속에 있는 물속에서 생활하기 때문이다. 그렇기 때문에 모든 생명체는 물에서 태어난다고 말할 수 있다. '성령으로 거듭남'은 두번째 출생을 의미한다. 니고데모를 혼란스럽게 했던 내용이 바로 이것이다. 그래서 사람이 어떻게 두 번 태어날 수 있느냐고 예수님께 물었다(요 3:9). 예수님은 이렇게 설명하셨다. "육으로 난 것은 육이요 영으로 난 것은 영이니"(요 3:6).

내가 이 세상에 처음 태어날 때는 '육으로' 났고, '물로' 났다. 하지만 내 삶을 예수님께 드리고 헌신했을 때 나는 '영으로' 났다. 어떻게 그것이 가능한가? 그것은 바로 성령이 나를 예수님께로 이끄셨고, 내가 내 삶의 모든 권리를 포기하고 자신을 비웠을 때 성령님께서 내게 새로운 생명과 능력을 불어넣으셨기 때문이다.

그렇게 해서 하나님을 향한 사랑과 말씀을 깨닫는 능력이 점점 자라났다. 몇 년 뒤 나는 물로 세례를 받았고, 그 새로운 탄생을 기념하면서 성례에 참여할 수 있었다. 성례는 새로운 탄생의 상징이다.

모든 사람이 내가 했던 방식과 똑같이 하나님 나라에 들어가는 것은 아니다. 사실은 대부분의 그리스도인들이 어린 시절부터 교회에서 자랐고, 자신이 기억할 수 있는 시간들의 대부분을 그리스도인으로 살았을 것이다. 그런 까닭에 그들은 자신이 정확히 어떤 시점에 거듭나게 되었는지를 기억하지 못한다. 어떤 사람들은 그런 면에서 자신은 다른 사람들보다 확실한 체험이 좀 부족하다고 느낄지도 모르지만, 사실은 평생을 주님과 함께 걸은 것이 늦게 예수님을 만난 것보다 훨씬 낫다. 거듭난 시점이 언제였든 간에, 중요한 것은 그리스도인의 삶이란 성령에 이끌림을 받는 삶이라는 것이다. "무릇 하나님의 영으로 인도함을 받는 사람은 곧 하나님의 아들이라"(롬 8:14).

성령의 인도하심을 받는 삶은 어떤 삶일까? 예수님은 말씀하신다. "바람이 임의로 불매 네가 그 소리는 들어도 어디서 와서 어디로 가는지 알지 못하나니 성령으로 난 사람도 다 그러하니라"(요 3:8).

헬라어로 바람과 영(靈)은 같은 단어다. 예수님이 말씀하시고자 하는 것은 성령의 인도를 받는 사람은 어떤 정해진 규칙과 법칙에 얽매이지 않는다는 것이다. 우리 안에는 정해진 규칙보다 더 위대하신 분이 살고 계신다. 하나님 나라에 들어가기 위해서는 성령의 인도하심을 받기 위해 우리 자신을 비우고 철저히 헌신해야 한다.

복음의 핵심

예수님이 전하신 메시지의 핵심은 현존하는 하나님 나라와 그 능력에 관한 것이었다. 그리고 그것은 신약성경의 중심 메시지이기도 하다.

교회의 능력은 하나님 나라의 능력에 있다. 복음은 하나님과 교제를 누리는 삶으로 초대받았다는 것이다. 우리는 순종하고 헌신하며, 겸손하고, 신뢰하며, 하나님이 원하시는 사람이 되기 위해 우리의 내면세계를 가꾸려는 열정을 통해 하나님 나라에 들어갈 수 있다. 하나님은 예수님에 의해 성품과 마음이 가꾸어진 사람들의 공동체에 누구나 참여할 수 있게 하셨다. 그것은 오직 하나님의 나라에서만 가능하다. 정말 감사한 일은 과거가 어떠하든지 우리 모두가 그 곳으로 초대받았다는 것이다.

 이 장을 읽고 하나님 나라에 대한 새로운 관점을 알게 되었다면, 각자 느낌을 나누어 보라.

영혼의 훈련

놀이

놀이는 하나님 나라에서 사는 법을 잘 가르쳐주는 영혼의 훈련 방법이다. 많은 사람들이 놀이는 영적이지도 못할 뿐 아니라 어리석은 방법이라고 생각한다. 하지만 사실 놀이는 매우 진지한 영혼의 훈련이다. 사전적 의미로 본다면 놀이는 즉흥성을 포함한다. 공이 어디로 튈지, 함께 놀이를 하는 친구가 어떻게 반응할지 아무도 모른다. 놀이는 아무리 노력해도 우리 마음대로 통제할 수 없다. 스포츠에서 각각 자기 팀이 게임을 원하는 대로 주도하려고 하지만 불가능한 것과 마찬가지다. 게임을 하는 가운데 발생하는 모든 '놀이'의 요소는 예측할 수 없는 상황에서 발생한다. 바로 그것이 놀이가 즐겁게 여겨지는 중요한 요소다.

즉흥성은 영성훈련으로서의 놀이가 주는 최대의 장점 가운데 하나다. 놀이를 통해 우리는 내려놓음을 배운다. 다시 말하면, 마음을 편안히 먹고, 자기 자신에게 정직하고 솔직해지고, 주변에서 벌어지는 상황들에 대하여 자신을 열어놓는 법을 배우는 것이다. 20명 정도의 대학생들에게 영성훈련에 대하여 가르친 적이 있다. 하루는 학생들에게 강의실에 앉아서 수업을 하는 대신에 야외로 나가서 프리스비 원반던지기 놀이를 하라고 했다. 물론 학생들은 매우 좋아했다. 우리가 놀이를 하는 동안 아무도 기대하지 못했던 많은 일들이 벌어졌다. 내 발 한쪽이 아주 커다란 진흙 웅덩이에 빠졌다. 평소에는 아주 수줍어 보였던 여학생이 가장 잘 놀았다. 가장 기억에 남는 장면은 개 한 마리가 운동장으로 들어와 우리가 던지는 원반을 낚아채서 도망간 것이다.

우리가 놀이를 하는 까닭은 우리 하나님이 선하시기 때문이다. 하나님의 은혜는 우리에게 만족을 주신다. 하나님은 우리가 기쁨으로 충만하기를 원하신다. 그리고 놀이는 하나님의 선하심과 삶의 풍성함을 경험할 수 있는 아주 좋은 방법이다. 하지만 많은 경우 어른이 되면 노는 능력을 상실한다. 인생 여정의 한 지점에서 삶이 갑자기 아주 심각한 방향 틀기를 하는 것 같다. 결혼과 직장과 자녀들 때문에 점점 놀이문화를 잃어간다.

어떤 수련회에서 30명의 목회자들에게 여가나 놀이로 어떤 일들을 하는지 물었다. 놀랍게도 아무도 여가 시간에 놀이를 즐기지 않았다! 한 목회자는 자신은 정원에서 일하는 것을 좋아해서, 정원 가꾸기를 놀이라고 여긴다고 했다. 그래서 그 작업이 영혼을 살찌우게 하는 것이 분명하다면, 그것도 놀이의 일종이 될 수 있다고 말해주었다.

놀이를 즐기기 위한 좋은 방법이 없을까?

아래에 몇 가지 도움이 될 만한 방법들을 적어 보았다. 개인적으로는 이 목록들에서 많은 도움을 받았다. 이번 주간에 한두 개를 선택해서 직접 실천해 보라.

- 집안에 어린 자녀들이 있다면(조카나 손자들도 괜찮다) 아이들과 함께 놀아라! 아이들이 하는 놀이를 함께 해보라(보드게임, 망차기, 심지어는 비디오 게임도 괜찮다!). 아이들과 함께 놀이를 즐기라! 아이들과 바닥에 뒹굴며 레슬링을 하라!
- 예전에 운동을 좀 했는데(테니스, 라켓볼, 골프) 최근에는 뜸하게 지냈다면, 운동장비에 쌓인 먼지를 털어내고 함께 운동할 사람을 찾으라.

- 좋아하는 취미생활(수집, 그리기, 도자기공예, 정원 가꾸기)이 있다면 그것을 일이나 성취가 아닌 놀이로 여기고 다시 시작해 보라.

- 호기심 훈련을 해보라. 지금껏 한 번도 들어보지 못한 분야에 관련한 책을 한권 읽어보라. 아니면, 지금껏 한 번도 관심을 갖지 않았던 일에 관심을 갖고 관찰해 보라.

- 가까운 문화센터 같은 곳에 등록을 하라. 도자기 공예반, 댄싱반, 미술반, 하다못해 농구팀이라도 참가해 보라.

- 재미있는 비디오를 빌려보라. 팝콘을 만들고 옆구리가 아플 때까지 웃어보라. 웃음은 하나님이 주시는 아주 특별한 선물이다.

하나님 나라와 놀이는 어떤 관계가 있는가?

예수님은 우리가 천국에 들어가려면 어린아이와 같아야 한다고 말씀하셨다. 어린아이처럼 된다는 것은 신뢰, 기쁨으로 가득 찬 기대, 그리고 자기중심적이지 않은 순수함을 갖는다는 말이다. 놀이는 일종의 자기포기의 실현이다. 매사에 너무 진지해지는 태도를 벗고 단순하게 주어진 삶을 누리는 것이다. 어떤 면에서 보면 하나님 나라는 놀이터 같은 곳이다. 놀이터 안에서는 자녀들을 지켜보는 부모를 믿기 때문에 안전하다고 여기고, 아이들이 미끄럼도 타고, 놀이기구를 마음껏 즐긴다. 우리도 하늘 아버지께서 자녀된 우리를 지켜보시고 계시기 때문에 안심하고 놀이를 즐길 수 있어야 한다. 놀아야만 우리 몸과 마음이 진정한 기쁨 속에서 살게 된다. 그것이 바로 진정한 하나님 나라다.

chapter
3
진정한 행복으로의 위대한 초청

영혼의 훈련 : 환대

| The Grand Invitation |

케빈을
만난 것은 15년 전 내가 출석하던 작은 교회에서였다. 하루는 예배 시간에 목사님이 당시에 20대 후반의 청년 케빈에게 앞으로 나와 간증을 나누어 달라고 부탁했다. 그런데 케빈은 장애로 말을 할 수 없었다. 소리도 거의 내지 못하는 형편이었다. 태어날 때부터 다운증후군을 갖고 있었고, 구개열 수술을 받는 등 많은 장애가 있었다. 그래서 말할 때에 청년의 엄마가 옆에서 통역을 해주지 않으면 보통 사람들은 알아들을 수 없을 정도로 이상한 소리가 났다.

목사님이 케빈을 위해서 '예' 혹은 '아니오'라는 뜻으로 고개를 끄덕이거나 흔들어 대답할 수 있도록 질문을 했고, 케빈은 가끔 얼굴에 환한 미소를 지어 자신의 의사를 표현했다.

"케빈 형제, 이번에 장애우 올림픽에서 메달을 땄죠? 재미있는 경험이었나요?"

케빈은 얼굴에 큰 미소를 지으며 아주 신나게 자신의 고개를 끄덕였고, 한 손으로는 자신이 받은 메달을 높이 들어 사람들에게 보여주었다. 목사님은 성도들을 향해 케빈이 원래는 메달을 더 딸 수 있었는데, 경기 도중에 넘어지거나 뒤쳐진 다른 선수들을 돕느라 메달을 떠 많이 따지 못했다고 설명했다.

그리고 목사님이 케빈에게 물었다. "케빈 형제가 그렇게 했다는 게 사실이죠?" 케빈이 이번에도 고개를 끄덕여 대답했다. 하지만 이번에는 겸손한 태도와 겸연쩍은 표정을 지었다.

목사님이 다시 물었다. "케빈 형제, 내가 보기에는 형제가 이 세상에서 지금 제일 행복한 사람 같네요. 형제의 삶에서 무엇이 그렇게 기쁘게 만든다고 생각하나요?"

케빈은 위를 가리켰다.

"하나님?" 목사님이 물었다.

케빈은 그렇다는 의미로 고개를 여러 번 끄덕였고, 기쁨의 요소가 또 있다고 말하고 싶었는지 자신의 손을 들었다.

"또 다른 게 있다구요?" 목사님의 질문에 케빈은 그렇다고 말하듯 그렁거리는 소리를 냈다. "그게 뭐죠?" 케빈은 자신의 팔을 크게 벌려 십자가에 달리신 예수님을 흉내 냈다.

"케빈 형제를 위해 죽으신 예수님이요?"

케빈은 고개를 끄덕일 뿐 아니라 아주 흥분해서 펄쩍펄쩍 뛰면서 자신이 낼 수 있는 온갖 소리를 다 냈다. 그러고는 수화를 이용해서 예수님이 우리 모두를 사랑하시며, 자신도 그곳에 모인 성도들을 사랑한다고 말했다. 그리고 목사님에게 돌아서서 크게 포옹을 했다. 그 자리에 함께한 사람들은 울지 않을 수 없었다. 소리 내어 우는 사람들도 있었고, 소리 없이 눈물만 흘리는 사람들도 있었다. 그것은 내가 들은 간증 가운데 최고였다. 그리고 그 순간 팔복의 의미를 처음으로 제대로 깨닫기 시작했다.

잘못된 가르침 : 팔복은 복을 받기 위한 처방전이다

신학대학원에 다닐 때 예수님 사역의 첫 부분에 해당하는 팔복을 집중적으로 연구한 적이 있었다.

> 예수께서 무리를 보시고 산에 올라가 앉으시니 제자들이 나아온지라
> 입을 열어 가르쳐 이르시되
> 심령이 가난한 자는 복이 있나니 천국이 그들의 것임이요
> 애통하는 자는 복이 있나니 그들이 위로를 받을 것임이요
> 온유한 자는 복이 있나니 그들이 땅을 기업으로 받을 것임이요
> 의에 주리고 목마른 자는 복이 있나니 그들이 배부를 것임이요
> 긍휼히 여기는 자는 복이 있나니 그들이 긍휼히 여김을 받을 것임이요
> 마음이 청결한 자는 복이 있나니 그들이 하나님을 볼 것임이요
> 화평하게 하는 자는 복이 있나니 그들이 하나님의 아들이라
> 일컬음을 받을 것임이요

의를 위하여 박해를 받은 자는 복이 있나니 천국이 그들의 것임이라

나로 말미암아 너희를 욕하고 박해하고 거짓으로 너희를 거슬러
모든 악한 말을 할 때에는 너희에게 복이 있나니
기뻐하고 즐거워하라 하늘에서 너희의 상이 큼이라
너희 전에 있던 선지자들도 이같이 박해하였느니라(마 5:1-12).

예수님은 '심령이 가난한 자', '애통하는 자', '온유한 자', 그리고 '박해를 받은 자'에게 복이 있다고 말씀하셨다. 내 상식으로는 하나님의 은총을 입기 위해 우리의 행위를 다스려야 한다(율법주의)고 생각했기 때문에, 그 목록이 어떻게 하면 하나님을 기쁘게 할 수 있을까에 대한 구체적인 처방일 것이라고 생각했다. 하지만 예수님은 이러한 내면의 태도(온유)와 드러난 행위(박해를 받음)를 보이는 사람들이 가장 진실한 신앙인이라고 가르치시는 것 같다. 팔복을 묵상하고, 복 있는 사람의 덕목들을 하나씩 공부하다 보니, 그 덕목들을 실천하며 살았던 사람들은 그리스도의 군사들 가운데서도 뽑히고 뽑힌 최고의 정예 부대라는 생각이 들었다.

그렇게 해석하는 사람은 나뿐이 아니었다. 사실, 시간이 지날수록 그것이 팔복에 대한 지배적인 해석이었다는 것을 알게 되었다. 몇 년 전에 어떤 목사님이 팔복을 시리즈로 설교하는 것을 들었는데, 목사님은 매주 우리에게 심령이 가난해지고 온유해지고, 예수님을 위해 일어서야 한다고 도전했다. 그리고 그렇게 살면 핍박을 경험하게 될 것이라고 가르쳤다. 그렇게 핍박을 받고 나서야 비로소 우리가 복 있는 사람들이라는 것을 알게 된다는 것이다. 이

이야기도 팔복은 복을 받거나 영적인 복락을 위한 처방전이라고 가르친다.

문제는 이것이 잘못된 해석이라는 것이다. 그리고 더 큰 문제는 팔복처럼 아주 중요한 말씀을 잘못 해석하면, 결과적으로 다른 수많은 문제들이 발생한다는 것이다. 무엇보다 이것은 인류역사상 가장 위대한 분이 하신 최고의 설교 가운데 맨 처음 도입 부분이기 때문에 문제가 심각하다. 시작부터 방향을 잘못 잡으면 시간이 갈수록 그에 따른 수많은 잘못된 문제들이 발생하리라는 것은 불을 보듯 뻔하다.

팔복에 관하여 옳은 해석을 살펴보기 전에 예수님께서 가르치시고자 했던 상황을 먼저 이해해야 한다고 생각한다. 당시 상황을 제대로 이해하지 못하면 팔복을 제대로 이해하지 못하는 또 다른 빌미가 될 것이기 때문이다.

예수님의 가르침에 나타난 중심 주제는 단연 하나님 나라다. 예수께서 등장하셨을 때 온 이스라엘은 하나님께서 언제쯤 이스라엘 왕국을 회복시키실지 고대하고 있었다. 그리고 그 하나님의 나라는 다음과 같은 5가지 조건을 충족시키는 사람만을 위한 나라였다. 그 5가지 조건을 주의 깊게 살펴보면, 팔복을 통해 예수님께서 가르치시고자 했던 것이 당시의 사람들에게 얼마나 충격적이었으며, 또 어떤 사람들에게는 흥분되는 소식이었는지, 또 그 가르침의 내용이 의미하는 바가 무엇인지 보다 쉽게 알 수 있게 된다.

하나님 나라를 위한 5가지 기본 요소

1. 유대 종교지도자들의 지배적인 생각은 하나님께서 이스라엘만을 특별

하게 선택하셨으며 하나님 나라에는 이스라엘 백성들 외에는 들어갈 수 없다는 특권의식이다. 따라서 오직 유대인들만 하나님과 교제할 권한이 있다고 믿었다.

2. 하나님 나라의 수혜자는 오직 남자만 가능하다. 예수님 당시에는 여자가 남자보다 못한 존재로 여겨졌으며, 심지어는 소유물로 여겨지기까지 했다. 어떤 랍비들은 여자는 남자들처럼 영혼을 갖고 있는 존재가 아니라고 말하기도 했다.

3. 하나님 나라의 수혜자가 되려면 율법을 열심히 지켜야 한다고 믿었다. 거룩하고 종교적으로 순결을 유지해야 했다. 율법이 정한 정결한 음식이 아닌 것을 먹거나 안식일을 지키지 않는 사람들은 창녀나 간음죄를 저지른 자 혹은 세리와 같은 취급을 받고 하나님 나라를 볼 수 없다고 믿었다.

4. 하나님 나라는 신체적으로 온전하고 건강한 사람만 들어갈 수 있다고 믿었다. 질병은 죄의 결과이며 하나님의 저주를 받은 증거라고 생각했다. 하나님 나라는 병든 자나, 눈먼 자, 혹은 절름발이들을 위한 것이 아니라고 믿었다.

5. 가난한 자들은 하나님께 버림받은 사람들이라고 여겼다. 그러므로 하나

님의 나라는 부자들만을 위한 것이었다. 부자들은 가난한 사람들에게 나누고 베풂으로 복을 받을 수 있었지만, 가난한 사람들은 하나님 나라의 잔치에 초대받은 사람 목록에 기록되지 않았다고 믿었다.

하나님 나라에 들어갈 수 있는 사람들은 자기들끼리 배타적인 사람들의 집단을 형성했다. 유대인 남성에 종교적으로 열성당이며 건강하고 부자여야만 멤버가 될 자격이 있었다. 그런데 예수님의 사역은 그 가르침과는 정반대로 펼쳐졌다. 예수님은 가난한 자들을 축복하셨고, 문둥병자를 만지셨으며, 이방인들과 악명 높은 여자 죄인들까지도 고치시고 용서하셨다(심지어는 이방 여인까지도!).

그래서 종교 지도자들이 충격을 받았다. 죄인들로 알려진 사람들과 비유대인들과 함께 어울리심으로 예수님은 "너희를 초대한다!"라고 말씀하신 것이다. 그레고리 존스(L. Gregory Jones)의 표현처럼, "종교적으로 순전하지 못한 사람들이 예수님과 같은 테이블에서 어울리도록 허락하심으로써 그들도 하나님과 교제하는 관계로 초대받았다는 암묵적 허락이 깔려 있는 것"이다. 바리새인들은 그것 때문에 불평하고 예수님을 비판했다. 그리고 예수님은 그들에게 다음과 같은 기가 막힌 답을 하셨다. "그 둘 중의 누가 아버지의 뜻대로 하였느냐 이르되 둘째 아들이니이다 예수께서 그들에게 이르시되 **내가 진실로 너희에게 이르노니 세리들과 창녀들이 너희보다 먼저 하나님의 나라에 들어가리라**"(마 21:31).

도대체 예수님이 어떻게 이런 말씀을 하실 수 있었을까? 그것은 예수님이 바로 하나님 나라이기 때문이다. 예수님은 살아 있고, 숨쉬며, 너무도 분명하고, 만질 수 있고, 실제적인 하나님 나라의 표현이다. 주님께서 사람들을 만지시거나 그들과 함께 식사를 하실 때 그들은 이미 하나님 나라와 접속되었다. 전직 세리였던 마태나, 창녀였던 마리아도 예수님의 교제권 안에 있었던 사람들이다. 그들은 그렇게 바리새인들보다 먼저 하나님 나라에 들어갔다.

예수님의 가르침 : 팔복은 모든 사람들을 포용하는 초대다

이스라엘의 모든 망가진 인생, 죄악으로 가득한 인생들이 예수님께 몰려왔다. 예수님을 보기 위해 그들은 지붕을 뚫었고, 나무 위로 올라갔으며, 필요할 때면 큰 군중을 이루었다. 그들은 예수님이 엄청난 보물을 가지고 계시며, 그 보물을 누구에게나 대가 없이 나누어 주시는 분이라는 사실을 알았다. 예수님은 갈릴리 지방을 돌아다니시며 모든 사람들에게 하나님께서 그들의 행위와 성별과 인종과 지위 고하를 막론하고 그들을 사랑하시며, 그들과 교제하기를 원하시고, 복주시기를 원하신다는 사실을 전하셨다. 그리고 주님은 그렇게 입으로만 듣기 좋은 말을 하신 것이 아니라 사람들을 치유하셨다. 주님은 평범한 사람이 아니라 하나님이 함께하시는 분이었다. 그리고 그 주님이 우리에게도 동일하게 하나님을 만날 수 있다고 선언하신 것이다! 초대받은 사람 명단에 이름이 올라 있지 않다 할지라도 하나님 나라에 들어갈 수 있다고 말씀하신 것이다.

이제 예수님께서 팔복을 통해 무슨 말씀을 하시려고 하는지 더 잘 알 수 있게 되었다. 팔복은 가진 자와 못 가진 자를 구분하는 새로운 덕목들이 아니라, 소외된 사람들을 향한 희망과 치유의 말씀이다. 이제 나는 그 언덕에 모여 앉아 이 도발적인 설교자의 가르침에 귀 기울였던 사람들에게 팔복이 어떤 의미로 들렸을지 설명하고자 한다.

복이 있나니 : 팔복의 각 항목에는 '복이 있나니'라는 표현이 있다(영어 성경은 '복 있는 사람은'으로 시작된다-역자 주). 어떤 성경에는 '행복한 사람은'이라고 번역되었다. 사실 두 가지 표현 모두 헬라어 원어인 '마카리오스(makarios)'를 잘 설명하지는 못하는 것 같다. 마카리오스는 '진정으로 좋은 상태' 혹은 '모든 것이 최고의 상태인 사람들'이라는 의미를 갖고 있다. 하지만 오늘날 사용하는 '복이 있나니'라는 표현은 대개 종교적인 의미로 사용되며, 경건함과 밀접한 관계를 갖는다. 또한 행복은 겉으로 드러나는 잠시 잠깐의 일시적인 상태를 의미한다. 어떤 상태에 대한 아주 피상적인 표현이다.

오늘날의 표현으로 정확하게 바꾸어 본다면, 마카리오스는 '매우 부요한'이라고 번역되어야 한다. 이 번역은 사실 우리가 받은 충격의 강도를 높인다. "심령이 가난한 자가 진짜로 유복한 사람이다. 왜냐하면……."

예수님 당시의 청중들에게 익숙할 법한 '마카리오스'의 용도가 있다. 외경 중의 하나인 시락에는 다음과 같은 기록이 있다.

지혜로운 아내와 사는 남자는 복이 있나니……

말로 죄를 짓지 않는 남자는 복이 있나니……

하급자로 일하지 않는 남자는 복이 있나니……

진정한 친구를 찾은 남자는 복이 있나니……

(시락 25:7-11).

위에 기록된 조건들은 매우 좋은 내용들이다. 지혜롭고 눈치 빠른 배우자와 사는 것, 그리고 아랫사람이 되지 않는 것은 물론 좋은 것이다. 이런 복의 조건들은 나름대로 일리가 있다. 그리고 우리에게 그다지 충격적인 내용도 아니다.

이생에서 슬픔에 젖은 사람들이 다음 생에서는 위로받게 된다는 랍비들의 가르침도 마찬가지로 전혀 틀린 말은 아니다. 이 땅에서 고난을 많이 겪을수록 다음 세상에서 고난을 덜 겪게 된다는 말이다. 어떤 랍비가 슬픔에 빠져 있는 사람에게 "내세에는 분명 더 좋은 삶이 기다리고 있을 테니, 힘을 내십시오!"라고 위로했다고 하자. 그 또한 별로 틀린 것 없는 평범한 위로의 말이다. 언젠가는 보상을 받게 된다는 것이 공평하다는 말이다. 다시 말하지만, 이러한 가르침은 별로 충격적이지 않다.

하지만 예수님의 가르침은 가히 충격적이다. 팔복의 가르침은 예수님 당시 랍비들이 가르친 내용에 정면으로 도전한 것이었다. 예수님은 당대의 유명한 랍비들이 사용하던 단어나 표현들을 그대로 사용하셨지만, 그 의미는 랍비들이 의도했던 것과는 정반대로 사용하셨다. 알프레드 에더샤임(Alfred Edersheim)은 예수님의 가르침이 당시 랍비들의 기존 가르침과 다른 정도가 아니라 정반대의 가르침이었다고 결론짓는다. 예수님은 새로운 가르침을 통해 '그리스도 왕국의 광대함'과 '유대교의 편협함'을 적나라하게 드러내셨다. 예수님의 가르침은 지금까지의 가르침들과 다를 뿐 아니라 전혀 새로운 것이었다.

예수님께서 팔복에 관하여 설교하셨을 때 아마 청중들은 숨이 막혔을 것이다. 절박함과 슬픔, 깨어지고 핍박받는 상황에 처한 군중들에게 주님은 '마카리오스'라고 부르셨다.

심령이 가난한 자 : "심령이 가난한 자는 복이 있나니 천국이 그들의 것임이요." 심령이 가난한 자는 가진 게 없는 사람이다. 아주 절박한 상황에 있는 사람들에게 예수님께서 지금 그들도 하나님 나라에 초대받았다고 선포하신 것이다. '심령'이 가난하다는 말은 어떻게 들으면 겸손하다는 말로 들릴 수 있다. 하지만 누가복음에는 보다 직설적으로 "가난한 사람은 복이 있나니"라고 표현되어 있다. 따라서 영적인 측면에서의 가난함만을 의미한다고 볼 수 없다. 달라스 윌라드(Dallas Willard)는 '심령이 가난한 자'라는 표현을 '영적 빈곤'으로 번역했다. 다시 말하면, 심령이 가난한 사람은 우리가 볼 때 하나님 앞에 설수 없을 정도의 형편없는 사람을 의미한다.

그렇다면 팔복의 도입 부분 '복 있는 사람'은 다음과 같이 이해되어야 한다. "영적이라고 말할 수 있는 것이 하나도 없어 하나님께 소외되었다고 느끼는 당신은 복이 있나니, 당신도 하나님 나라에 들어갈 자격이 있기 때문이다."

안나 베쥬비츠까야(Anna Wierzbicka)는 예수님이 특별히 '사회적으로 소외되고 외면된 계층의 사람들'을 측은히 여기셨다고 주장한다. 그 청중들 가운데 심령이 가난한 사람들이 있었다. 그리고 예수님이 그들을 바라보고 계신다. 그들은 이 세상이 거들떠보지도 않는 인생들이다. 그런 그들을 향해 예수님께서 이렇게 말씀하신다. "당신들은 복 받은 사람들입니다. 하나님께서 당신들을 그의 나라로 초청하셨기 때문입니다."

부끄러움 때문에 늘 시선이 땅을 향하던 그 사람들의 눈이 갑자기 커지면서 희망과 기쁨의 눈으로 예수님을 바라보기 시작했다. 여성들, 병든 자들, 가난한 사람들, 천대받던 반쪽짜리 유대인들, 잘못된 선택 때문에 인생이 꼬인 사람들 모두 이 기쁜 소식을 듣게 된 것이다. "누구, 나? 지금 저 사람이 나 같은 사람도 천국에 갈수 있다고 말하는 거야? 그 천국이 지금 바로 여기에 있다고? 나 같은 사람에게도 기회가 있다고?" 그것은 분명 엄청나게 기쁜 소식이었다.

애통하는 자 : "애통하는 자는 복이 있나니 그들이 위로를 받을 것임이요." 애통하는 사람들은 상실감과 슬픔의 감정으로 힘들어 하는 사람들을 의미한다. 현재 '환경이 비참한 사람'을 가리킨다. 암으로 남편을 잃고 분노와 혼란에 빠져 있는 젊은 여인을 생각해 보라. 예수님은 아주 부정적인 상황을 들어서 곧 좋아질 것이라고 선언하신다. 하나님 나라에 거하는 사람들은 그렇지 않은 사람들과 비교해서 애도하는 모습도 달라야 한다. 그런 까닭에 사도바울은 이렇게 적고 있다. "형제들아 자는 자들에 관하여는 너희가 알지

못함을 우리가 원하지 아니하노니 이는 소망 없는 다른 이와 같이 슬퍼하지 않게 하려 함이라"(살전 4:13).

모든 것이 하나님의 주권 아래에 있기 때문에 하나님 나라에서는 위로를 찾을 수 있다. 최종적인 책임이 하나님께 있는 곳, 바로 그곳이 천국이다. 천국은 우리가 슬퍼하는 방법도 변화시킨다. 여전히 고통은 느끼겠지만, 사랑했던 사람들을 다시 보게 되고, 사랑하는 사람이 지금 있는 그곳은 눈물이 없는 곳이라는 사실을 알기에 슬픔 가운데 위로를 찾을 수 있다. 웃음과 기쁨이 우리를 기다리고 있기 때문이다. 팔복의 첫 부분에서 예수님은 복 받을 수 없는 상황의 사람들에게 복 받았다고 말씀하신다.

온유한 자 : "온유한 자는 복이 있나니 그들이 땅을 기업으로 받을 것임이요." 온유는 성령의 9가지 열매 중 하나다(갈 5:22-23). 그런 까닭에 온유를 선행의 일종으로 생각할 수도 있다. 하지만, 온유함이 꼭 선행의 일종이 아닐 수도 있다는 주장도 일리가 있다. 학자들에 의하면 예수님은 아람어를 사용하셨다. 예수님이 '온유'라는 뜻으로 사용하셨을 단어는 프라우스인데, 그 단어의 뜻은 공격받을 때 반격할 수 없는 상태를 의미한다. 예를 들면, 자기를 괴롭히는 악동에게 대들지 못하는 꼬마 아이가 바로 프라우스(praus)다. 힘이 있는데도 겸손하거나 자비로움 때문에 받은 대로 갚지 않은 것이 아니라, 저항할 힘이 아예 없는 상태를 말한다.

세상이 보기에는 좋은 상태가 아니다. 확실한 것은 그런 상태를 복 받았다고 말할 수 없다는 것이다. 그런데 예수님께서는 프라우스가 땅을 기업으로 받을 것이기 때문에, 그런 사람이 복을 받은 사람이라고 말씀하신다. 말씀을 듣고 있던 청중들은 땅을 갖기에는 가난한 사람들이다(오늘날도 대부분의 사람들은 땅을 갖고 있지 못하다). 땅주인들은 대개 많은 임대료를 추징하고 가난한 사람들에게 소작을 시킨다. 따라서 프라우스들에게 땅을 임대하면서 진 빚을 탕감해 준다는 말은 매우 기쁜 소식이다. 팔복은 "하나님 나라가 그런 사람들의 것이고, 온 땅이 그들 아버지의 것이기 때문에 그들의 것도 된다."라고 약속하는 것이다.

의에 주리고 마른 자 : "의에 주리고 목마른 자는 복이 있나니 그들이 배부를 것임이요." 의를 이루기 위해 주리고 목마른 자들이 갈망하는 것은 '의'다. 물론 좋은 것이다. 그러나 여기에 모였던 사람들은 의를 갈망 하는 것이 아니라, 의에 대하여 주리고 목마른 것뿐이다. 주리고 목마른 것은 필요가 큰 상태를 말한다. 거기에 모여 있던 군중들은 자신들이 가지고 있지 않은 것들에 대한 갈망이 컸다. 잘못된 것들을 바로 잡기를 갈망했다. 아마도 자신들 스스로 잘못된 것들을 바로잡거나, 자신들을 억누르는 잘못된 것들을 바로 잡고 싶었는지도 모르겠다. 그러한 갈망은 감탄스러울지는 모르지만, 부러워할 만한 것은 못된다.

하지만 앞에 언급된 것들과 마찬가지로, 그들을 위해서도 기쁜 소식이 준비되어 있다. 예수님께서 그런 사람들에게 다음과 같이 약속하신다. "너희의 주림과 마름이 채워질 것이다." 하나님께서 그들을 회복시키시고, 용서와 사랑이 지배하는 새로운 곳으로 인도하실 것이다. 예수님께서 이렇게 말씀하신다. "나는 이 세상과 너희들, 그리고 세상의 모든 것들을 바로잡기 위해서 왔다." 바로 그곳이 하나님 나라다.

긍휼히 여기는 자 : "긍휼히 여기는 자는 복이 있나니 그들이 긍휼히 여김을 받을 것임이요." 여기에서 예수님이 말씀하시는 사람은 단순히 착한 사람들이 아니다. 그들은 자신들이 곤란한 지경에 빠질 때까지 주고 나누는 사람이다. 예수님이 말씀하신 긍휼히 여기는 자를 생각하면 인디아나 주의 작은 시골에서 수리점을 운영하셨던 우리 할아버지가 떠오른다. 사람들 말에 의하면, 할아버지는 지나칠 정도로 너그러운 분이었다고 한다. 사람들이 돈이 없어 수리비를 내지 못할 때는 억지로 돈을 받아내려고 하지 않으셨다. 그 결과 할아버지 가족들은 경제적으로 어려워서 항상 쪼들린 생활을 해야만 했다. 우리는 모두 잘 나누고 베푸는 사람들을 존경하고, 대부분 우리도 그렇게 살기를 바란다. 하지만, 우리가 그렇게 베풀며 살려고 할 때 우리를 이용하려는 사람들 때문에 피해 보기가 십상이다.

다른 팔복의 요소들처럼, 긍휼히 여기는 자에게도 약속이 주어진다. 긍휼히 여기는 사람은 긍휼히 여김을 받게 된다는 것이다. 복수와 보복에 익숙해진 사회에서 긍휼히 여기는 마음을 찾아보기란 여간 어려운 일이 아니다. 그리고 그런 사람들은 인정받지도 못한다. 그러나 하나님이 긍휼의 하나님이시고 사랑과 용서의 하나님이시기 때문에 긍휼을 베푸실 것이다. 하나님 나라에서 그들의 친절과 베풂은 결코 간과되지 않을 것이다.

마음이 청결한 자 : "마음이 청결한 자는 복이 있나니 그들이 하나님을 볼 것임이요." 대부분의 사람들은 마음이 청결해지기 위해 애쓴다. 우리가 사는 이 세상은 깨지고 타락한 세상이다. 우리의 마음도 어두워져 있다는 것을 발견한다. C. S. 루이스는 『As the Ruin Falls』라는 책에서 다음과 같이 적고 있다. "태어나서 지금까지 자기중심적 사고를 하지 않은 적이 단 한 번도 없다." 우리의 동기는 종종 복잡하고 대개 이기적이다. 우리는 거짓 없이 말하고, 순수한 동기로 사랑하고, 선한 동기로 사람들을 섬기기 원한다. 하지만 그것이 쉽지 않다. 우리는 자신 안에 선과 악이 공존한다는 사실을 깨닫는다. 의에 주리고 목마른 사람처럼, 우리도 옳은 일을 하고 싶다. 그런데 이렇게 마음이 청결하고자 하는 갈망이 있을 때 하나님을 볼 수 있다고 말한다.

이 팔복은 시편 24편에 근거를 두었다.

> 여호와의 산에 오를 자가 누구며 그의 거룩한 곳에 설 자가 누구인가
>
> 곧 손이 깨끗하며 마음이 청결하며 뜻을 허탄한 데에 두지 아니하며
>
> 거짓 맹세하지 아니하는 자로다(시 24:3-4).

하나님의 임재 앞에 설 자가 누구인가? '손이 깨끗하며 마음이 청결'한 사람들이다.

예수님은 결코 채워지지 않는 욕망을 향해 달려가는 사람들에게 말씀하셨다. 그들은 절대로 완벽해질 수 없다. 하나님이 그들을 피해 다니시는 것 같다. 그럴수록 그들은 하나님을 만나고 싶은 마음에 이를 악물고 더 열심히

하나님을 찾는다. 예수님께서 그런 사람들에게 하나님을 보게 될 것이라고 말씀하신다. 물론, 이것은 단순히 미래를 약속하는 것이 아니다. 그들이 예수님을 볼 때 이미 하나님을 본 것이기 때문이다. **그들이 그토록 찾아 다녔던 것을 찾았으니 진정으로 복 받은 사람들이라고 말하는 것이다.**

화평하게 하는 자 : "화평하게 하는 자는 복이 있나니 그들이 하나님의 아들이라 일컬음을 받을 것임이요." 화평하게 하는 사람들은 사실 싸우는 사람들에게 둘러싸여 있다. 싸우는 사람들 사이에 끼어 있는 것이다. 한번은 어떤 경찰관이 자신과 함께 3시간 정도 순찰을 할 수 있도록 배려해 주었다. 3시간 정도가 내게는 딱 알맞은 시간이었던 것 같다. 그 시간 동안 경찰관은 여러 범행 현장에서 범인들을 처리했다. 간혹 폭력적인 사람들에게는 꼭 필요한 만큼의 공권력을 사용하기도 했다.

어떤 면에서 보면 경찰은 화평하게 하는 자다. 경찰은 무고한 사람들을 보호하기 위해서 우리가 잘 가지 않으려는 곳에도 간다. 팔복에서 예수님께서 말씀하시고자 하는 부분이 바로 이것이다. 힘을 이용해 원수를 무릎 꿇게 하는 것은 화평하게 하는 것이 아니다. 화평하게 하는 사람은 평화를 위해 고난 받는 것을 마다하지 않고, 심지어는 목숨을 바치기도 한다. 그러한 사람들은 하늘의 아버지가 행하신 것처럼 하기 때문에 하나님의 아들이며 딸로 부름을 받는다. 하나님은 화평하게 하시는 분이다. 그리고 우리도 그분을 닮아야 한다.

박해를 받은 자 : "의를 위하여 박해를 받은 자는 복이 있나니 천국이 그들의 것임이라." 마지막으로 복 있는 사람은 박해를 받은 사람이다. 믿음을 위해 박해를 받는 사람들을 마땅히 존경해야 한다. 믿음을 지키다가 담대하게 때로는 기쁨으로 순교한 사람들의 이야기를 읽을 때마다 경외감이 생긴다. 하지만 그 또한 이 세상에서는 그다지 가치 있는 일로 인정받지 못한다. 우리는 작은 비판에도 상처받는다. 모든 사람들이 우리를 좋게 생각해 주기를 바란다. 박해보다는 칭찬을 더 원한다.

예수님은 의를 추구하는 사람들은 이 사회와 잘 맞지 않기 때문에 결과적으로 박해를 받는다는 사실을 알고 계셨다. 예수님이 부르신 삶에 합당하게 살려고 한다면, 예수님을 따르는 것은 매우 위험한 일이다. 정의를 위해 투쟁하거나 화평을 위해 싸우거나, 거짓말하지 않고, 남을 판단하지 않기로 선택하면, 세상의 저항에 직면하게 된다.

그런 사람들을 향한 약속은 심령이 가난한 자들에게 주어진 약속과 같은 것이다. "천국이 저희 것임이요." 우리 자신의 삶을 예수님께 조율하고 주님의 길을 따르기로 하면 우리는 하나님 나라에 거하게 된다.

단지 가난하기 때문에 복을 받는가?

팔복에서 언급된 복 있는 사람들은 그들이 처한 상황 때문에 복을 받은 것이 아니다. 그들이 복을 받은 까닭은 예수님 때문이다. 그들에게도 하나님 나라가 열려 있었기 때문에 소망을 품을 수 있었다. 그들의 성품은 이 세상에서 칭찬 받을 만하지 않다. 내 동료이자 친구인 매트 존슨(Matt Johnson)이 잘 표현했다. 팔복은 "권력이나 특권이나 소유로 사람들을 인도하지 않는다." 예수님은 획기적인 가르침으로 산상설교를 시작하셨고, 사람들을 놀라운 잔치에 초청하셨다.

사람들은 단순히 그들의 심령이 가난하기 때문에 복을 받는 것이 아니다. 조건은 그다지 중요하지 않다. 무엇보다 중요한 것은 이 사람들이 하나님으로부터 단절된 사람들이 아니라는 것이다. 그들의 삶의 정황이 하나님 나라에 들어가는 것을 막을 수 없다. 대부분의 예수님의 가르침은 세상의 지배적인 가르침과 정면으로 위배된다("너희는……라고 들었으나, 나는 너희에게 말한다"). 팔복에 관한 설교도 예외는 아니다. 복 있는 사람들이라고 불렸던 사람들의 삶의 정황은 결코 세상이 부러워할 만한 것이 아니었다. 팔복 설교에서 예수님의 가르침이 획기적이라고 여기는 까닭은 그러한 삶의 정황에 있던 사람들도 부자나 행복한 다른 사람들과 똑같이 하나님 나라에 들어갈 수 있다고 가르치셨기 때문이다.

그 복 있는 사람의 목록에 해당 사항이 없는 사람은 어떻게 되는가? 내가 가난하지 않으면 하나님의 나라에 갈 수 없다는 말인가? 만일 현재 내가 행복하다면 하나님 나라는 나와 상관없는 얘기란 말인가? 물론 그런 뜻이 아니다. 예수님께서 부유한 사람과 행복한 사람을 복 있는 사람이라고 따로 말하지 않으신 까닭은, 이미 그들이 복을 받았다는 사실을 모든 사람이 알기 때문이다. 하지만 그들이 몰랐던 것은, 심령이 가난한 사람들도 자신들과 동일하게 하나님 나라에 들어갈 수 있다는 사실이었다.

부와 권력을 가진 사람들에 대한 경고

누가복음에 기록된 팔복 설교에서는 예수님께서 오늘을 사는 우리가 주의 깊게 살펴보아야 할 다음과 같은 경고의 메시지를 말씀하신다.

> 그러나 화 있을진저 너희 부요한 자여
> 너희는 너희의 위로를 이미 받았도다
> 화 있을진저 너희 지금 배부른 자여
> 너희는 주리리로다
> 화 있을진저 너희 지금 웃는 자여
> 너희가 애통하며 울리로다(눅 6:24-25).

예수님이 그들에게 경고하신 이유는 하나님께서 부자들과 가진 자, 혹은 행복한 사람들을 싫어하시기 때문이 아니다. 부유하고 행복한 사람들은 자신들에게 하나님이 필요없다고 생각할 여지가 많기 때문에 그렇게 경고하신 것이다.

부요함, 권력, 그리고 재산은 종종 우리의 영혼을 마비시켜서 하나님을 찾아야 할 필요를 느끼지 못하게 하거나, 다른 사람들의 필요에 눈을 돌리지 못하게 한다. 부자들은 가난한 사람들을 돌봐야 할 책임이 있다. 다른 사람들은 굶고 있는데 우리만 진수성찬을 먹고 있다면 다시 생각해야 한다. 주변 사람들은 고통 받는데, 자신의 쾌락을 추구하는 풍토에 대하여 예수 믿는 사람들은 마음에 불편함을 느껴야 한다. 하나님은 좋은 음식이나 즐거움을 추구하는 것에 반대하시는 분이 아니다. 다만, 우리가 어떤 것을 얼마나 사야 할지, 진짜 꼭 필요한 것인지 아닌지를 결정할 때 다시 한 번 신중하게 생각할 필요가 있다는 말이다. 왜냐하면 우리가 사는 이 세상은 빈부 간의 격차가 심각하기 때문이다.

은행구좌를 정리해서 전재산을 구제 단체에 기부하거나, 먹는 것을 포기한다고 해서 문제가 해결되는 것은 아니다. 예수님의 진지한 경고는 사랑에서 비롯된 것이다. 주님은 우리가 물질을 모으고 배를 채우는 것에서 안정을 찾으려고 한다는 사실을 잘 아신다. 그리고 우리가 일시적인 쾌락과 기쁨을 혼동한다는 사실도 알고 계신다. 사람들은 종종 이 땅에서 모든 것에 부족함 없다고 느낄 때, 하나님 나라를 추구할 필요가 없다고 생각한다. 부자들과 풍요롭고 행복한 사람들이 가지지 못한 사람들과 자신이 가진 것을 나누기 시작할 때 비로소 이전에 경험하지 못했던 만족감을 느낄 수 있게 된다.

 다른 사람들이 굶주리는 것을 보고 자신의 풍요로움에 대해 불편을 느끼는 사람을 주변에서 본 적 있는가? 아니면 자신의 삶속에서 그런 면을 본 적이 있는가?

복을 받는 사람들은 축복의 통로가 되어야 한다

팔복에서 예수님은 자신과 교제하자고 사람들을 초청하신다. 사람들을 하나님 나라로 부르시는 것이다. 예수님은 하나님 나라가 육신으로 나타난 살아 있는 하나님 나라다. 주님은 임마누엘, 즉 우리와 함께하시는 하나님이시다. 주님은 사람들에게 종교적인 개념을 설명하신 것이 아니라, 예수님 자신과의 활기찬 교제로 그들을 초청하신다. 그리고 예수님은 그 팔복을 온몸으로 구현하시고 성취하신다. 주님 자신이 가난한 심령을 가지셨고, 온유하고 마음이 청결한 분이시다. 의에 주리고 목말라 하셨으며, 예루살렘을 위해 애통하셨고, 나사로를 위해 울기까지 하셨다. 그리고 예수님은 고난받으셨다. 그 점에 대하여 교황 베네딕트 16세가 아주 아름답게 묘사한 글이 있다.

> 예수님의 제자들이 속한 공동체를 향해 선포된 팔복은 역설이다. 자신들의 관점에서 있는 그대로의 자신들의 모습을 보면 이 세상의 기준과 완전히 반대인 것을 깨닫게 된다. 다시 말하면, 하나님이 가치 있게 여기시는 것들이 이 세상의 가치 있다고 하는 것들과 완전히 다르다는 것이다. 그것이 바로 정확하게 제자들의 모습이다. 세상이 보기에는 가난한 사람들이고 잃어버린 영혼들이지만, 고통가운데서도 기뻐하고 의기양양할 이유를 가지고 있는 그들이야말로 진정으로 복받은 사람들이고 행복한 사람들이다. 팔복은 예수라는 한 인간을 통해 시작된 눈부시고 새로운 이미지의 세상을 약속한다.

예수님은 이 혁명적인 세상의 이미지를 친히 자신의 삶과 가르침을 통하여 시작하시고 보여주셨다.

그리스도 안에 있는 사람들은 살아 있는 팔복 설교다. 다시 말하면 우리는 세상 속에서 걷고 말하는 축복의 통로가 되어야 한다. 팔복 설교를 마치신 직후 예수님은 이렇게 말씀하신다. "너희는 세상의 소금이니……너희는 세상의 빛이라……너희 빛이 사람 앞에 비치게 하여 그들로 너희 착한 행실을 보고 하늘에 계신 너희 아버지께 영광을 돌리게 하라"(마 5:13-16). 예수님은 그 떨거지 같은 인생들을 하나님의 나라로 초청하실 뿐 아니라, 그들에게 세상의 소금과 빛이 되라고 하셨다. 예수님과 함께 하나님의 나라에 거하는 사람들은 나중 된 자가 먼저 되고, 큰 자가 작은 자가 되는 새로운 방식을 삶으로 증명해야 한다.

케빈의 간증을 들으면서 나는 살아 있는 팔복을 보는 듯했다. 이 세상의 관점에서 보면 케빈의 조건은 전혀 복 받은 사람의 모습처럼 보이지 않았다. 사회의 가치관에 따르면 어떤 것도 케빈에게 유리한 것이 없었다. 그는 세상에서 배척받고, 무시받고, 외면당한 사람이다. 어느 누구도 그 사람처럼 되기를 바라지 않을 것이다. 하지만 하나님의 나라에서는 환영받고, 존중받고 가치를 인정받는다. 그것이 케빈이 웃을 수 있었던 이유다. 또한 그것이 케빈이 누구와도 절대로 경쟁하지 않는 이유이기도 하다. 하나님의 나라에는 경쟁이 없다. 우리는 모두 한 가족이며, 한 팀에 속하기 때문에 모두가 승자다.

케빈은 배우자를 잃은 슬픔에 빠진 사람들을 위로함으로써 자신의 빛을 우리 성도들에게 비추었다. 그날 간증 집회에 참석한 많은 사람들이 연로했기 때문에, 몇 주에 한 사람씩 하늘나라로 가시곤 했다. 케빈은 배우자를 먼저 보낸 미망인들의 눈을 쳐다보면서, 손가락으로 자신을 눈을 만지며 위에서 아래로 눈물을 흘리는 시늉을 했다. 그리고는 자신의 두 손을 모아 기도하는 모양을 만들었다. 그리고는 한 사람씩 포옹해 주었다.

 말을 하지 않고도 그는 "여러분의 슬픔에 함께 동참하고 싶습니다. 여러분을 위해 기도할게요. 사랑해요!"라는 메시지를 전달했다. 그리고 그날 케빈에게 축복을 받은 사람들이 동일하게 이렇게 말했다. "배우자를 먼저 보내고 슬픔에 빠진 나를 위로한 수많은 사람들이 있었지만, 오늘 케빈의 위로가 가장 큰 위로였어요." 비록 자신은 세상으로부터 버림받았지만, 그 안에 그리스도를 모시고 있는 케빈이 슬픔에 빠진 사람들에게 커다란 위로를 가져다 준 것이다.

 하나님께서 당신을 사용하신 적이 있습니까? 특히 당신의 연약함을 들어 사용하신 일이 있습니까?

영혼의 훈련

환대

팔복은 소외된 사람들을 하나님 나라로 초청한다. 우리는 다른 사람을 환대함으로써 하나님 나라의 핵심 요소 가운데 하나를 훈련할 수 있다. 하나님은 소외된 사람들에 대한 깊은 관심을 갖고 계시기 때문이다. 하나님 나라의 특성 중 하나는 포용성이다. 하지만 우리가 사는 이 세상은 배척하는 성향이 강하다. 솔직히 말하자면, 믿는 우리들의 삶에도 그렇게 배척하는 성향이 포용하는 성향보다 강하다. 『극진한 환대Radical Hospitality』의 저자는 이렇게 기록한다.

> 환대를 이야기할 때 우리는 항상 포용성과 배타성을 논한다. 우리는 인생에서 누구를 포함시키고 누구를 제외할 것인지 선택한다……우리 문화는 많은 사람들을 제외시키는 문화다. 예를 들어, 당신이 휠체어를 타고 생활한다면 당신이 갈수 없는 곳이 있기 때문에 제외될 때도 있다. 나이가 많거나, 혹은 너무 어려도 제외되는 경우가 생긴다. 고등학교에서도 어울리는 신발을 신지 않거나 음악을 듣지 않는다는 이유로 따돌림을 당할 수 있다. 여자라는 이유로 차별받기도 하고, 피부색 때문에 제외되기도 한다. 종교적인 배경이 우리와 다르다고 사람들을 제외시킬 때도 있다. 가난한 사람들은 항상 제외된다. 가난한 사람들은 미국이라는 부유한 나라를 부끄럽게 만드는 알리고 싶지 않은 비밀이다.

하나님 나라에 산다는 것은 다른 사람들을 사랑한다는 말이다. 하나님이 사랑이시기 때문이다. 하나님 나라에 산다는 것은 다른 사람들을 용서한다는 뜻이다. 하나님이 용서의 하나님이시기 때문이다. 같은 이유로, 하나님 나라에 산다는 것은 사람들을 초대하고 포용하고 그들을 대접한다는 것이다. 왜냐하면 우리 하나님이 그렇게 우리를 대접하시는 하나님이시기 때문이다.

대접하는 훈련은 우리를 연약하게 만든다. 그것이 우리가 환대하기를 꺼리는 이유다. 내가 잘 아는 사람, 나를 좋아하는 사람과 시간을 보낼 수만 있다면 비교적 안전하다고 느껴진다. 하지만 내가 편안하게 여기는 사람들이 아닌 낯선 사람들을 집으로 초대하는 것은 불편하게 느낀다. 물론 그것이 우리를 위험에 빠뜨리는 것은 아니다. "낯선 사람에게 자신을 먼저 열어 보인다는 것은 문단속을 하지 않아서 낯선 사람이 집으로 찾아오는 것과는 다른 얘기다. 환대한다는 것이 개인의 안전까지 위협받으면서 해야 한다는 말은 아니다."

그렇다고 해도 낯선 사람을 불러들이는 것이 분명 조금은 불편할 것이다. 우리 자신을 낯선 사람에게 열어 보인다는 것은 우리의 연약함을 드러내는 일이기도 하다. 만일 내 호의를 거절하면 어떻게 하지? 분위기가 어색해지면 어쩌나? 그런 일이 생길 수도 있다는 것을 미리 아는 것이 두려움을 감소시킬 것이다. 약간은 불편한 마음이 들 수도 있다는 것이 정상임을 기억하라. 몇 번 실천하기 시작하면 그런 두려움마저 점차 사라질 것이다.

이번 주간에 아래에 소개된 것들 중 두세 개만이라도 실천해 보라.

- 평소에 친하게 지내던 사람 말고 다른 사람에게 다가가라. 점심 식사를 함께 하거나 커피를 함께 마시자고 청해 보라. 같은 직장에서 일하지만 회사에서 자주 만나지 못하는 동료일 수도 있고, 친구가 별로 없는 사람일 수도 있다. 의도적으로 자신과 다른 사람을 찾아 먼저 다가가 보자. 당신이 찾아가야 하는 사람은 어떤 사람일까?

  내가 보수적이라면 그 사람은 진보주의자다. 내가 가난하다면 그 사람은 부자여야 한다. 내가 자주 가는 곳에 가지 않는 사람이어야 하고, 나와 같은 교회에 다니는 사람이 아닐 수도 있고, 같은 곳에서 장을 보는 사람이 아니어야 한다. 또 다른 사람은 이웃에서 내가 평소에 피하고 싶은 사람이다. 비행기를 탔을 때 옆자리에 앉지 않았으면 하는 사람이다.

  그 정도까지 관계가 불편한 사람을 찾아서 만나는 것이 내키지 않는다면, 한 번도 만나지 않았던 사람을 찾아 작은 노력부터 시작해 보라.

- 사람들 말에 귀를 기울이라. 주변 사람들의 존재에 관심을 갖고 경청하는 사람이 되어라.

- '준비하는 사람'이 되라. 준비는 다른 사람들을 배려한다는 것을 보여주는 작은 일들부터 시작된다.

  자녀들과 큐티시간을 함께 하는 것, 저녁 식탁에 촛불을 준비하는 것, 집 앞의 눈을 치워주는 것, 도로 표지판을 가리는 나무의 가지치기를 하는 것 등도 다른 사람을 위해 '준비하는 일'이 될 수 있다. 이 작은 일들은 다른 사람들을 받아들이는 준비작업이다. 다시 말하면, 다른 사람들을 위해 저녁 식탁을 준비하는 일이다. 우리가 식탁을 차릴 준비를 할 때, 우리 자신도 마음의 준비를 한다.

이 일은 내 아내가 아주 잘한다. 집에 손님들이 오면 아내는 촛불을 켜고, 간식을 준비하고, 식탁을 아주 예쁘게 장식하는 등 작은 준비들을 통해 손님들에게 '환영받고 있다'는 느낌을 준다. 말로 하지 않아도 그러한 준비들이 말보다 더 크게 손님들을 환영한다.

- 사랑하는 사람들에게 관심을 보이라. 예를 들면, 전화기를 내려놓고 동료의 말에 잠시라도 귀를 기울여라. 잠시 라디오를 끄고 아이들과 게임을 하며 놀아줄 수도 있다. 사람들이 얼마나 중요한가? 그 사람들을 위해 잠시 시간을 내는 것이 얼마나 중요한가?

- 다른 사람들을 자신만의 '그룹'으로 초대하고 환영하라. 직장에서든 가정에서든 우리는 너무도 자주 자신과 가깝고 편한 사람들하고만 끼리끼리 어울리려고 한다. 다른 사람들도 당신과 시간을 보내기를 바라지만, 환영받지 못하고 외면당한다는 느낌을 받을 수 있다. 이번 주에 그런 사람들을 한번 초대해 보라!

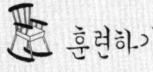 훈련하기

평소에 친하게 지내던 사람 말고 다른 사람에게 다가가라.

☕ 사람들의 말에 귀 기울이라.

☕ '준비하는 사람'이 되라.

☕ 사랑하는 사람들에게 관심을 보이라.

☕ 다른 사람들을 자신만의 '그룹'으로 초대하고 환영하라.

chapter

4

화내지 않고
사는 법 배우기

영혼의 훈련 : 안식일 지키기

| Learning to Live Without Anger |

어떤 교회의 수련회를 인도하러 가는데, 3시간 안에 수련회 장소에 도착해야 했다. 내가 탄 비행기가 버뱅크 공항에 예정보다 약간 늦게 도착했다. 하지만 첫번째 집회 시간이 아직 많이 남았으므로 수련회 장소에 미리 도착해서 짐을 풀고 잠시 쉴 수도 있겠다고 생각했다. 캘리포니아에 살던 동생이 고맙게도 공항으로 마중을 나왔다. 고속도로에 올라 처음 10분은 별일 없이 잘 가고 있었다. 그런데 갑자기 별다른 기미를 느끼지 못했는데 차가 꽉 막히기 시작했다. 405번 고속도로 위에서 옴짝달싹하지 못하고 갇혀버린 것이다.

거의 1년 만에 만나는 거라서 반가운 마음에 처음 얼마 동안은 동생과 근황에 대해 이야기하면서 웃고 떠들었다. 그런데 한 15분 정도가 지나도 길이 뚫릴 기미가 보이지 않자 걱정이 되기 시작했다. 그런데도 내 동생은 별로 걱정되지 않는다는 듯이 짜증도 내지 않고 계속 이야기를 이어갔다. "야, 이

거 너무 막히는데! 나아질 것 같아?" 내가 물었다. "응, 항상 이래." 동생이 대답했다. 또 다시 15분이 지났다. 이제는 짜증 정도가 아니라 폭발 직전이 되었다.

숨을 크게 내쉬고 침착해지려고 노력했다. 하지만 화가 더 치밀어 올랐다. 시계를 보고 겨우 5마일 가는 데 얼마나 오래 걸렸는지를 계산했다. 그리고 앞으로 한 40마일을 더 가야 한다고 생각하니 답답했다. 그리고 속으로 생각하기 시작했다. '이런 바보 같은 교통 때문에 수련회 장소에 제시간에 도착하지 못하겠어. 미리 도착해서 짐도 풀고 잠시 쉬었다가 설교를 해야 하는데. 쉴 틈도 없이 허둥지둥 설교를 해야 할지도 모르겠군. 설교를 망칠 수도 있겠어. 아니지, 최악의 경우 제 시간에 도착을 못하면 낭패인데……집회 강사라고 비행기 값을 치르고 불렀더니 집회 시간에 나타나지도 않는다고 생각할 거 아냐? 이게 모두 이 교통 때문이야! 바보 같은 비행기! 멍청한 자동차들은 오늘따라 왜 이렇게 많은 거야!' 이런 생각들을 속으로 하고 있는 사이 점점 더 짜증이 쌓여만 갔다. 화가 치밀어 오르는 것을 몸으로도 느낄 수 있을 정도였다.

그때 내 동생이 내 얼굴을 보고 뭔가 심상치 않음을 느낀 것 같았다. 화가 나면 감출 수가 없는 모양이다. 동생이 물었다. "형, 왜 그래, 무슨 일이야?" 내가 대답했다. "마이크, 차가 이렇게 막히는 걸 보니 아주 미치겠다. 잘해 봐야 늦고, 심하면 집회 장소에 못갈 것 같다." 마이크가 웃기 시작했다. "걱정 마, 괜찮아!" "괜찮다고? 괜찮지 않아!" 나는 동생에게 소리를 질렀다. "아니, 괜찮다니까. 여긴 내가 더 잘 알아. 이 길은 내가 매일 다니는 길이야.

여기는 항상 이렇게 막히는 곳이야. 1마일 정도만 더 가면 금방 뚫릴 테니까 걱정 마. 형이 도착해야 하는 시간보다 최소한 한 시간 반은 일찍 도착할 테니까 두고 보라고."

순간 내 혈압이 조금 내려가는 것 같았다. 과연 얼마 지나지 않아 차들의 속도가 빨라지기 시작했다. 그리고 잠시 뒤 동생 말대로 아주 빠른 속도로 고속도로를 달릴 수 있게 되었다. 그래도 도착 예정 시간은 동생이 틀렸다. 한 시간 반이 아니라 한 시간 45분이나 먼저 도착해서 샤워도 하고 휴식을 취하다가 잠시 기도하고 편안한 마음으로 집회를 준비할 수 있었다. 그날 밤 침대에 누워서 생각해 보니 아무것도 아닌 일로 화를 냈던 내 자신이 부끄러웠다. 무엇보다도 내가 왜 그처럼 화가 났는지 이유를 알고 싶어졌다.

지난 몇 달 동안 나는 분노에 대하여-분노의 원인과 결과에 대하여-연구하고 있었다. 그렇기 때문에 오랫동안 그 주제가 내 머릿속에 있었고, 또 한동안 그것에 대하여 기도하고 있었다. 405번 고속도로에서 겪었던 경험 때문에 분노에 대하여 더욱 분명하게 알게 되었다. 어떻게 보면 분노에 대한 완벽한 케이스 스터디였다. 그날 생긴 일에 대하여 자세하게 분석해 보았다.

나는 차가 막힐 것이라는 생각을 전혀 못했다. 하지만 내 동생은 예측하고 있었다. 나는 집회 시간에 늦으면 어떤 일이 생길지에 대한 두려움이 있었지만, 내 동생은 그런 두려움은 없었다. 그래서 결국 나는 무척 화가 났고, 내 동생은 전혀 화가 나지 않았다. 똑같은 경험을 했지만, 두 사람의 반응은 달랐다. 그 이후로 몇 달 동안 나는 하나님 나라에 사는 사람은 분노에 대하여 어떻게 반응해야 하는지 많은 것을 배울 수 있었다.

충족되지 못한 기대와 두려움의 만남

분노의 종류는 여러 가지다. 가장 흔한 종류는 원초적인 분노다. 어떤 상황에 대하여 그냥 즉각적으로 발생하는 분노다. 예를 들면, 웨이터가 실수로 내 무릎에 음식을 쏟았을 때 치밀어 오르는 분노가 그것이다. 작용과 반작용 사이에 지체 시간이 거의 없다. 모든 것이 순식간에 벌어지고 우리의 몸도 그렇게 반응한다. 이런 종류의 분노는 다룰 수는 있지만 미리 대비할 수는 없다. 예수님의 제자들은 그러한 원초적인 본능에 다르게 반응하는 방법을 배워야 한다. 하지만 시간이 걸리는 작업이다.

두번째 종류의 분노는 더 흔하고 우리의 영혼에 더 큰 상처를 주는 분노다. 그것은 생각해본 후에 화를 내는 것이다.

이런 종류의 분노는 오랜 시간에 걸쳐 자란다. 오래 끌면 끌수록 더 상황이 나빠지는 타입의 분노다. 이런 종류의 분노는 다루기가 오히려 쉽다. 왜냐하면 분노의 원인을 제공하는 이야기를 다룰 시간이 더 많기 때문이다.

원초적 분노나 생각하는 분노 모두 폭발하려면 두 가지 연료가 필요하다. 그것은 충족되지 않은 기대감과 두려움이다. 그 두 가지가 합쳐질 때 아주 엄청난 감정에너지로 불붙는다. 충족되지 않는 기대감은 분노의 주된 원인이다. 예를 들어 친구를 12시에 만나기로 했다고 하자. 그런데 그 친구가 12시 20분이 다 되도 나타나지 않는다. 우리는 친구가 12시까지 오기를 기대했다. 대부분 친구가 그 정도 늦으면 여러 가지 감정이 교차한다. 약간의 짜증이 나거나 걱정이 되기도 한다. 하지만 아직 화가 날 정도는 아니다. 보통 이런 경우는 사람을 격노하게 만들지 않는다. 대부분의 사람들은 참을성 있게 기다리다 친구가 나타나면 그때 왜 늦었는지를 묻는다.

그런데 여기에 두려움을 더해보자. 기다리는 동안 친구가 왜 늦을까를 생각하기 시작한다. 별다른 이유 없이 늦었다면 상대방이 나를 무시한다는 의미다. 그래서 점심을 같이 먹기로 한 사람이 나를 무시하는 게 아닌가 생각하기 시작한다. 대통령과 점심 약속을 했더라도 이렇게 늦겠어? 속으로 이렇게 중얼거린다. 그때 갑자기 분노가 안에서 치밀기 시작한다. 이게 두려움과 무슨 관계가 있단 말인가? 우리가 가치 없는 존재로 여겨질까 봐 두렵다. 중요한 존재가 아니라고 여겨지는 게 두렵다. 진부한 불안감이다. 하찮은 충족되지 못한 기대감이 갑자기 위협으로 느껴진다. 이 사람이 나를 무시하는 것 같고, 내 시간과 내 감정 따위는 중요하지 않게 여기는 것 같다. 어떻게 나에게 이럴 수가 있지? 그렇게 분노가 쌓여간다.

충족되지 않은 기대감을 하나 더 추가해 보자. 시계를 보고 지금 온다고 해도 벌써 점심시간이 많이 지났다는 생각이 든다. 주문도 빨리 해야 하고, 허겁지겁 먹어야 한다. 그 다음 스케줄대로 움직이려면 식사를 제대로 못할지도 모른다. 여유 있게 즐기면서 대화도 나누며 식사하려고 했던 기대가 이제 산산조각이 났다. 다시 내가 무시당하고 있다는 생각이 들면서 분노가 더 쌓인다. '오래 기다리게 하는 것도 모자라서 내가 어떻게 되든 상관없다 이거로군……' 이쯤 되면 속이 부글부글 끓기 시작한다.

친구가 도착해서 아무렇지도 않게 한다는 말이 점심 약속을 깜빡할 뻔했다는 것이다. 그리고 나서 "늦어서 미안해!"라고 말하지만, 이미 늦었다. 이

제 두려움이 현실로 변한다. 나와의 약속을 잊었단다. 내가 그렇게 하찮은 존재였다는 말이다. 대부분 이런 경우, 늦은 사람이 내가 화가 났다는 걸 느낀다. 어쩌면 "어떻게 잊을 수가 있니? 내가 그렇게 중요하지 않다는 거야? 전화도 안하고 20분씩이나 사람을 기다리게 했다는 게 말이나 돼?"라고 말로 공격할 수도 있다. 어쩌면 반대로 화가 나서 말을 아예 안할 수도 있다. 혹은 은근히 상대방의 부아를 치미는 말을 내 뱉기도 한다. "넌 항상 이런 식이지!" 아무튼, 늦은 친구에게 내가 지금 화가 났다는 사실을 어떤 식으로든 알리려고 한다. 그냥 내버려 둘 수는 없다.

하지만 다른 각도에서 한번 보자. 우리 친구가 머리에 상처가 난 채로 약속 장소에 나타나서 접촉사고가 나서 상대방 운전자와 경찰서에 다녀오느라고 20분 늦었다고 한다. "일찍 올수 있었는데, 미안해 기다리게 해서." 그때 분노의 감정은 어떻게 되는가? 순식간에 눈 녹듯이 사라진다. 이제는 새로운 감정이 생기기 시작한다. 화를 냈던 자신이 부끄럽게 여겨지고, 상대방의 상태가 염려되고 크게 다치지는 않았는지 걱정하기 시작한다. 아주 짧은 시간에 상대방을 향한 분노가 측은함과 염려로 변화된다.

이 모든 것이 눈에 보이지 않게 내면세계에서 다 벌어지고 있었다는 사실에 주목하라. 충족되지 않은 기대감이 항상 그렇듯이 약간은 짜증나게 만들었다. 교통 체증, 느려터진 은행직원, 마트 계산대 앞에 길게 늘어진 줄은 종종 우리를 짜증나게 만든다. 하지만 이때까지는 아직 아무런 위협도 없다. 아무도 직접적으로 내게 피해를 주지 않는다. 따지고 보면 불평할 사람이 아무도 없다. 우리가 어떤 모양으로든 위협을 느낄 때 분노하기 시작한다. 그렇다면 그 '위협'은 어디서 오는 걸까?

우리의 삶은 충족되지 않은 수많은 기대감들로 가득 차 있다. 내 계산으로는 우리가 하루 평균 열 번에서 백 번 정도 우리 힘으로 통제할 수 없는 좌절을 경험한다. 하지만 하나님 나라에 살면 우리의 두려움을 통제하고 다룰 수 있게 된다. 우리를 분노하게 만드는 이야기가 무엇인지 파악해야 한다. 그 잘못된 이야기가 어디에서 비롯되었는지를 조금 더 깊게 파고들어 봐야 한다. 그렇게 한 후에야 우리를 지배하는 잘못된 생각을 예수님의 가르침으로 대체할 수 있다.

잘못된 강압적 가르침

이 제자도 시리즈에서는 삶속에서 많은 문제를 야기하는 잘못된 가르침, 즉 이야기들을 점검한다(이를테면 우리의 죄에 대하여 하나님이 벌을 내리신다는 믿음). 분노에 대해서 우리를 이끄는 잘못된 이야기는 매우 독특하면서도 강압적인 특성이 있다. 강압적인 특성이라는 말은 '반드시 해야만 한다'라든가, '항상', '절대로'라는 수식어가 붙어서 명령하거나 통제하려는 성향이 있다는 의미다. 아래 목록들은 스트레스와 답답함, 그리고 분노라는 감정을 유발하는 '강압적 이야기'의 몇 가지 실례들이다.

- 나는 혼자다.
- 매사가 항상 내가 원하는 대로 진행되어야 한다.

- 만약 내가 조금이라도 실수하는 날에는 끔찍한 일이 벌어질 것이다.
- 모든 일이 항상 내 통제 아래 이루어져야 한다.
- 인생은 항상 공평하고 정의로워야 한다.
- 오늘 내게 무슨 일이 있을지 항상 예측해야 한다.
- 나는 항상 완벽해야 한다.

각각의 이야기가 두려움으로 가득 차 있고, 통제하려는 듯한 의도가 깊이 배어 있는 것을 볼 수 있다. 문제는 두려움이다. 또한 두려움의 문제를 해결하려면 통제해야 한다는 생각을 한다.

"모든 일이 항상 내 통제하에 이루어져야 한다."라는 것을 예로 들어보자. 그 밑에는 만일 내가 통제하지 않으면 상황이 나빠질 것이라는 생각이 깔려 있다. 또 더 밑을 들여다보면, 만일 우리가 통제하지 않으면 온 세상이 엉망이 될 것이라는 생각으로까지 확대된 것을 알 수 있다. 만일 우리가 작업환경을 통제하지 못한다면, 일이 엉망이 될 수도 있고, 결국 직장을 잃게 될 것이고, 가난해지면 먹고 사는 문제도 힘들어질지 모른다. 경제를 통제하지 못하거나, 날씨, 혹은 가족들을 통제하지 못하면 모든 것은 지옥처럼 되고 말 것이다. 모든 것을 통제해야 한다는 강박관념이 우리로 하여금 하나님이 아닌 우리 자신이 가지고 있는 것들을 의존하게 만든다. 그리고 그것이 결국 '육체의 소욕'을 따르는 죄를 범하는 빌미가 된다.

 나 자신에게 익숙한 잘못된 이야기는 어떤 것인가?

육체의 소욕을 따라 산다는 것

바울은 '육체의 소욕'을 따른다는 표현과 '성령을 따라 행하는 것'을 대조적인 표현으로 사용했다. "내가 이르노니 너희는 성령을 따라 행하라 그리하면 육체의 욕심을 이루지 아니하리라 육체의 소욕은 성령을 거스르고 성령은 육체를 거스르나니 이 둘이 서로 대적함으로 너희가 원하는 것을 하지 못하게 하려 함이니라"(갈 5:16-17).

많은 사람들이 육체를 몸이라고 생각하는 경향이 있다. 하지만 여기서 말하는 '육체'는 신체적인 몸을 의미하기보다는 자기 자신이 가진 것, 즉 하나님을 의지하지 않는 것에 대한 반대개념으로 사용되었다. 초대교회의 설교자였던 존 크리소스톰(John Chrysostom)은 이렇게 기록했다. "육체는 몸을 의미하지 않는다. 신체의 특성이 아니라 우리가 가진 악한 기질을 의미한다." 우리 안에 하나님으로부터 멀어지기 쉬운 성향이 있다. 그러므로 우리가 하나님을 떠나 방황할 때 '육체를 따라 사는 것'이 된다. 육체를 따라 사는 사람들은 자기 자신의 능력에 의존해 문제를 해결하려고 한다.

육체를 따라 산다거나 정욕의 죄에 대하여 생각할 때마다 사람들은 음욕이나 간음, 술 취함, 흥청거림과 같은 것들을 떠올린다. 육체를 따라 사는 것이 바로 정욕대로 산다는 것이다. 그것이 죄다. 그러한 행동들은 하나님 외에 다른 것에서 쾌락을 찾는 데 사용된다.

하지만 육체의 정욕으로 지은 죄에는 교만, 질투, 염려, 잘못된 판단, 분한 마음과 분노 같은 죄들도 포함된다. 우리가 성령에 이끌리는 삶을 살 때에는 의롭지 못한 분노같은 일들은 잘 저지르지 않는다. 그런 것은 우리가 하나님 나라의 관점에서 우리의 상황을 바라보지 않을 때 발생한다.

 육체의 소욕을 따라 사는 것이 어떻게 죄가 되는지를 설명해 보자.

예수님의 가르침

산상설교에서 예수님이 언급하신 첫번째 주제가 분노에 관한 것이다.

> 옛 사람에게 말한 바 살인하지 말라 누구든지 살인하면 심판을 받게 되리라 하였다는 것을 너희가 들었으나 나는 너희에게 이르노니 형제에게 노하는 자마다 심판을 받게 되고 형제를 대하여 라가라 하는 자는 공회에 잡혀가게 되고 미련한 놈이라 하는 자는 지옥 불에 들어가게 되리라(마 5:21-22).

많은 사람들이 의로움은 겉으로 드러나는 행위에 따라 결정된다고 생각한다. 따라서 우리가 겉으로만 계명을 어기지 않는다면(예, 사람을 때리거나 죽이지만 않는다면), 우리는 계명을 지킨 것이고 따라서 의롭다고 여김을 받아야 한다고 믿는다. 하지만 예수님은 그보다 더 깊게 파고드신다. 우리 행동의 진원지인 마음속으로 들어가시는 것이다. 예수님은 이렇게 말씀하셨다. "형제나 자매에 대하여 분노하는 자마다 심판을 받게 되리라."

왜 그런가? 의롭게 되는 것을 더욱 어렵게 만드시려는 것일까? 누구도 의에 이르지 못하도록 기준을 높이시는 것일까? 그렇다면 모세보다 더 율법적이신 것은 아닐까? 그렇지 않다. 예수님은 인간의 마음을 이해하셨다. 중요한 것은 겉으로 드러나는 행위가 아니라 마음이다. 분노로 가득 찬 마음, 미움으로 가득한 마음은 살인을 하려는 마음과 별로 큰 차이가 없다는 말이다. 사실 마음속으로 어떤 생각을 하느냐가 진짜다. 행동으로 옮기지만 않았지 이미 마음속에서 살인을 한 것이나 다름없다. 예수님은 마음에 분노를 품은 사람이 들키지만 않는다면 실제로 사람을 해칠 수 있다는 것을 정확히 알고 계셨다.

예수님께서 제자들에게 분노하지 말라고 명하심으로, 우리에게 선하고 아름다운 삶으로 가는 길을 보여주셨다. 그렇게 말씀하셨다는 것은 우리가 그렇게 할 수 있다는 사실을 내포하고 있다. 많은 사람들이 화내지 않고 사는 것은 상상할 수도 없다고 말한다. 하지만 가능하다. 그렇지 않다면, 예수님께서 우리에게 그렇게 명령하지 않으셨을 것이다. 불행하게도 우리는 '분내지 말라'는 말을 들으면, 우리 스스로의 힘으로 그렇게 해야 한다고 생각한다. 하지만 우리 스스로 노력해 봐야(육체의 소욕을 따라) 실패할 것이 뻔하고, 결과적으로 예수님의 명령이 말도 안 되는 것이라며 불만을 품을 것이다. 우리가 어떻게 하면 분내지 않고 살 수 있는가를 설명하기 위해 예수님의 가르침을 전체적인 맥락에서 살펴봐야 한다.

하나님 나라의 가르침은 세상이 가르쳐주는 잘못된 강압적 메시지와 사뭇 다르다. 아래에 그것을 비교해 보았다.

세상의 잘못된 가르침	하나님 나라의 가르침
나는 혼자다	당신은 결코 혼자가 아니다. 예수님께서 항상 함께하신다.
모든 일이 항상 내 통제 아래 이루어져야 한다.	예수님이 통제하신다.
만약 내가 조금이라도 실수하는 날에는 끔찍한 일이 벌어질 것이다.	실수는 언제나 할 수 있다. 그리고 대부분 좋은 방향으로 해결된다.
인생은 항상 공평하고 정의로워야 한다.	인생이 항상 공평하고 정의로운 것만은 아니다. 하지만 최종 권한은 하나님께 있다.
나는 항상 완벽해야 한다.	예수님은 내가 완벽하지 않아도 있는 모습 그대로 받아주신다.

하나님 나라의 가르침은 하나님의 임재와 능력의 실재에 기인한다. 예수님에게 하나님 나라는 하나의 좋은 아이디어 정도가 아니라 매우 실제적인 장소다. 즉, 누구에게나 열려 있는 하나님과 교제하는 삶이다. 하나님 나라의 통치 밖에서는 우리 인생을 우리 스스로 책임져야 한다. 우리 자신을 스스로 보호해야 하고, 권리를 위해 싸워야 하고, 우리를 공격하는 사람을 응징해야 한다. 하나님 나라 안에 거하는 사람의 삶은 아주 다르다. 하나님이 우리와 함께 하시고, 보호하시고, 우리의 안녕을 위해 친히 싸우신다.

이것만 알아도 우리는 분노의 많은 부분을 줄일 수 있다.

 완벽주의는 어디에서 비롯된 것일까?

두려움에서 신뢰로 : 하나님 나라 안에서는 예수님이 우리를 가르치시기 때문에 우리의 하늘 아버지를 신뢰할 수 있다. 나는 몇 년 전에 비로소 신뢰에 대하여 제대로 배웠다. 내 딸 호프와 나는 아들의 야구 시합에 함께 간 적이 있다. 호프가 친구랑 스윙 연습을 하겠다며 운동장 한쪽으로 갔다. 나는 딸아이에게서 눈을 떼지 않았다. 그런데 스탠드 이쪽에서 저쪽으로 잠시 옮겼는데, 그때 딸아이가 내가 있던 쪽을 쳐다보고는 보이지 않자 갑자기 울면서 스탠드 쪽으로 뛰어갔다. 그 시간이 겨우 30초 정도의 짧은 시간이었는데 딸아이는 그새 아빠가 보이지 않는다고 겁을 먹고 헐떡거리며 뛰어온 것이다. "호프, 아빠 여기 있다!" 호프가 달려왔다. "아빠 나를 내버려두고 가면 어떻게 해!" 호프가 떨리는 목소리로 말했다. "아빠가 널 내버려두다니! 절대 그렇지 않아. 아빠는 너한테서 눈을 뗀 적이 없어. 네가 아빠 시선을 잠깐 놓친 거지." 호프는 금세 안정을 되찾았다. 하지만, 두려움을 달래는 데는 약간의 시간이 필요했다.

때로는 우리가 하나님의 시선을 놓칠 수 있지만, 하나님은 결코 우리에게서 눈을 떼시지 않는다. 하나님은 우리가 성장하고 성숙할 수 있도록 시험해 볼 여유를 허락해 주신다. 하나님은 결코 우리의 시간을 방해하시지 않는다. 하지만 그것이 하나님께서 우리와 함께하시지 않거나, 지켜보시지 않는다거나, 우리가 오가는 것을 모르신다는 의미는 아니다. 예수님은 "내가 너를 떠나지도 않고, 버리지도 않으리라."하고 약속하셨다. 예수님의 가르침에 의하면, 하나님은 우리를 구해내시지 못할 상황에 내버려 두시지도 않으실 뿐더러, 우리에게 좋지 않은 일들이 벌어지도록 허락하시지도 않는다. 하나님 나라는 항상 우리 곁에 있다. 우리는 결코 홀로 내버려지지 않았고, 그렇기 때문에 두려워할 필요도 없다. 내 마음속 깊이 이러한 현실을 인식하고 사는 한 분노가 나를 사로잡지 못할 것이다. 물론 매일 나는 충족되지 못한 기대감들을 갖고 살아간다. 하지만 내 안에 두려움이 없다면, 분노의 감정은 발생하지 않는다.

분노를 극복하기 위해서는 우리의 마음을 하나님 나라의 가르침으로 가득 채워야 한다. 앤드류 레스터(Andrew Lester)는 다음과 같이 기록했다.

> 사람들은 어떻게 변화하는가? 사람들이 가지고 있는 각각의 사연들이 새로운 환경에서, 새롭게 해석되고, 새롭게 기록되었을 때에 비로소 변화가 일어난다. 다시 말하면, 변화를 일으키는 유일한 방법은 우리의 생각을 지배하는 이야기를 바꾸는 것이다. 우리는 새로운 이미지를 개발하는 능력을 가지고 있다. 그것이 바로 새로운 이야기를 창출해낸다. 우리를 분노하게 만드는 기존의 잊어버리고 싶은 이야기를 새로운 이야기로 덮어씌우는 것이다.

우리는 이야기를 바꿀 수 있다. 물론 한 번에 쉽게 되지 않겠지만 충분히 가능한 일이다.

 어떻게 신뢰가 분노를 사그라지게 하는가?

분노의 또 다른 면

분노를 어떻게 건강하게 다루는가를 논하기 전에, 분노가 가지고 있는 좋은 면도 있다는 사실을 인정하는 것이 중요하다. 하나님은 우리가 분노할 수 있는 능력을 갖도록 만드셨다. 하지만 우리 모두는 분노가 바깥으로 표출되는 것은 부끄러운 것이라고 여기기 때문에 분노하면 상처와 아픔을 겪는다. 그렇다면 왜 하나님은 분노의 감정을 만드셔서 우리에게 허락하셨을까? 분노는 불의에 대한 정당한 반응이다. 우리는 하나님의 형상을 따라 지음을 받았기 때문에 정의롭지 못한 것을 보면 그것에 대하여 자연스럽게 맞서게 된다. 많은 그리스도인들이 분노는 항상 악한 것이며, 그렇기 때문에 분노가 생기면 억누르고 속으로 삼켜야 한다고 생각한다. 하지만 그것이 분노를 다루는 최상의 방법은 아니다. 어떤 상황에서는 분노하는 것이 옳을 때도 있다.

복음서에 보면 예수님께서 분노하시는 장면이 두 군데 나온다. 한 번은 바리새인들이 율법에 대하여 잘못 해석할 때였고(예수님께서 안식일에 병든 자를 고친 장면-막 3:5), 두번째 상황은 성전 안에서 매매하는 사람들을 내쫓으신 장면이다.

> 예수께서 성전에 들어가사 성전 안에서 매매하는 모든 사람들을 내쫓으시며 돈 바꾸는 사람들의 상과 비둘기 파는 사람들의 의자를 둘러 엎으시고 그들에게 이르시되 기록된 바 내 집은 기도하는 집이라 일컬음을 받으리라 하였거늘 너희는 강도의 소굴을 만드는도다 하시니라(마 21:12-13).

예수님도 분명 분노하셨다. 그러나 분노 때문에 죄를 범하지는 않으셨다. 그러므로 분을 내는 것 자체가 항상 죄라고 말할 수는 없다. 사실 예수님의 분노는 온전히 의로운 분노였다. 분노 중에는 의로운 분노도 있다. 그리고 분노에 대처하는 옳은 방법이 따로 있다. 예수님의 분노는 지극히 당연한 분노였다. 세상에는 분명히 정당한 분노와 정당한 반응이 있다. "정당한 분노란 하나님을 분노하게 만드는 일에 분노하는 것이고, 따라서 잘못된 것을 바로잡기 위한 적절한 방안을 찾는 것이어야 한다."

우리는 아동학대, 부자의 가난한 사람 착취, 사기, 속임수와 멸시 같은 일에 대하여 반드시 분노를 느껴야 한다. 부당함에 대하여 분노하는 것은 지극히 정상적인 반응이다. 그러한 반응이 변화를 위한 동기부여가 된다.『선하고 아름다운 하나님』이라는 책에서 나는 하나님의 진노에 대하여 언급했다. 하나님의 진노는 죄와 악에 대한 하나님의 정당한 반응이다. 거기에서 나는 분노가 어떻게 건설적이고 긍정적인 변화의 에너지로 쓰일 수 있는가에 대한 실례로 M.A.D.(Mothers Against Drunk Driving)라는 음주운전을 반대하는 어머니들의 모임에 대하여 소개했다.

사도 바울은 다음과 같이 충고한다. "분을 내어도 죄를 짓지 말며 해가 지도록 분을 품지 말고, 마귀에게 틈을 주지 말라"(엡 4:26-27). '분을 내어도'라는 표현이 바울이 분내기를 권장한다는 의미는 아니다. 그는 분을 내는 것이 우리의 일상의 한 부분이라고 말하는 것이다. 그리고 분이 날 때 그것을 억누르기보다는 분을 내되 해가 질 때까지 분을 품지 말라고 충고한다. 아치발드 하트(Archibald Hart)는 그것을 이렇게 설명한다. "바울이 여기에서 말하고자 하는 핵심 포인트는 분노라고 하는 감정 자체가 잘못되었다는 것이 아니라, 분노가 우리를 죄짓게 할 여지가 있다는 것이다. 분노를 느끼면, 다른 사람에게 지금 내가 화가 났다고 말하고, 왜 화가 났는지 그 이유를 나누는 것이 필요하고, 그것이 건강한 분노 해결 방법이다."

해가 질 때까지 분노의 감정을 간직하면 우리 영혼에 독을 뿌리는 것이나 마찬가지다. 그런 까닭에 바울이 "마귀에게 틈을 주지 마라"고 충고했다. 헬라어로 '틈'은 '여지 혹은 빌미'를 의미한다. 표현되지 않았거나 해결되지 않은 분노는 사탄이 우리를 공격할 여지를 주는 것이다. 분노는 쉽게 상처와 (왜 저 여자는 날 항상 무시하는 거지? 혹은 저 사람은 꼭 내가 갖고 싶은 것을 가로챈단 말이야……) 체념으로(어차피 인생은 불공평한데 뭐하려고 노력을 해?) 발전한다. 그렇기 때문에 우리는 분노의 원인을 먼저 분석해야 한다. 어쩌면 불의를 바로잡도록 하는 의로운 분노일 수도 있다. 하지만 분노의 상당 부분이 의로운 분노가 아닐 뿐더러, 아직 변화되지 못한 이야기, 즉 잘못된 생각에서 비롯한 결과다.

 자신의 분노가 의로운 분노라고 느껴졌던 적이 있다면 나누어 보자.

기억하라, 변화는 시간이 필요하다

성령의 능력과 도우심 덕분에 내가 그날 꽉 막힌 고속도로에서 겪은 일로 분노의 문제를 분석하고 변화를 추구할 수 있었다. 그날 이후로 나는 많이 바뀌었다. 분노의 원인이 무엇이고, 어떻게 누그러트릴 수 있는지 깨닫게 되었다. 그렇다고 해서 내가 분노로부터 완전히 자유로워진 것은 아니다. 오늘 밤에도 내 샌드위치를 훔쳐 먹은 우리 집 개에게 화를 냈다. 화가 난 목소리로 개한테 막 욕을 퍼부었다. 하지만 몇 분도 지나지 않아 내 자신의 모습이 우습게 느껴졌다. 그렇게 느꼈다는 것은 변화하고 있다는 좋은 징조다.

하지만 변화에는 반드시 은혜가 필요하다는 사실을 잊지 말라. 자신에게 좀더 너그러워질 필요가 있다. 변화의 과정은 더디다. 하지만 우리의 생각을 지배하고 있는 이야기를 변화시키려고 노력하고, 영적인 훈련을 지속한다면 결국 우리는 변화를 경험하게 될 것이다.

 하나님께서 당신의 성품을 변화시키기 위해 어떤 종류의 시험을 허락하셨는가?

영혼의 훈련

안식일 지키기

안식일을 지키는 것은 분노의 감정을 다루는 데 가장 도움이 되는 최상의 영성훈련 방법이다. 안식일과 분노 사이에 아무런 공통점이 없기 때문에 이상하게 들릴지 모르지만, 사실은 둘 사이는 매우 밀접한 관계다. 분노는 충족되지 못한 기대감과 두려움이 만날 때 발생한다. 안식일은 하나님을 전적으로 신뢰하고 그의 길을 의지하는 것이다. 노먼 월츠바(Norman Wirzba)는 다음과 같이 말했다.

> 안식일의 쉼은 신뢰로의 초대다. 우리의 일상이 우리 자신의 노력과 힘이 아닌, 하나님의 은혜로만 지탱되고 유지된다는 사실에 대한 가시적인 표현이 안식일을 지키는 것이다. 안식일을 온전하게 누리기 위해서 우리는 자신의 삶을 통제하고 싶은 욕망을 완전히 포기해야 한다. 진정한 안식일을 누리기 위해서는 우리의 삶의 모든 영역에 매일매일 내려주시는 만나에만 철저하게 의존하며 사는 법을 배워야 한다.

분노는 우리 삶의 통제권을(충족되지 못한 기대들) 빼앗기지 않으려는 몸부림과 두려움이 만나서 발생하는 자연스러운 결과다. 그리고 안식일은 우리에게 하나님의 능력에 전적으로 신뢰하는 법을 가르쳐준다. 그러므로 안식일을 지키는 것은 우리의 분노를 다루는 법을 연습할 수 있는 완벽한 훈련 방법이다.

안식일은 우리가 자기 삶의 하나님 노릇하는 것을 그만두게 만든다. 하나님을 하나님 되시도록 하고, 우리를 돌보시도록 자신을 하나님께 내어드리고 우리에게 주어진 삶을 그저 편안하게 누리고 즐기는 것이다. 그것이 진정한 쉼의 의미다. 그것이 또한 잠자는 것이 안식일을 지키는 데 매우 중요한 요소로 여겨지는 까닭이다. 잠을 잔다는 것은 믿음의 표현이다. 우리는 잠을 잘 때, 눈에 보이는 아무런 증거가 없지만 아무도 우리를 해치지 못하도록 하나님이 지켜주실 것을 확신한다.

쉼, 신뢰, 통제권의 포기, 이것들이야말로 안식일을 지키는 핵심 요소들이다. 그리고 그 요소들이 우리의 분노를 잘 다스리도록 도와준다. 하지만 안식일을 지킨다는 것이 단순히 활동을 멈춘다는 것만을 의미하는 것은 아니다. 안식일을 지키는 것은 기쁨과 희망과 관련이 있다. 예수님은 안식일을 율법적으로 지키지 않으셨다. 주님은 안식일에 바리새인들이 죄로 여기는 일들을 행하시기도 하셨다. 예를 들면, 병자들을 고치셨고, 어떤 날은 제자들과 함께 밀밭 사이를 지나시다가 이삭을 잘라 함께 드시기도 하셨다. 예수님은 안식일을 아주 지혜롭게 지키셨다. 그리고 이렇게 말씀하셨다. "또 이르시되 안식일이 사람을 위하여 있는 것이요 사람이 안식일을 위하여 있는 것이 아니니 이러므로 인자는 안식일에도 주인이니라"(막 2:27-28).

다른 영성훈련 방법들과 마찬가지로, 안식일을 지키는 훈련은 자칫하면 율법주의적으로 변질될 위험성도 있다. 하지만 예수님은 안식일은 또 하나의 계율이 아니라 선물이라고 하셨다. 예수님은 분명 안식일을 지키셨지만, 죄를 범하지 않으셨다. 예수님은 안식일의 정신을 소중히 여기며 지키셨다.

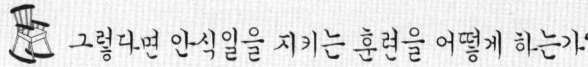 그렇다면 안식일을 지키는 훈련을 어떻게 하는가?

가장 중요한 것은 작게 시작해야 한다는 것이다. 아래는 내가 좋아하는 안식일 지키는 방법들이다.

- 시간을 내어 안식일을 어떻게 지킬지 계획을 세우라. 어떤 요일을 안식일로 정할 것인가? 그날 어떤 일을 할 것인가? 무엇을 먹을 것인가?
- 안식일을 지키기 전날 저녁을 특별한 저녁식사로 시작하라. 자신을 위해, 혹은 가족들과 친구들을 위해 특별한 저녁식사 시간을 가져 보라.
- 사람들이 모이기 전에 테이블 중앙에 초를 한두 개 켜놓는 것도 좋다. 유대인들의 전통 기도방법을 따라해보는 것도 좋다. 대개 가정의 여성들이 하는 기도다.

  "주의 계명을 따라 우리를 거룩하게 하시며,

  안식일의 불을 키도록 명령하신 만왕의 왕,

  우리 주 하나님이시여 찬송을 받으소서!"

- 식사를 하는 동안 가정의 남자(자녀가 있는 경우 아빠가) 식탁에 참여한 가족들을 축복하는 것이 전통이다. 내 경우는 형식에 구애받지 않고 자유롭게 하는 편이다 (예를 들면, 아이들에게 내가 얼마나 그 아이들을 사랑하는지, 또 얼마나 자랑스러워하는지를 말해준다). 매우 특별한 순서가 될 것이다.
- 함께 게임을 하라!
- 좋아하는 음식을 먹으라.

  (나는 안식일에 먹는 음식만큼은 열량이 많아도 상관하지 말자는 것을 불문율로 지키고 있다!)
- (만일에 주일이 당신 가족의 안식일이라면) 함께 교회에 예배하러 가라!

- 안식일 전날 저녁은 밖에 나가서 외식하지 마라

    (우리가 외식하면 우리 때문에 다른 사람들을 일하게 만든다). 안식일을 위해 음식을 미리 준비해 놓는다는 의미도 된다.

- 낮잠을 자라!

- 개인기도를 위한 시간을 따로 떼어 놓아라!

- 영성개발에 관한 좋은 책을 읽거나, 스스로 영성개발을 위한 일기를 기록하라.

- 제자도 시리즈의 첫번째 책, 『선하고 아름다운 하나님』 107-108쪽에 있는 것처럼 받은 복을 적은 리스트를 다시 살펴보라. 그리고 선하고 아름다운 하나님께 감사의 기도를 올려 보라.

- 시간을 내어 성경을 읽어 보라. 부담스러운 개인 성경연구 시간으로 만들지 말고, 그냥 말씀을 읽어가는 것이 좋다.

- 누군가에게 환대를 베풀어 보라. 친구들을 초청하여 함께 식탁의 교제를 나누라.

흔히 묻는 질문

안식일은 일주일 중 어느 특정한 날을 정해서 지켜야 하나? 내 개인적인 의견으로는 '그렇지 않다' 라고 대답하고 싶다. 유대교나 안식교회에서는 토요일을 안식일로 지킨다(혹은 금요일 해지는 시각부터 시작하여 토요일 해지는 시각까지). 하지만 4세기 성도들 대부분은 예수님이 부활하신 주일을 안식일로 지켰다. 그렇게 함으로서 그리스도인들은 전통적인 안식일의 개념과 예수님의 부활을 함께 기릴 수 있었다.

주일이 안식일로 지키기에 적합한 또 다른 이유는 대부분의 주일이 공휴 일이기 때문이다. 어쨌거나, 어느 하루만을 콕 집어서 안식일에 가장 적합하다고 말하기 어렵다는 게 내 개인적인 생각이다. (목회자들에게는 어쩌면 주일이 안식하기가 가장 힘든 날이다!)

chapter

5

정욕을 이기며 사는 법 배우기

영혼의 훈련 : 미디어 금식

| Learning to Live Without Lust |

오후 3시 30분쯤 내 사무실의 전화벨이 울렸다.

"아빠, 저 제이콥이에요."

아들 제이콥이 사무실로 전화하는 경우는 아주 드물다. 어떤 중요한 소식을 전할 일이 있다거나, 뭔가를 부탁할 일이 있을 때 외에는 하지 않는다.

"어, 그래! 어쩐 일이니?"

"여쭤볼 게 있어서요."

"말해 보렴," 내가 대답했다.

"여자랑 키스하려면 몇 살까지 기다려야 해요?"

충격이었다. 아들 녀석은 겨우 열 두 살이었고, 언젠가 이런 질문에 대답해야 할 날이 오리라 짐작은 했지만, 녀석의 너무도 단도직입적인 질문에 적지 않게 당황했다. 하지만 어떤 선입견도 갖지 않으려고 했다. 그리고 이렇게 물었다. "지금 여자애랑 키스하고 싶어서 물어보는 거니?"

"음……예."

"그 친구랑 얼마나 알고 지냈는데?"

"좀 됐어요."

"그 친구랑 진지하게 사귈 거니?"

"아빠, 요즘 그렇게 묻는 부모님은 없어요."

"좋아, 그럼 그 여자애가 네 여자 친구니?"

"말하자면 그런 사이인 것 같아요."

"좀 이상하게 들릴지 모르지만, 지금 종이 한 장 꺼낼 수 있겠니?"

아들이 대답했다. "물론이죠." 전화기 너머로 종이를 꺼내는 소리가 들렸다.

"이제, 그 종이 위에 삼각형을 한번 그려보렴. 그런 다음 네 질문에 아빠가 대답하마."

그리고 약 20분 동안 육체적인 친밀함과 이성 관계의 상관관계에 대하여 설명해 주었다. 그러자 아들이 말했다. "아빠, 무슨 말씀인지 알겠어요. 이제야 좀 이해가 되네요. 고마워요."

적어도 그날 하루는 내가 아빠 노릇을 제대로 한 것같은 생각이 들었다.

음란에 사로잡힌 문화 속에서 침묵하는 교회

현대 사회는 성적 타락과 음란에 사로잡혀 있다. 그러한 현상들이 잡지들 속에 넘쳐난다. 텔레비전 프로그램들도 그렇고, 음악들도 겉으로는 사랑이라는 이름으로 그럴듯하게 포장되어 있지만, 속 내용은 음란을 부추기는 노래로 가득하다. 사람들은 섹스를 위해 살고, 섹스를 위해 죽고, 심지어는 섹스 때문에 살인도 마다하지 않는다. 매년 TV에는 평균 14,000번도 넘게 성적인 내용이 등장한다. 따져 보면, 사람들은 일생 동안 평균 10만 번 이상 그렇게 선정적인 내용에 노출되어 있는 셈이다. 인기 드라마에 출연하는 어떤 여배우에게 왜 그토록 짧은 옷과 신체가 노골적으로 드러나는 선정적인 옷차림을 하느냐고 물었다. 그녀가 이렇게 대답했다. "그거야 배우들의 노출이 많을수록 드라마의 인기가 높아지기 때문이죠." 사람들이 성적인 이미지에 무감각해졌기 때문에 광고 업체들은 사람들의 관심을 끌기 위해서는 더욱 자극적이고 노골적인 이미지를 사용해야 한다고 생각한다.

기독교인들(무슬림, 유대교인, 심지어는 종교는 없지만 도덕적인 삶에 관심이 있는 사람들조차)은 그동안 문화에 맞서고, 성적인 순결, 순수함과, 정절에 대한 입장을 고수하려고 노력해왔다. 교회에 가고, 기도하고, 찬양을 하며 우리의 마음을 위에 있는 것에 맞추지만, 집에 가면 축구경기를 보고, 또다시 성적이고 폭력적인 내용으로 가득한 텔레비전 프로그램과 수많은 광고와 쇼에 노출되고 만다.

내 아들도 그런 장면들을 보고 자랐다. 또한 학교에서 친구들에게 잘못된 영향을 받았고, 그런 까닭에 자신의 성적인 욕구에 대하여 어떻게 대처해야 할지 모르는 지경에 처하게 된 것이다. 도대체 누가 이 젊은 아이들을 도울 수 있을까? 사실은 성적으로 타락하고 가치관이 무너진 이 시대를 살아가는 어른들조차 제대로 도움을 받지 못하는 현실이다.

우리 아들이 들어왔던 두 가지의 상반되는 극단적인 가르침이 있다. 하나는 교회의 가르침이고, 또 다른 하나는 이 세상의 문화가 가르쳐주는 가치관이다. 두 가지 모두 잘못된 가르침이다. 그리고 그 두 가지 극단적인 가르침은 우리를 실망과 낙심에 빠지게 만든다. 이점에 대해서 달라스 윌라드는 이렇게 가르친다. "인간의 성에 대한 두 가지 주된 실수가 있다. (1) 모든 성적인 욕구는 좋다는 것과, (2) 모든 성적인 욕구는 악이라는 믿음이다.

잘못된 기독교의 가르침 : 모든 성적인 욕망은 악한 것이다

첫번째 가르침은 우리에게 모든 성적인 욕구는 죄의 본성이라고 말한다. 그것은 초대교회에서 시작하여 교회사 전면에 지배적으로 가르친 내용이다. 수많은 교회 역사가들의 기록에서 찾아볼 수 있겠지만, 그중 가장 대표적인 예로는 아주 영향력 있고 유명한 기독교 영성 작가였던 히포의 어거스틴(Augustine of Hippo)이다. 4세기 후반부터 5세기에 걸쳐 수많은 글들을 남긴 어거스틴은 성적 욕구는 죄라고 여긴 대표적인 인물이다. 심지어 그는 인간의 원죄가 성적인 관계를 통해 전염되기 때문에 성관계는 그 자체로 죄악이라고 주장하기도 했다.

어거스틴이 쓴 참회록이라는 책에 보면 자신이 음욕과 씨름했다는 사실을 알 수 있다. 어거스틴은 이렇게 기도했다고 한다. "주님, 내게 순결을 주소서. 절제를 주소서. 그러나 아직은 마옵소서." 그 내면의 갈등이 얼마나 심각했는지를 알 수 있는 대목이다.

결국 그는 성적인 욕구는 무조건 나쁜 것이라는 믿음을 갖게 되었고, 온전한 독신주의가 선한 것이라고 주장했다. 어거스틴의 글들은 구교나 신교를 막론하고 지난 1500여 년간 대부분의 신자들의 생각을 지배하는 신념을 형성하는 데 지대한 공헌을 했다. 하지만 그러한 이야기를 받아들인 사람은 어거스틴만이 아니었다.

교회 역사를 통틀어-어거스틴 전후에도-인간의 성적인 욕구에 대하여 긍정적인 사고를 지지하는 사람은 얼마 되지 않았다. 절대다수의 사람들이 성은 어둡고, 악한 죄라고 말했다. 중세까지 영성을 추구하는 사람들의 대부분은 성적인 유혹을 피해 이성을 거의 접할 기회가 없는 수도원에 모여 살았다. 심지어는 오늘날의 교회들도 인간의 성에 대하여 균형 잡힌 시각을 거의 표현하지 않고 있다.

오늘날 교회는 자신의 입장을 널리 알리기보다는 침묵하는 쪽을 택한다. 묻지도 말고, 말하지도 말고, 성에 대하여는 입도 뻥긋하지 말라는 식이다. 물론 청소년 사역자들은 간혹 그 주제에 대하여 언급하기는 하지만, 그나마 두렵고 떨리는 마음으로 부모들의 허락을 받고 민망해하면서 조심스럽게 다루는 형편이다. 그러나 주일학교나 설교 강단에서는 그나마도 거의 언급하지 않는 실정이다. 그 주제 자체에 대하여 언급하는 것이 금기시되었다. 다른 한편으로는 옛날 어거스틴이 그랬던 것처럼, 교회에 다니는 많은 사람들이 불륜을 저지르고 포르노 중독에 빠져 있고, 음욕의 문제로 고통받고 있다.

성문제에 대하여 언급을 회피함으로서 우리는 모든 성이 죄라는 잘못된 인식을 심고 있다. 우리의 침묵이 혼란을 야기하고 있다. 그리고 몸과 영혼이 더욱 분리되도록 한다. 그래서 우리 목회자들이나 성직자들의 성적 타락에 대한 소식이 들리면 그 충격이 몇 배나 더 크다. 경건해야 할 사람이 어쩜 그럴 수가 있을까? 그렇게 생각하며 비통함을 금하지 못한다. 그리스도인들은 어쩌면 세례를 받고 물에서 나오는 순간 '하나님 나라의 내시'로 태어나는 것처럼 보인다. 우리의 침묵은 어쩌면 마땅히 긍정해야 할 것을 부끄러워하고 부인하는 것처럼 보인다.

 당신이 자라나면서 들었던 이야기들 가운데 잘못된 가르침을 준 것들은 어떤 것이 있는가? 당신의 삶에 구체적으로 어떤 영향을 끼쳤는가?

세상의 잘못된 가르침 : 모든 성적인 욕구는 좋은 것이다

'모든 성적인 욕구는 좋은 것이다'라는 두번째 잘못된 가르침은 서구의 현대 문화에서 비롯되었다. 로마제국의 황제였던 칼리굴라(Caligula)나 당시 그리스 철학자들이 성에 대하여 가진 생각과 태도, 그리고 행동들은 우리를 당황스럽게까지 만든다. 하지만 오늘날은 그 당시보다 더한 것 같다.

모든 성적인 욕구는 좋은 것이라는 생각이 미국 문화에 스며든 것은 1960년대 젊은이들 사이에서 자유연애를 지지하면서부터였다. 휴 헤프너(Hugh Hefner)라는 사람은 '플레이보이 철학'이라는 것을 제창했다. 그것은 섹스는 매우 자연스러운 행위이며, 모든 사람들은 자신이 원하는 만큼 섹스를 즐겨야 한다는 사상이었다. 오늘날 혼외정사를 자연스럽고도 당연하게 묘사하는 텔레비전과 영화에서 그러한 현상을 뚜렷하게 발견할 수 있다. 뮤직 비디오에서도 반라의 여자들이 나와 도발적인 춤을 추고, 음란한 노랫말은 섹스의 기쁨에 대하여 묘사한다. 그 속에 감추어진 속뜻은 성적으로 방탕하고 음란으로 가득찬 삶이야말로 진정으로 멋진 인생이라고 속이는 것이다.

성적인 행위에서 유일한 금기사항이 있다면, 다른 사람에게 피해를 주거나, 한 개인을 성적 노리개로 삼아서는 안 된다는 것이다. 성적인 행위는 항상 상호협의에 의해서만 이루어져야 한다. 그 속에 감추어진 속뜻은 또한 "상대방이 원하기만 한다면 얼마든지 가능하다"는 가르침이다. 이러한 삐뚤어진 생각이 오랫동안 역사적으로 금기시되었던 행위들에 대하여 관대해지도록 만들었다. 이전에는 충격적이었던 일들에 대하여 이제는 무감각해졌다. 관용의 시대를 살아가다보니 이제 너무도 무감각해져 버렸다.

진리의 잣대

그러면 어쩌다 이렇게 잘못된 가르침들이 우리 시대에 만연하게 되었을까? 다른 모든 잘못된 가르침들도 그렇겠지만, 위의 두 가지 가르침 모두 어느 정도의 진리적인 요소를 포함하고 있다. 물론 잘못된 성적인 욕구는 사람들로 하여금 나중에 후회하게 하는 행동으로 이끌기도 한다. 잘못된 성적인 욕구의 끝에는 혼외정사와 불륜이나, 난잡한 성행위, 혹은 인터넷 포르노 중독 등이 있지만, 그렇다고 해서 성적인 욕구 자체를 모두 부정해서는 안 된다. 잘못된 식욕, 즉 식탐이 때로 사람들로 하여금 거식증에 빠뜨리기도 하지만, 식욕 자체가 악한 것이라고 단정할 수 없듯이, 또한 갈증이 때로 사람들로 하여금 술 취하게 만든다고 해서 갈증 자체가 무조건 악한 욕구라고 말할 수는 없다.

우리 문화가 제시하는 이야기에도 어느 정도의 진리는 담겨 있다. 성적인 욕망은 물론 좋을 수 있다. 아담과 하와를 향한 하나님의 첫번째 명령은 '생육하고 번성하라' 는 것이었다. 성적인 관계없이는 생육하고 번성할 수 없다. 그러므로 성은 하나님이 만드신 것이다. 그것은 종족을 보전하는 방법이며, 또한 결혼관계를 강화하는 방법이기도 하다. 하지만, 하나님이 친히 명하신 것이라고 해서 제한조건이 전혀 없는 것은 아니다. 또한 그것이 아무리 자연스러운 것이라고 해서 항상 옳은 것도 아니다. 그것이 좋은 것이라고 해서 항상 좋은 것이 아니다. 모든 성적인 욕구와 표현이 항상 좋은 것도 아니고, 항상 나쁜 것도 아니다.

예수님의 가르침 : 문제는 에피투미아(EPHITUMIA)

예수님은 성(性)이 얼마나 중요한지 알고 계셨다. 또한 그것이 사람을 파괴할 수도 있고, 향상시킬 수도 있다는 사실을 알고 계셨다. 주님은 팔복에서도 그 문제를 다루셨다. 불행하게도, 성에 대한 관점과 관련해 주님의 가르침이 많은 경우 곡해되고 있다는 것이 문제다.

또 간음하지 말라 하였다는 것을 너희가 들었으나 나는 너희에게 이르노니 음욕을 품고 여자를 보는 자마다 마음에 이미 간음하였느니라 만일 네 오른 눈이 너로 실족하게 하거든 빼어 내버리라 네 백체 중 하나가 없어지고 온 몸이 지옥에 던져지지 않는 것이 유익하며 또한 만일 네 오른손이 너로 실족하게 하거든 찍어 내버리라 네 백체 중 하나가 없어지고 온 몸이 지옥에 던져지지 않는 것이 유익하니라(마 5:27-30).

이 본문은 많은 사람들로 하여금 예수님께서 여자를 음욕을 품고 쳐다보는 것만으로 간음을 저지른 것과 같다는 말씀이라고 믿게 만들었다. 분명 그렇게 보인다. 하지만 자세히 들여다보면 뭔가 다른 점을 발견할 수 있다. 여기에서 음욕이라는 뜻으로 쓰인 단어는 '에피투미아'다. 이 단어는 매우 구체적인 뜻을 가졌다. 이 단어의 뜻은 단순한 성적인 매력을 의미하는 것이 아니라, 자신의 성적 희열을 위해 의도적으로 상대를 도구화하는 것을 의미한다. 평소에 이 주제를 학생들에게 가르칠 때는 이렇게 설명한다. "에피투미아는 첫번째 쳐다보는 것을 가리키는 말이 아니라, 두번째 쳐다보는 것을 가리킨다. 처음 쳐다보는 것은 단순히 매력적이라 쳐다보는 것이고, 두번째 쳐다보는 것은 다분히 음흉한 의도가 있다는 것이다. 음욕은 그 사람에게 관심을 보이는 것이 아니라, 사람의 신체 부위에 관심을 갖는 것이다. 에피투미아는 단순히 성적인 매력만을 의미하지 않는다. 그 이상의 의미가 내포되어 있다. 그것은 자신의 쾌락을 위해서 성적인 욕구를 의도적으로 키우는 행위다. 사랑과는 반대 개념이다. 사랑은 눈을 쳐다보지만, 에피투미아는 눈 아래쪽 신체 부위들을 쳐다본다. 사랑은 그 사람의 가치를 인정하지만, 에피투미아는 상대방의 가치를 비하한다. 누군가에게 사람으로서의 매력을 느끼는 것과 어떤 불순한 의도를 가지고 상대를 물건 취급하는 것에는 분명한 차이가 있다. 그러므로 성적인 욕구를 느끼는 것과 에피투미아는 분명히 다르다는 점을 짚고 넘어가야 한다. 그 차이를 분명히 구분하지 않으면, 모든 성적인 욕구는 그 자체가 악한 것이라는 잘못된 가르침을 인정하는 것이 되기 때문이다.

하루는 내 동생과 해변을 거닐면서 하나님에 대한 깊은 대화를 나누었다. 그때 비키니를 입은 젊은 여성이 우리 쪽으로 걸어오고 있었다. 물론 동생과 나, 둘 다 그 여성에게 눈길이 갔다. 그 여자가 우리 옆을 지나갈 때, 동생과 나는 서로 눈을 마주치며 "와우!"라고 감탄사를 내뱉었다. 그때 그 행동은 죄일까? 그렇지 않다. 그런 반응 자체는 얼마든지 가능한 반응이라고 생각한다. 하지만 만일 우리의 시선을 그 여자의 몸매에 두고, 성적으로 접촉하는 상상을 하면서 그 여자의 뒤를 따라갔다면, 그것은 분명한 죄다. 만일 우리가 그렇게 했다면, 분명 단순한 성적 매력을 느끼는 것을 넘어 에피투미아의 선을 넘어선 것이다. 하지만 우리는 그렇게 하지 않았다.

 음욕을 품는 것이 어떻게 간음한 것과 같은지 설명해 보라.

새로운 종류의 사람

예수님은 내면의 의로움과 외면의 의로움의 차이에 대하여 가르치시고,

하나님 나라에서 새로운 사람이 되는 것에 대하여 설명하신다. 예수님의 가장 큰 관심은 우리 마음에 있다. 특별히 선한 마음을 가꾸는 것에 관심을 갖고 계신다. 선한 마음은 자신의 성적 쾌락을 위해 상대방을 성적인 도구로 취급하지 않는다. 하나님 나라에서 우리는 새로운 사람으로 변화된다. 우리의 새로운 정체성은 그리스도가 우리 안에 거하심으로 변하게 된다. 그러한 사람들은 성적인 욕구에 지배받지 않는 내면의 성품을 개발한다.

예수님 당시에는 간음이 서로 혼인관계에 있지 않은 두 사람 사이의 성적인 접촉으로 규정되었다. 최소한 둘 중 한 사람은 결혼을 한 사람이어야 간음죄가 성립된다. 오늘날과 차이가 있다면 예수님 당시의 간음은 예외 없이 여성에게만 적용되었다는 것이다. 남자는 결혼을 했더라도 노예와 창녀를 포함해서 아내가 아닌 다른 여자와 성적 관계를 맺을 수 있었다. 그러나 여성은 자신의 남편 외에는 다른 누구와도 성적인 관계를 맺을 수 없었다. 그러므로 간음에 대한 단죄는 여성에게만 가해진다. 하지만 마태복음 5장 27-30절에서 예수님은 남성들에게 직접적으로 말씀하신다.

예수님은 에피투미아도 분명한 간음이라고 설명하신다. 간음은 배우자와의 약속보다 성적인 욕구가 더 우선하는 것이다. 간음은 다음과 같은 것을 내포한다. "내 욕구를 충족시키는 것이 헌신의 약속을 지키는 것보다 더 중요하다. 다른 사람이 상처받는 것 따위는 관심 없다. 지금 내게 중요한 것은 내 자신의 감정에 충실하고 싶다는 것이다." 성적인 욕망도 마찬가지다. 상대방의 존엄성 따위는 내동댕이쳐버리는 것이다. 예수님은 그 사안의 핵심을 정확하게 다루신다. 새로운 사람이 되기 위하여 하나님의 나라로 들어오라고 우리를 초청하시는 것이다. 다른 사람들의 가치를 인정하고 존중하는 그런 새로운 사람이 되라고 초대하신다.

여성들의 에피투미아

어떤 여성들은 내게 에피투미아는 남성들에게 국한된 문제가 아니냐고 반문하기도 한다. "나는 남자들의 신체를 객관화하지 않아요. 남자를 보면서 성적인 욕망을 키우지 않습니다."

하지만 내 생각에, 여자들이 남자들과 같은 방식으로 욕망을 느끼지는 않겠지만, 분명 여자들도 에피투미아와 씨름하리라고 생각한다. 그저 표현되는 방법이 다를 뿐이다. (물론 모든 여자가 그렇다는 게 아니다. 마치 앞에서 언급한 정욕에 대한 문제가 모든 남자에게 적용되지 않듯이!)

앞에서 언급했듯이, 에피투미아는 상대방의 신체를 성적으로 도구화하는 것을 의미한다. 하지만 그것은 신체뿐만 아니라 겉으로 드러나는 외모(persona)를 도구화하는 것도 포함된다. 어떤 여자들은 남자들의 신체 일부를 성적인 욕망을 위해 도구화하지 않지만, 남자들의 이미지를 도구화하는 문제로 갈등을 겪는다.

예를 들어, 로맨스 소설이나 여자들이 좋아하는 영화를 예로 들어보자. 어떤 한 외롭고 제대로 인정을 받지 못하던 여자가 백마 탄 기사에게 구출되어 그 남자와 멀리 떠난다. (신데렐라 이야기를 상상해 보면 그런 연애소설의 결말이 어떻게 될지 90%는 이미 안 셈이다.) 그 남자는 그녀의 귓가에 그녀가 자신이 꿈꾸었던 여인이며, 그 여인만을 사랑하고 보호하고 돌보겠다고 속삭인다.

여자들은 연애 소설을 통해 자신들이 사랑받는다는 느낌, 가치를 인정받는다는 느낌, 특별한 대우를 받는다는 느낌, 또 약간은 거룩한 취급을 받는다는 감정적 욕구를 채운다. 백마 탄 기사가 그 기분을 충족시켜준다.

하지만 백마 탄 기사는 현실에 존재하지 않는다. 문제는 거기에서 시작된다. 그는 환상이다. 그리고 두 번, 세 번, 네 번 쳐다보게 되는 대상이다. 교제도 없고, 친밀감도 없고, 상호간의 관계 증진도 없다. 독자로서 그저 그 느낌이 좋기 때문에 계속 상상의 날개를 달고 허우적댄다.

나는 한 대학원생의 수업에서 연애 소설은 여성들을 위한 포르노라고 주장한 적이 있다. 그러한 파격적인 비교에 대부분의 여성들은 충격을 받은 듯했다. 하지만 몇 달 후, 어떤 싱글 여성이 나를 찾아와 이렇게 말했다. "교수님이 연애 소설을 포르노에 비교했을 때 사실 매우 불쾌했어요. 왜냐하면 제가 연애 소설을 많이 읽는 편이었거든요. 하지만 교수님이 말씀하신 것을 곰곰이 생각해보기 시작했습니다. 다른 사람의 모습을 성적인 도구로 여기는 것에 대하여 생각해보니, 정말 맞는 말씀인 것 같아요. 저에게 연애 소설만 모아 두는 비밀 책장이 있어요. 그런데 가만 보니 모든 책들이 가장 재미있는 부분들만 접혀서 표시가 되어 있더라고요. 제가 읽으면서 나중에 한 번 더 보려고 표시해 두었던 거죠." 백마탄 왕자나 섹시한 여자나 별로 다를 게 없다. 하나는 정신적인 부분이 강조된 것이고 다른 하나는 시각적이라는 차이만 있을 뿐이다.

만일 당신이 연애소설이나 여성 취향의 영화를 즐겨 보는 여성이 아니라면, 이렇게 생각할지도 모르겠다. "그 또한 나랑은 상관없는 얘기군요. 해당 사항이 없네요." 하지만 누가 '완벽한 남편'과 살고 있고, 누가 '이상적인 남자 친구'와 사귀는지에 대해 생각해 본 적이 한 번도 없는가? 꿈꾸던 남성상에 대하여 상상해 본 적은 없는가? 그 또한 에피투미아의 일종이라고 말할 수 있다.

마지막으로, 많은 여성들이 인터넷 포르노와 씨름하고 있다. 또 어떤 여성들은 자주 그런 상상에 빠지거나 자제할 수 없는 성욕 때문에 고통을 받기도 한다. 요점은 남자나 여자나 모두 에피투미아의 문제로 고통 받는다는 사실이다. 좋은 소식은 한 가지의 해결책이 남자와 여자 모두에게 도움이 된다는 것이다.

 표현의 방법은 다양하겠지만, 여자와 남자가 에피투미아 때문에 씨름하는 것의 핵심은 무엇일까?

에피투미아의 치유 : 하나님 나라에 거함

하나님 나라에서 우리는 새로운 차원의 이야기를 배운다. 에피투미아의 치유는 하나님 나라에 거하는 것이다. 하나님 나라에 살면서 우리는 하나님이 선하시다는 사실을 배운다. 또한 우리는 모든 것을 하나님의 관점으로 보는 법을 배운다. 하나님 나라에 거하므로 우리를 지배하던 잘못된 가르침과 이야기들을 변화시키는 것이 에피투미아를 극복하는 유일한 해결책이다.

수많은 사람들이 자신들의 의지로 그리고 눈물의 기도로 성적인 욕망을 다스려보려고 노력하고 실패하기를 반복한다. 하지만 별다른 변화는 없다. 우리의 외부행동이 변한다고 해서 내면세계까지 변화시킬 수는 없다.

그런 까닭에 예수님께서 우리의 눈이 시험에 들게 한다면 눈을 뽑아버리라고 말씀하신 것이다. 예수님의 이 말씀은 문자 그대로의 의미가 아니라 일종의 수사학적인 기법을 사용하신 것이다. 이것을 기류법(reductio ad absurdum)이라고 부르는데, 어떤 명제가 참임을 증명하려 할 때 그 명제의 결론을 부정함으로써 가정(假定) 또는 공리(公理) 등이 모순됨을 보여 간접적으로 그 결론이 성립한다는 것을 증명하는 방법이다. 예수님은 지금 죄를 짓는 것은 신체의 일부라고 여기는 당신의 일반적인 생각을 공격하시는 것이다. 이런 생각이 어떤 문화에서 도둑질하다 걸리면 도둑의 손을 자르는 이유다. 그들의 논리는 단순하다. 죄를 짓는 신체부위를 잘라내면 죄가 사라진다는 것이다. 그래서 "네 오른쪽 눈이 너를 실족케 하거든 눈을 뽑아버리라"고 예수님이 말씀하신 것이다.

달라스 윌라드는 종종 농담 삼아 이렇게 말한다. "예수님의 말씀은 우리가 실족케 하는 모든 부분을 잘라내고 피투성이가 된 채로 굴러서 천국에 들어가라는 건 아닐 거야."

주님은 그들의 논리를 가지고 터무니없는 결론을 내리시는 것이다. 문제는 마음에 있는 정욕이지 손이나 눈이 아니라는 것이다. 확실하게 말하면, 저희 신체의 일부가 죄를 짓는 행위에 가담하기는 하지만, 실제 범인은 우리의 내면세계와 생각 속에 있다는 말이다. 내 마음이 텅빈 것처럼 느껴질 때나, 욕망을 분출할 곳이 아무데도 없을 때 욕망을 품거나 욕망을 속에서 키우는 것 같다. 그러한 공허함은 내가 하나님과 친밀한 교제를 나누지 못하거나, 하나님 나라에서 멀리 떨어져 있을 때 생긴다. 뭔가를 느끼고 싶고, 뭔가에 빠지고 싶은데 하나님의 나라와 연결되어 있지 않거나 하나님과 교제가 끊긴 상태에서 기가 막히게 그 빈자리를 채우려고 찾아오는 것이 바로 에피투미아다.

에피투미아는 아주 강력하고 좋은 느낌을 경험하도록 해준다. 하지만, 고전동화 『사자와 마녀와 옷장』에 나오는 터키 사탕처럼 만족을 주는 것이 아니라 더욱더 원하게 만든다. 그 욕망은 너무도 강해서 그것을 얻기 위해서라면 무슨 짓도 다 할 수 있게 만든다. 그렇다면 하나님 나라에 거하는 것이 어떻게 도움을 주는가? 우리가 하나님과 제대로 관계를 맺고 있고 하나님 나라에 머물면 공허함이 이미 채워져 있음을 알게 된다.

하나님 나라에 거하는 것은 모험하는 것과 같다. 하나님께서 언제 어떻게 내 삶에서 역사하실지 결코 알 수 없다. 하지만 하나님은 항상 정확한 때에 정확한 방법으로 일하신다. 바로 얼마 전에 나는 어떤 사역 프로젝트를 하고 있었는데, 거의 실패하기 일보 직전이었다. 하지만 정확히 바로 그 순간에 새로운 기회, 새로운 자원이 생겼다. 단지 내가 할 수 있는 것은 기쁨으로 받아들이는 것뿐이었다. 내게 하나님과 하나님 나라를 위해 일하는 것은 항상 그런 식이었다. 그 일을 통해서 하나님 나라에서 우리가 누구인지 어디에 있는지를 확인하게 된다. 사랑받는 느낌, 중요하다는 느낌 그리고 존귀하고 특별하다는 느낌에 대한 필요가 그리스도와 하나가 될 때 모두 채워진다. 내 마음을 위의 것(하나님 나라)에 둘 때, 내 자신이 하나님의 아주 멋지고 획기적인 계획의 일부분이라는 사실을 깨닫게 된다. 그것이 바로 하나님의 모략이다. 그때 내가 어디를 가든 하나님께서 나와 함께 일하신다는 것을 알게 된다. 나는 지금 내가 찾던 드라마, 내 열정을 쏟아야 할 곳을 찾았다. 로버트 벨은 이렇게 말했다.

> 정욕과 대항하는 일이라면 내가 항상 불리하다……당신의 마음을 사로잡은 것이 무엇이든 간에, 당신이 원하는 것을 더 가질 때까지 자유롭지 못할 것이다. 욕망을 없애는 것이 중요한 것이 아니다. 정말 중요한 것은 우리 자신을 더 크고 위대한 욕망에 헌신하는 것이다……인생은 하나님이 주신 생명력을 억누르고 색깔을 죽이는 것이 아니다. 오히려 그 힘의 방향을 바꾸고 집중하여 아름다운 일에 쏟아 놓는 것이다.

마지막으로, 내가 누구인지를 알고 또한 안전하다는 사실(하나님이 선하시고 그 선하신 하나님이 내가 잘되는 것을 원하신다는 사실)을 알 때, 다른 사람들을 새로운 눈으로 바라볼 수 있다. 더 이상 쾌락의 대상으로 보지 않고, 하나님이 사랑하시는 인격체로 바라볼 수 있다.

기쁨, 감사, 은혜. 이것들이 바로 하나님 나라의 단어들이다. 우리가 하나님과 함께 그의 나라에 거하면 우리 자신의 삶을 사랑할 수 있다. 로버트 벨은 이것이 에피투미아를 다루는 데 가장 중요한 요소라고 말한다. "하나님이 지으신 인생을 살아가는 데 핵심은 감사하는 태도다. 하나님께서 우리에게 주신 것, 우리가 가지고 있는 것, 그리고 우리 삶에 집중하지 않으면, 우리는 계속 다른 삶을 꿈꾸게 될 것이다." 정욕은 하나님과 그의 나라에 대한 영적 굶주림이다. 그렇기 때문에 우리의 성적인 문제는 하나님의 영광스러운 나라의 예수 제자 학교에 등록할 때 비로소 해결된다.

 하나님과 친밀하게 교제하며 그의 나라에 거하는 것이 우리의 에피투미아를 다루는 방법에 어떠한 도움이 될까?

육체적 친밀감의 적정한 수준

내가 대학생이었을 적에, 내 아들과 같은 질문을 하자 리처드 포스터 교수님은 삼각형의 다이어그램을 사용하여 설명하셨다. 육체적 친밀감의 적정한 선은 어디까지인가? 혹은 어디까지 가야 갈 때까지 가는 것일까? 그 다이어그램은 내게 엄청나게 도움이 되었다. 그리고 동일하게 내 아들에게도 도움이 되었기를 바랐다. 꼭짓점을 맨 위로 향하는 삼각형을 상상하자. 삼각형의 바닥 부분에서 맨 위 가운데로 향하는 삼각형의 두변을 관계의 두 가지 요소라고 보자. 하나는 신뢰도이고, 또 다른 하나는 육체적인 친밀감이다. 삼각형의 바닥 부분은 육체적인 친밀감과 신뢰도가 전혀 없는 관계를 의미한다.

신뢰도의 수준이 높아지면 높아질수록 육체적인 친밀도도 함께 높아진다. 이 다이어그램이 설명하려는 핵심은 육체적 친밀도는 반드시 상호 신뢰도와 정비례해서 쌓여야 한다는 것이다. 예를 들면, 첫번째나 두번째 데이트를 할 때는 서로 신뢰도가 낮기 때문에 키스를 하는 것은 옳지 않다. 하지만, 상호 신뢰도가 높아지면 높아질수록 서로에 대한 가치 존중도 높아지게 되고, 따라서 자연스럽게 육체적 친밀도가 높아질 수 있다.

아무런 신뢰도 없는 육체관계에 대하여 한번 생각해보자. 그것 때문에 관계가 약화될 수도 있다. 결혼을 앞두고 있는 사람이 주위에 있다면 한번 물어보라. 그들의 과거에 대하여 물으면, 대부분 후회하고 있다고 하고, 심지어는 부끄럽기까지하다고 대답할 것이다. 성적으로 친밀한 두 사람 사이에는 중요한 어떤 교류가 발생한다. 나는 그것이 리처드 포스터가 소개한 삼각형 다이어그램이 가진 탁월성이라고 생각한다. 우리는 신성한 존재며, 서로를 그렇게 소중히 다루어야 한다. 육체적인 친밀도와 상호 신뢰도가 최고점에 다다르는 순간에 벌어지는 육체적인 관계가 성교다. 성교를 통한 궁극적인 친밀감은 결혼이라는 신뢰도와 친밀도의 최고의 정점에서만 가능하다.

그 삼각형은 많은 그리스도인들이 귀 기울여야 할 아주 중요한 것을 우리에게 설명한다. 사랑하는 사람들 사이에 모든 육체적인 친밀도가 악한 것이고 금기시되어야 하는 것은 아니라는 말이다. 자신이 결혼하기 전까지는 여자 친구에게 절대로 키스도 하지 않겠다는 한 대학생이 있었다. 청년의 의도는 참 가상하지만, 현실적으로 그것은 건강한 생각이 아니다. 그리고 그것은 자칫하면 성에 대하여 부정적인 시각으로 발전할 수 있는 여지가 있다. 또 어떤 커플은 두 사람이 함께 어느 청소년 캠프에 갔다가 거기에서 모든 육체적인 친밀함은 죄라는 설교를 듣게 되었다고 한다. 매년 캠프의 강사들은 거기 모인 청소년들에게 데이트도 하지 말아야 하고, 결혼 첫날밤까지는 배우자가 될 사람을 손끝 하나 만지지 말아야 한다고 가르쳤다고 한다. 얼마나 훌륭한 조언인가! 그 결과 청소년들에게 아주 분명한 메시지가 전달되었다. 모든 육체적 친밀함은 절대 금지! 그 부부는 내게 매우 정직하게 이렇게 말했다. "우리가 약혼을 하고 결혼을 했을 때, 서로에게 사랑한다는 표현을 제대로 할 줄 몰라 얼마나 힘들었는지 몰라요. 왜냐하면 우리가 수년 동안 반복해서 들었던 메시지는 '성적인 친밀함은 죄악이다. 결혼할 때까지 참아라.' 라는 것이거든요."

나는 내 아들에게 서로에게 헌신하고, 신뢰도가 높은 관계에 있는 두 사람에게 육체적인 친밀감은 건강한 것이라는 것을 알려주고 싶어서 그 삼각형 다이어그램을 가르쳐주었다. 그럼에도 불구하고 상호 신뢰도가 없이 육체적인 친밀도만 탐닉하다가 보면 반드시 성적으로 타락하게 되고 실패하게 된다. 하지만 그것이 육체적인 친밀도까지 포기해야 한다는 것은 아니다. 적절한 선을 지킬 수만 있다면, 그것은 하나님이 주신 보석과도 같은 귀한 선물이기 때문이다.

한번은 서로에게 아주 헌신되고 사랑스러운 커플의 결혼 주례를 한 적이 있다. 결혼 예비 상담을 하던 중에 자매가 약혼자 앞에서 이렇게 말했다. "이 사람이 글쎄 과거에 저 아닌 다른 여자들과 성적인 관계를 맺었더라고요. 하지만 그때는 이 사람이 아직 그리스도를 몰랐을 때였고, 예수님을 믿은 후로는 변화된 사람이 되었지요. 그리고 우리는 결혼할 때까지 기다리기로 했어요. 그런데 하루는 제가 그 문제로 기도하는 가운데, 제가 그 상처를 죽을 때까지 다루면서 살아야 한다는 사실을 깨닫게 되었습니다. 그것도 그 사람 영혼의 한 부분이니까요."

그녀의 고백이 시사하는 바가 아주 크다. 우리는 육체뿐만 아니라 영혼도 함께 다룬다. 그런 까닭에 이 주제는 매우 중요하다. 아들과 그날 대화한 후 며칠이 지나서 아들에게 물었다. "그래 그 여자애랑 키스했니?" 나는 아들이 스스로 깨달을 수 있도록 너무 엄격하지 않으려고 조심스럽게 기다리고 있었다. 엄격한 규칙일수록 쉽게 반발을 일으키기 때문이다. 지혜가 훨씬 더 유익하다.

"아니오."

"왜?" 내가 물었다.

"아빠한테 물어본 이유는 학교에서 애들이 자꾸 재미로 키스하면 기분이 좋아진다고 하는데, 한 녀석이 저보고 아직 키스도 한 번 못해봤다고 놀리잖아요. 하지만, 그렇다고 해서 키스하는 건 옳지 않다는 생각을 했어요. 아빠가 가르쳐 주신 삼각형 설명이 많은 도움이 되었어요. 저는 아직 그 애랑 신뢰가 많이 없거든요. 그렇게 잘 아는 사이도 아니었고요."

나는 아들 녀석이 무척 자랑스러웠다. 제 나이 또래에 비해서 무척 지혜로웠다. 물론 내가 조언해 주었기 때문이라고 생각하지만, 내가 그렇게 조언하지 않아도 내 아들은 여전히 그 애랑 키스하지 않았을 것이라고 믿는다. 나는 제이콥이 한 가지 분명하게 알고 있다고 확신한다. 그리스도가 그 애 안에 거하신다는 사실이다. 그것은 제이콥이 아주 어렸을 때부터 계속해서 해준 말이다(물론, 성령님께서 그렇게 알려주셨을 것이다). 아들이 '옳은 것 같지 않아서' 라고 말했다는 사실은 어떤 규칙이나 규율 때문이 아니라 자신의 정체성때문에 옳은 결정을 했을 것이라는 확신을 내게 주었다. 삼각형 이야기를 듣지 않았더라도 아들은 옳은 결정을 했을 것이고, 지금은 삼각형 이야기까지 마음 깊이 알고 있다. 요즘은 아들이 여자 친구를 만나러 갈 때마다 이렇게 말한다. "삼각형을 기억하렴!" 그러면 아들도 웃고 나도 웃는다.

마지막 한마디

지난 몇 년간 에피투미아의 문제로 고통받는 수많은 사람들, 특히 남성들을 위한 사역을 했다. 그들의 사연은 고통스럽고, 그 고통은 아주 실제적이었다. 그들은 이렇게 말한다. "그 어떤 것보다 변화가 필요해요. 변하고 싶습니다." 그러나 거듭해서 듣는 말은, "계속해서 넘어지고 실패합니다."라는 말이다. 한편, 어떤 사람들은 자신들의 삶속에서 진정한 변화를 경험했다고 하며, 더 이상 성적인 유혹 때문에 고통스러워하지 않게 되었다며 간증한다. 무엇이 그렇게 다른 고백을 하게 할까? 변화에 성공한 사람들, 자유를 찾은 사람들, 또 실패만 거듭하는 사람들은 각각 어떤 공통점이 있는 걸까?

간단하게 말하자면, 우리가 반드시 변화하기를 원해야만 한다는 것이다. 너무 쉽게 말하는 것처럼 들릴지도 모른다. 또한 거듭해서 실패하는 사람들은 너무 심하게 말하는 게 아니냐고 따질 수도 있다. "나도 변화를 원한다고요! 어떻게 내가 변화를 원하지 않는다고 쉽게 말할 수 있죠?" 하지만, 내가 정말 그 사람의 속을 캐보면, 많은 사람들이 정말로 변화를 갈망하지 않는다는 사실을 발견할 수 있다. 그들은 변화를 원하는 것이 아니라, 단순히 실패의 결과들을 달가워하지 않을 뿐이다(죄책감, 수치감, 창피함). 성적인 정욕으로부터 자유로워지려면 정욕 자체가 역겹게 느껴져야 하고, 그 정욕 뒤에 감추어진 배경을 잘 알아야 한다. 많은 사람들이 입으로는 변화를 원한다고 하지만, 실제로는 여전히 정욕을 버리지 못하고 속으로 몰래 키워나간다. 겉으로는 약속하고 맹세하며 그리고 결심하지만, 속으로는 비밀리에 죄를 간직하고, 단지 죄의 결과 때문에 겪게 되는 어려움들만 싫어할 뿐이다.

에피투미아의 정욕을 극복한 사람들은 일시적이고 잘못된 쾌락이 삶을 영영 망가뜨린다는 사실을 잘 안다. 우리가 에피투미아의 추악한 실체를 있는 그대로 보기 시작할 때 비로소 우리 삶에 변화가 시작된다. 그리고 지나간 빈 자리를 대신 채워줄 다른 것을 찾아 키워야 한다. 강력한 자아존중, 사랑, 그리고 하나님 나라에 거하는 삶에 대한 감사와 우리가 추구하는 친밀감을 가져다주는 건강한 인간관계로 빈자리를 채워야 한다. 그때 비로소 자유를 찾게 된다. 만일 이 문제로 고통받고 있다면 용기를 가져라. 셀 수 없이 많은 사람들이 이미 극복한 경험이 있다.

욕망을 변화시켜 달라는 기도로 시작하라. 에피투미아의 실체를 볼 수 있는 지혜를 달라고 하나님께 간구하라. 순전함을 갈망하는 마음을 달라고 기도하라. 강력한 기도야말로 영원하고 진정한 변화를 위한 첫걸음이다.

영혼의 훈련

미디어 금식

이 장에서 우리 문화가 얼마나 성적으로 타락한 문화인지에 대하여 다루었다. 이번 주에는 영혼의 훈련으로 모든 미디어 매체의 금식을 이틀에 걸쳐 해볼 것을 권한다. 쉽지는 않겠지만, 그렇다고 너무 두려워하지도 말라. 지금까지 미디어 금식을 하다가 죽은 사람은 없으니까. 48시간 동안 미디어 금식의 대상으로는 다음과 같은 미디어 매체들이 포함된다.

- 인터넷
- 텔레비전
- 신문과 잡지
- 라디오
- 비디오 게임
- 아이팟, 엠피쓰리, 그리고 각종 음악

미디어 금식을 하는 동안 무엇을 할 것인가? 그 시간에 어떤 방법으로 여가를 즐길 것인가? 친구들과 보드게임을 하라. 책을 읽으라. 어떤 여성은 이렇게 고백한다. "저는 하루 평균 4-5시간은 인터넷에다 시간을 쏟아붓는 것 같아요. 그런데 그 시간 동안 책을 읽었더니 그동안 읽고 싶어서 벼르던 책을 두 권이나 읽게 되더라고요. 아주 좋았어요. 48시간 동안 인터넷을 하지 않았는데도 책을 읽을 수 있어서 힘들지 않았어요."

걷거나, 친구들과 커피를 마시거나, 운동을 하라. 우리가 누구인지, 인생이란 무엇인지에 대하여 잘못된 가르침과 이야기들로 가득찬 마음을 변화시키기 시작하라(메타노이아). 쓰레기같은 것들로부터 적어도 48시간 동안은 자유로워 보라. 그리고 당신의 생각을 새롭게 하실 수 있도록 성령님께 삶의 한 공간을 내어드려라. 미디어 금식을 함으로서 당신은 세상을 향해 이런 메시지를 보내는 것이다. "나는 미디어의 지배를 받지 않는다. 내가 미디어 없이도 얼마든지 잘 살수 있다는 것을 증명해 보이겠다!"

물론 이 훈련을 하다가 죽거나 다친 사람은 아직 한 사람도 없지만, 그렇다고 쉽지만은 않다. 어떤 청년은 자신이 예수 믿고 나서 겪은 고통 가운데 가장 큰 고통이 인터넷을 확인하고 싶은 유혹을 참는 것이었다고 한다. 하지만 자신도 해낼 수 있다는 것을 경험했다. "그것도 참을 수 없고 단호하게 끊어낼 수 없다면 육신의 정욕 에피투미아를 이겨내는 건 말도 안 되는 일이라고 생각했어요." 정말 그렇다! 어떤 사람들은 성적인 정욕은 중력만큼이나 강한 힘으로 우리를 끌어당기기 때문에 그 유혹을 이겨내는 일은 절대 불가능하다고 말한다. 하지만 그렇지 않다. 영화를 보거나 인터넷 채팅방에서 몇 시간씩 보내는 것도 우리가 선택하는 것이라면 에피투미아, 즉 성적인 유혹에 반응해서 죄를 짓는 것도 우리 선택에 달려 있는 일이다. 그렇다면 우리는 얼마든지 '노'라고 말할 수 있다!

chapter

6

거짓말하지 않고
사는 법 배우기

영혼의 훈련 : 침묵

| Learning to Live Without Lying |

한 번은
10쌍의 부부들이 함께 모이는 파티에 참석한 적이 있다. 거기 모인 모두가 아주 학벌이 좋은 사람들이었다. 누군가 나를 이렇게 소개했다. "여기 짐은 대학교 교수에요." 그랬더니 소개받은 사람이 이렇게 말했다. "오, 학자시군요! 좋아요, 저도 학자끼리 대화하는 걸 아주 좋아합니다." 딱 까놓고 말하면, 나는 이제껏 한 번도 나 자신이 학자라고 생각해 본 적이 없다. 단지 공부하는 것과 남 가르치는 일을 좋아할 뿐이다. 어쨌든, 그 사람이 자기가 대학교에서 강의하는 문학에 대하여 이야기하기 시작했다. "제 생각에는 나다니엘 호손이 당대 최고의 작가였던 것 같아요. 그렇게 생각하지 않아요, 짐?"

"어, 꽤 괜찮은 작가죠." 내가 대답했다. 사실 호손이 쓴 책은 한 줄도 읽어본 적이 없었다.

"꽤 괜찮다고요? 최고죠. 아무튼, 제가 『주홍글씨』라는 소설의 역설이 얼마나 천재적인가에 대해서 설명하고 있었거든요. 사실 그 고발자들이 진짜 죄인들이고, 고발당한 사람이 가장 의로운 사람이잖아요. 그렇게 생각하지 않으세요, 짐?"

"그건, 어……예……그렇죠. 저도 동의합니다."

다시 말하지만, 나는 호손의 글을 단 한 줄도 읽어본 적이 없었다. 물론 호손이 무슨 책을 썼는지 정도는 알고 있었지만. 그렇게 대화는 10분정도 지속되었는데, 그 10분이 얼마나 고통스러웠는지 모른다. 매번 그 사람이 질문할 때마다 나는 조심스럽고 기술적인 거짓말로 대답했다. 조금씩 긴장되기 시작했고, 내가 대답할 수 없는 질문을 할까 봐 두렵고 조바심이 났다. 만일 그렇게 되면 내가 그 책을 읽은 적도 없다는 사실이 들통날 것이고, 그러면 모든 사람들이 내가 사기꾼, 가짜, 거짓말쟁이라고 생각할 것이기 때문이다.

그런데 왜 나는 계속 버텼을까? 솔직하게 고백을 했다면 얻는 것은 없고 잃을 게 많았기 때문이다. 왜 나는 처음부터 "이상하게 들리실지 모르겠지만, 솔직히 저는 호손의 책을 한 번도 읽어본 적이 없습니다."라고 말하지 못했을까? 무엇이 나를 그 순간 솔직하지 못하게 했을까? 이 질문은 상당히 중요하다. 왜냐하면(물론 다른 사람들도 그렇게 생각하겠지만), 나는 거짓말은 죄라고 생각하기 때문이다. 그리고 대부분의 사람들과 마찬가지로, 누가 내게 거짓말을 하는 것이 싫다. 거짓말을 당하면 최소한 무시당하는 듯한 느낌이 든다. 그래서 나는 속는 것도 싫어한다. 또한 거짓말은 죄라고 여기기 때문에 매우 위험하면서도 위험에 따른 보상도 없다는 사실을 잘 안다.

이러한 모순되는 행동 뒤에는 사람들을 그렇게 행동하게 만드는 생각이 분명 있을 것이다. 솔직하게 말하자면, 나도 꽤 많은 거짓말을 한다. 모르긴 몰라도 이 책을 읽고 있는 당신도 마찬가지일 것이다. 우리에게는 자신의 거짓말을 정당화하려는 복잡하고 강력한 방어기제가 우리 안에 있기 때문에, 우리는 스스로 깨닫고 있는 것보다 훨씬 더 많이 거짓말을 한다. 나는 이 장에서 우리가 왜 거짓말을 하고, 예수님은 거짓말하는 것에 대해 뭐라고 말씀하시는지, 그리고 어떻게 하면 거짓말을 하게 만드는 이유를 치유할 수 있는지를 분석하려고 한다.

 다음의 질문들에 어떻게 대답하겠는가? 당신은 얼마나 자주 거짓말을 하는가? 자신을 거짓말쟁이라고 생각해 본 적이 있는가? 자신의 삶을 들여다보는 시간을 갖자.

거짓말쟁이들과 사기꾼

알고 보면 나만 거짓말을 하는 게 아니다. 이 책을 읽고 있는 당신도 혹시 거짓말을 하고 사는지 그렇지 않은지 한번 점검해 보라.

- 네, 저도 그 책 읽어 본 적 있어요(혹은, 그 영화 본 적 있어요).
- 네, 물론 곧 한번 만나야죠.

- 회의 중이십니다.

- 집에 없는데요.

- 아니, 그 옷을 입으니까 전혀 뚱뚱해 보이지 않아요!

　로버트 펠드맨(Robert Feldman)의 연구 조사에 의하면, 우리는 10분 동안 평균 3.3회 거짓말을 한다고 한다. 3분에 한 번꼴로 거짓말을 하는 것이다. 내가 본 연구 조사 중 가장 충격적인 연구에 의하면, 우리는 5분에 한 번꼴, 즉 하루에 평균 200번 이상 속고 있다는 것이다. 거짓말에 대한 아주 탁월한 책을 쓴 작가 랄프 키즈(Ralph Keyes)는 "어떤 종류의 거짓말은 모든 대화의 3분의 2 정도 등장한다."라고 결론을 내렸다.

　또 다른 연구에 따르면, 미국 부모 2천명 가운데 59퍼센트 정도의 부모들은 아이들에게 정기적으로 거짓말을 한다고 고백했다. "우리 텔레비전 케이블 회사는 그 프로그램을 방송하지 않는단다.", "그 단추를 누르면 전기에 감전될 거야.", "그 사탕 가게 문 닫았대."

　한편 거의 모든 부모들은 아이들이 거짓말하는 것을 절대 용납하지 않는다고 대답했다. 키즈는 이렇게 결론 내렸다. "이 주제에 대한 연구가 믿을 만하다면, 거의 모든 사람이 자기도 모르게 거짓말을 한다."

　작가인 데이빗 칼라한은 거짓말의 또 다른 형태인 속임수도 거짓말의 영역에 포함되어야 한다고 주장했다. 속임수는 어떤 이익을 취할 목적으로 하는 거짓말이다. 아래는 칼라한이 인용한 속임수의 실례들이다.

- 돈 많은 부모들은 자기 아이들을 데리고 '진단서 쇼핑'을 다닌다. 이 병원 저 병원을 다니면서 의사에게 자신의 아이가 약간이라도 학습 장애가 있다는 진단을 받을 때까지 돌아다닌다. 그 이유는 '공식적인 학습 장애 진단'을 받으면 자신들의 자녀들이 대학입시평가시험(SAT)을 몇 번 더 볼 수 있기 때문이다. 시험 점수가 좋아야 좋은 대학을 들어갈 수 있으니까 말이다.
- 인사 담당자들에 의하면 이력서에 기록된 정보의 거의 25 퍼센트가 불필요한 군더더기 정도가 아닌 완전 쓰레기 정보들이라고 한다.
- 미국 사람 중 거의 2백만 명 정도가 세금을 피하기 위해서 해외에 은행구좌를 가지고 있다고 한다.
- 수천 명의 미국인들이 '해적판' 케이블 텔레비전을 시청하고 있다고 한다. '미국 사람들은 현재 1년에 60억 달러어치(한화로 약 7조 8천억 원) 정도의 텔레비전 수신료를 훔치고 있다.'
- 2002년 뉴저지 주에서 함정수사를 통해 바가지요금 단속을 했는데, 자동차 정비공장에서 불필요한 차 수리를 해주고 사기성으로 뒷돈을 챙기는 사례가 350건이나 적발되었다고 한다. 주로 멀쩡한 부품들을 교체해서 폭리를 취했다. 어떤 조사에 의하면 미 전국적으로 자동차 정비 사기로 약 40억 달러 정도의 손실을 보고 있다고 한다. 이번에 뉴저지에서 조사한 업소의 숫자는 겨우 6군데였다.

칼라한은 결론 내리기를, "미국 사람들은 많은 분야에서 점점 더 속일 뿐만 아니라, 그런 행동에 대하여 죄책감도 거의 느끼지 않는다."라고 발표했다. 지난 수십 년 동안에 뭔가 크게 잘못되고 있는 것 같다. 그런데 셀 수 없는 연구들에 의하면, 사람들은 여전히 진실을 말하는 것을 여러 가지 덕행 중에 가장 중요한 항목으로 꼽는다고 한다. 사람들은 자신이 속았다는 것을 알면 무척이나 불쾌하게 생각한다. 하지만 이 나라는 분명 거짓말쟁이 왕국이다. 그런데 알고 보면 우리는 모순에 빠져 있다. "자신들의 거짓말에는 관대하면서 부정직이 만연한 것에 대하여서는 끔찍하게 여긴다."

우리는 그 문제의 내면으로 들어가 거짓말의 원인이 무엇인지 규명해낼 필요가 있다. 그것을 이해하면 문제의 뿌리를 밝혀 해결책을 찾을 수 있을 것이다.

거짓된 가르침 : 어쩔 수 없이 거짓말한다

우리의 행동은 우리가 가진 이야기(사고방식)에 뿌리를 내리고 있다. 그래서 우리나라가 거짓말 왕국이라면, 표면 아래로 우리가 거짓말하게 만드는, 아니면 최소한 거짓말을 용납하게 하는 어떤 이야기(사고방식)가 숨겨져 있을 것이다. 사람들은 다른 사람들이 우리를 좋게 봐주기를 원하는 경향이 있기 때문에 거짓말을 할 때 반드시 그럴듯한 핑계를 댄다.

- 다른 사람이 상처받는 것을 차마 볼 수 없었어.
- 그건 그저 하얀 거짓말이었을 뿐이야. 해를 끼칠 생각은 없었다고.
- 내가 진실을 말했더라면, 난 지금쯤 큰일났을 거야.

- 결과가 좋으면 된 거야. (모로 가도 서울만 가면 돼. 거짓말도 하나의 방편이야.)

위에 기록된 핑계들의 핵심은 실용주의적이라는 것이다. 이 실용주의의 바탕에는 다음과 같은 생각이 깔려 있다. "나는 중요한 존재다. 그리고 내 자신의 행복이 내게 가장 중요한 사명이다. 내가 원하는 것을 얻기 위해서 혹은 원하지 않는 것을 피하기 위해서 때로는 거짓말을 해야 할 필요도 있다. 그것이 거짓말을 해도 괜찮은 이유다." 이것은 분명 목적이 수단을 정당화한다는 논리다. 수단(거짓말) 자체는 도덕적으로 옳지 않다. 하지만, 목적(내가 갖고 싶은 것, 혹은 피하고 싶은 처벌)이 수단을 정당화한다. 따라서 우리를 거짓말하게 만드는 두 가지 주요 요인이 있다. (1) 진실을 말했을 때 무슨 일이 벌어질까 하는 두려움, (2) 거짓말을 통해 얻게 되는 이익. 이 두 가지 요인들을 상세히 살펴보자.

두려움 : 대부분의 거짓말은 두려움에서 기인한다. 문제를 피하기 위해 거짓말을 하는 것이다. 예를 들면, 엄마가 부엌에 들어가니 두 살짜리 애가 밀가루 범벅이 되어 있다. 그래서 묻는다. "빌리야, 네가 밀가루를 쏟은 거니?" 꼬맹이는 순간 진실을 말하면 어떤 일이 벌어질까를 생각한다. 그리고는 재빨리 대답한다. "아뇨, 엄마." 왜 그랬을까? 두려움이다.

사실대로 말했을 경우 겪을지도 모르는 후환이 두려웠던 것이다. 그런데 아이들은 대개 거짓말을 정말 못한다. 제대로 거짓말을 하려면 몇 년이 더 걸려야 한다. 왜냐하면 거짓말로 상대방을 속이려면 몸도 함께 따라줘야 하기 때문이다. 신체의 반응이 거짓말을 감출 정도로 노련해진다고 해도, 거짓말 탐지기는 속이기 어렵다. 우리 몸은 거짓말에 거부 반응을 일으키는 것 같다.

"시험볼 때 커닝했지?"라는 질문을 받거나, "나 만나기 전에 사랑했던 사람 있었죠?" 혹은 "이게 최선을 다해 제일 잘 해주신 가격이란 말이죠?"라는 질문을 받을 때, 우리가 어떻게 대답하느냐에 따라 고통스러워질 것인가 즐거워질 것인가의 여부가 달려 있다는 사실을 너무 잘 안다. 그리고 우리는 당연하게 즐거움을 선호한다.

한 번은 학생이 표절을 하다가 들켰다. 나는 그 학생의 페이퍼가 인터넷에서 한 글자도 고치지 않고 그대로 떠다가 붙여서 제출했다는 것을 발견했다. 그래서 그 학생을 내 사무실로 불렀다. "그래, 지금 이 페이퍼를 자네가 혼자 쓴 거라는 말이지? 다른 자료를 참고하거나 다른 사람의 도움도 받지 않고 혼자서?" "네, 그렇습니다." 오히려 그 학생의 목소리에 반항기가 서려 있었다. 그래서 인터넷에서 내가 발견한 글을 꺼내어 그 학생 앞에 내 놓았다. 순간 그는 두 손으로 얼굴을 감쌌다. 그리고 사실은 그 페이퍼가 자신이 쓴 것이 아니라고 솔직하게 고백했다. 그 학생은 내게 표절한 페이퍼를 제출함으로서 첫번째 거짓말을 했고, 내 면전에서 두번째 거짓말을 했다. 들켰다는 사실을 깨달을 때까지 거짓말은 꼬리를 물고 계속된다. 왜 그랬을까? 두려움 때문이다. 그 학생은 페이퍼를 계속 미루다가 막판이 다 되어서야 쉽게 생각하고 인터넷에서 표절을 했다고 한다. 자기 손으로 쓴 페이퍼를 제출했다간 형편없는 점수를 받게 될 것이 두려웠다고 했다. 나쁜 학점을 받을지도 모른다는 두려움이 너무도 커서 더 큰 후환이 있는 줄도 모르고 비도덕적인 일을 저지른 것이다.

욕구 : 우리는 뭔가 원하는 것을 얻기 위해 거짓말을 한다. 지난 수년 간 어떤 직업을 얻기 위해 이력서를 허위로 작성했다가 들킨 사람들의 이야기가 점점 더 많아진다. 욕망이 사람들로 하여금 거짓말하도록 부추긴다. 사람들은 자신들이 원하는 것을 얻어내기 위해 자신의 나이를 속이고, 결혼 여부를 속이고, 학력과 직업을 속이기도 한다. 그들은 아무에게도 상처 줄 의도는 없었다고 말한다: 사람들에게 인정받고 싶었고, 직장을 얻고 싶었을 뿐이라고 말한다. 우리는 보통 우리가 가진 기존의 논리로 자신을 합리화하려는 경향이 있다. 그래서 우리 자신에게 이렇게 말한다. 내 필요를 채우는 것이 다른 어떤 것보다 중요해.

분노라는 주제를 다룰 때 살펴보았던 잘못된 가르침도 거짓말을 하도록 하는 데 일조한다. "결국 내가 제일 중요해. 나는 어차피 혼자니까." 첫째 문장은 우리의 모든 행위를 정당화한다. 그리고 둘째 문장은 우리가 원하는 것을 얻어내기 위해 우리가 가지고 있는 제한된 자원만을 사용하게 만든다. 우리가 가지고 있는 인간적인 방법 중 하나는 속임수다. 우리가 거짓말하기로 선택하는 순간 하나님 나라의 방법으로 일하는 것이 아님은 자명한 사실이다. 우리는 계속해서 우리 자신의 힘에 의존하려고 한다. 그런데 종종 그런 방법이 통한다. 사람들이 이력서를 허위로 작성해서 직장을 구한다. 물건 값을 속이고 돈을 벌기도 한다. 그런 사람들은 하나님의 나라에 속하지도 않았고 협력 관계에 있지도 않지만, 여전히 원하는 것들을 얻는다. 그리고 목적이 수단을 정당화한다고 생각한다.

바로 이것들이 우리가 거짓말을 하는 두 가지 주요 원인들이다. (1)우리가 원하는 것을 얻어내기 위해, (2)우리가 원하지 않는 일을 피하기 위해 거짓말을 해야 한다고 생각한다. 그리고 만일 온 우주가 우리 주변을 중심으로 돈다면 거짓말은 정당화될 수 있다. 그러고는 멋대로 편안하게 생각한다. 하지만, 그것은 불행하게도 우리 영혼의 정직성을 파괴한다. 예수님은 만천하를 얻고도 우리 영혼을 잃으면, 진정으로 가장 중요한 것을 잃는 것이라고 말씀하셨다.

 최근에 한 거짓말이 있다면 생각해보라. 두려움 때문이었는가, 아니면 욕심 때문이었는가?

거짓말에 관한 예수님의 가르침

산상설교 그 다음 부분에서 예수님은 언어를 사용한 의사소통에서의 거짓말에 대하여 다루신다. 이 주제에 관한 주님의 가르침을 살펴보자.

또 옛 사람에게 말한 바 헛맹세를 하지 말고 네 맹세한 것을 주께 지키라 하였다는 것을 너희가 들었으나 나는 너희에게 이르노니 도무지 맹세하지 말지니 하늘로도 하지 말라 이는 하나님의 보좌임이요 땅으로도 하지 말라 이는 하나님의 발등상임이요 예루살렘으로도 하지 말라 이는 큰 임금의 성임이요 네 머리로도 하지 말라 이는 네가 한 터럭도 희고 검게 할 수 없음이라 오직 너희 말은 옳다 옳다, 아니라 아니라 하라 이에서 지나는 것은 악으로부터 나느니라(마 5:33-37).

예수님은 지금 거친 말이나 욕이 아닌 '맹세'에 대한 주제를 다루신다(영어에서는 맹세에 해당하는 단어 swear가 '욕하다'는 의미도 있다-역자 주). 맹세는 자신이 말하는 내용이 진실이라는 사실을 약속하는 것이다. 법정에서 선서를 하는 것도 맹세의 일종이다. 주님은 다시 한 번, '종교적인' 행위와 하나님 나라에 거하는 사람으로서의 해야 할 행위를 명확하게 구분하신다. '옛날' 율법은 맹세를 했으면 거짓말을 하지 말아야 한다고 간단하게 말한다. 사람이 "오직 진실만을 말하겠습니다!"라고 선서할 때, 상대방이 선서한대로 행할 것을 법적으로 요구한다. 선서한대로 진실을 말하지 않는 것을 위증이라고 하는데, 오늘날과 마찬가지로 예수님 당시에 위증죄는 처벌의 대상이었다.

정의를 구현하기 위해서는 진실을 말하는 것이 중요하다. 그것이 법정에서 그렇게 맹세하라고 요구하는 이유다. 사회가 안정을 유지하려면, 우리는 사람들이 말하는 것을 믿어야만 한다. 하지만, 사람들이 진실을 말하는지 아닌지를 그 사람의 말만 듣고 판단할 수 없다. 특별히 그 사람들이 후환을 두려워하거나, 뭔가 개인적인 이익과 관련된 문제가 있을 때는 더욱 그렇다.

약물복용 파동으로 기소된 프로야구 선수들의 경우를 생각해보자. 맹세를 하면서까지 자신들은 스테로이드를 사용하지 않았다고 주장했지만, 나중에 들통이 났다. 어떤 사람들은 헌법수정 5조를 주장하며 자신에게 불리한 증언을 거부하기도 했다. 그것이 정확하게 우리가 사람들에게 진실을 말하기 전에 맹세하도록 하는 이유다. 맹세하지 않고는 그 사람들을 진짜 믿을 수 없다. 불행하게도 어떤 사람들은 맹세를 하고도 거짓말을 한다.

예수님 당시에는 맹세가 법정에만 국한된 것이 아니라 일상적인 비즈니스 거래에, 심지어는 매일매일 하는 대화 속에도 깊이 연관되어 있었다. 예를 들면, 소를 팔 때에도 소장수는 소의 상태에 대한 자신의 말이 사실임을 증명하기 위하여 종종 "하나님께 맹세한다.", 혹은 "목숨을 걸고 맹세한다."는 말을 했다. 오늘날에도 자신의 말이 사실임을 증명하고 신뢰를 얻기 위해서 맹세를 하는 사람들이 있다. 그것에 대한 예수님의 가르침은 매우 분명하다. 맹세할 이유가 없다는 것이다. 하나님의 이름이건 친구의 이름이건, 심지어는 자신의 목숨을 걸고 맹세하지 말라는 것이다.

줄곧 그러셨지만, 예수님은 지속적으로 내면세계, 즉 모든 것이 흘러나오는 장소인 우리의 마음에 관하여 가르치셨다. 예수님 당시 의의 기준은 분명했다. 당신은 거짓말을 하면서도 처벌받지 않을 수 있다(적어도 들킬 때까지는 그렇다). 하지만 당신이 만일 맹세를 했다면 분명한 유죄다. 그러나 예수님은 언제나 더 높은 목표를 세우신다. 전혀 새로운 성품을 가진 새 사람을 목표로 삼으신다. 주님은 말씀하신다. "맹세를 했든지 안했든지 하나님 나라에 거하는 사람은 진실만을 말해야 한다."

다른 사람이 당신을 믿게 하려고 "맹세하는데" 혹은 "약속하는데" 라는 표현을 쓴 적이 있는가? 왜 그러한 단어들을 사용했는가?

증인으로 출석하라고 요청받으면 어떻게 해야 할까? 어떤 그리스도인들은 맹세하지 말라는 예수님의 말씀을 문자 그대로 받아들인다. 레오 톨스토이나, 중세 카타르 같은 초대 퀘이커 교도들은 맹세하는 것을 거부했다. 심지어는 법원에서 강제 출두명령을 보내도 거부했다. 이 때문에 수백 명의 퀘이커 교도들이 감옥에 갇히기도 했다. 물론 나는 퀘이커 교도들을 존중하지만, 내 생각에는 그들이 예수님의 말씀을 곡해한 것 같다. 극단적으로 선서를 거부하는 것은 예수님의 뜻을 따르는 것은 아니다. 예수님의 획기적인 그 가르침은 어떤 상황에서도 맹세하지 말라는 것이 아니라, 우리가 말하는 모든 것이 정직하고 순전해야 하며 진실하고 믿음직해야 한다는 말이다. '네'라고 해야 할 때 '네'라고 말하고, '아니오' 할 때 '아니오' 라고 말할 수 있어야 한다는 말씀을 하신 것이다. 하나님 나라에서는 어떤 상황에서도 진실만을 말해야 한다는 말씀을 하신 것이다. 하나님의 나라는 거짓을 용납하지 않는다. 절대로 거짓이 통하지 않는다. 하지만 이것이 우리가 절대로 선서나 맹세를 하지 말아야 한다는 뜻이 아니다. 법정에서 성경에 손을 얹고 선서하는 것도 하지 말아야 하는가? 그것이 예수님의 의도였을까? 절대로 그렇지 않다. 어쩌면 그것은 또 다른 모습의 율법주의일 뿐이다. 예수님은 우리가 법정에서 선서하는 것까지 금지하신 것이 아니다. 진실을 말하기로 약속하는 것조차 절대로 하지 말아야 한다고 말씀하지 않았다. 주님이 말씀하시고

자 한 것은, 언제든 진실을 말하는 것이 자연스러운 사람이 되라는 것이다. 일관성있게 항상 진실만을 말하는 사람이 되어, 다른 사람들이 '맹세' 하라고 할 필요가 없는 그런 정직한 사람이 되라는 말씀이다.

 맹세를 하느냐 안하느냐가 중요한 것이 아니라는 말이 무슨 뜻이라고 생각하는가? 그러한 태도가 우리의 삶에 어떠한 영향을 끼친다고 생각하는가?

정직을 목표로

선서를 하지 않는다는 점에 대하여 퀘이커를 비판했으니, 그들의 다른 영역에 대하여 칭찬도 해야 할 것 같다. 초기의 퀘이커 교도들은 모든 영역에서 진실만 말하도록 헌신된 사람들이었다. 그것이 그들의 진짜 목표였다. 그들은 항상 선한 말만 할뿐 아니라 자신들이 한 말은 반드시 지키는 정직한 사람이 되고자 노력했다. 물건에 가격표를 처음으로 붙이기 시작한 사람들이 퀘이커 교도들이라는 사실을 아는 사람은 그리 많지 않을 것이다. 퀘이커들이 그렇게 하기 전에는 모든 사업이 흥정을 중심으로 이루어졌다. 파는 사람은 물건의 원래 가격보다 비싸게 부르고, 사는 사람이 가격을 깎기 시작한다. 그러다가 서로 동의가 되는 가격에 다다르면 흥정을 멈추고 거래가 성립되는 것이다.

퀘이커들은 그러한 흥정은 거짓말을 유발하기 때문에 옳지 않다고 여겼다. 사고 파는 사람 모두 자기들의 흥정하는 가격이 부당한 가격이라는 사실을 알고 있기 때문이다. 어찌 보면 별로 잘못하지 않는 것 같은 흥정이라는 제도는 퀘이커들의 마음에 뭔가 석연치 않게 여겨졌다. 그래서 퀘이커들은 자신들의 물건에 가격을 정하고 흥정을 거부했다. 그래서 물건에 가격표를 붙여놓고 어떤 흥정도 거부한 것이다. 얼마 지나지 않아 그것이 유행하기 시작했다. 시간을 많이 절약할 수 있을 뿐 아니라, 장사하는 사람들이 매일 거짓말하는 빈도가 이전보다 훨씬 줄어들었다. 퀘이커들은 이것을 '플레인 스피치'라고 불렀다. 플레인 스피치란 에둘러 말하거나 거짓이 없이 있는 그대로 말하는 것을 의미한다. '예'라고 해야할 때 '예'라고 대답하는 것이다.

하나님 나라와 거짓의 치유

거짓말은 사람과 사람 사이에서 발생한다. 틀린 사실을 말하는 것과 거짓말을 하는 것의 차이를 분명하게 구별해야 한다. 거짓을 말하는 것은 "누군가를 속일 목적으로 어떤 명제가 사실이 아닌 것을 뻔히 알면서도 마치 그런 것처럼 말하는 것"을 의미한다. 거짓말의 내용이 옳은지 그른지가 중요한 것이 아니라, 그 사람의 의도가 중요하다. 예수님의 제자로 하나님의 영광스러운 나라에 사는 것과 거짓말은 어떤 상관관계가 있을까? 하나님은 진리이시다. 하나님은 거짓말을 못하신다(딛 1:2). 그리고 하나님의 성령은 주님을 따르는 사람들을 반드시 진리 가운데 걸으며 진리만을 말하도록 하시는 것이 아니라(요 16:13), 그분이 진리이시다(요일 5:6).

사도 요한은 동료 그리스도인들이 그렇게 사는 모습을 칭찬했다. "형제들이 와서 네게 있는 진리를 증언하되 네가 진리 안에서 행한다 하니 내가 심히 기뻐하노라"(요삼 1:3). 그리고 바울은 자신이 양육하고 돌보는 모든 사람들에게 항상 진리만을 말할 것을 권면했다. "그런즉 거짓을 버리고 각 그 이웃과 더불어 참된 것을 말하라 이는 우리가 서로 지체가 됨이라"(엡 4:25). 이것이 예수님의 제자가 되기 위한 기본이며, 첫 단추다. 우리는 '거짓을 버리기' 시작하고(거짓말하지 않기), 긍정적으로는 진리만을 말해야 한다. 그렇게 하는 이유는 우리가 '서로 지체' 이기 때문이다. 다른 사람에게 거짓말을 하는 것은 결국 나를 속이는 것이 된다. 그리스도는 우리 모두 안에 거하신다.

하나님 나라에 거하는 사람들은 자신들이 점점 더 거짓말을 적게 한다는 사실을 깨닫게 될 것이다. 그렇게 할 수 있는 이유는 하나님 나라에는 우리가 거짓말해서 얻으려고 하는 모든 것들이 있기 때문이다. 첫째로, 하나님과 함께하는 삶은 두려움을 극복할 수 있게 해 준다. 우리가 주님의 다스림 아래 머물고 그분의 통제를 받으면 앞으로 무슨 일이 생기게 될지 염려하지 않아도 된다. 진실을 말하는 것은 어쩌면 불편함을 야기하고, 창피하게 만들 수도 있다. 하지만 우리는 우리를 보호하시고 공급하시는 하나님과 함께 살고 있다. 우리가 거짓말을 하려고 선택하면, 하나님 나라와 어울리지 않게 된다. 또한 진실을 말할 때 얻게 되는 것보다 거짓말을 하게 되면 잃게 되는 것이 훨씬 더 많다.

그리스도 안에서 우리의 정체성을 깨닫게 되면 거짓말에 대하여 어떤 태도를 취해야 할지 더욱 분명해진다. 사도 바울은 골로새서에서 "너희가 서로 거짓말을 하지 말라 옛 사람과 그 행위를 벗어 버리고"(골 3:9)라고 경고한다. "옛사람과 그 행위를 벗어버리고"라고 표현된 두번째 구절에 주목하라. 예수님께서 우리 안에 거하시고 기뻐하시기 때문에 속이는 일에 종지부를 찍고 싶은 것이다. 예수님이 우리 안에 거하시고 기뻐하시기 때문에, 우리 삶의 거짓된 모든 것들에 종지부를 찍고 싶어진다.

하나님 나라는 곤란에 처하지 않았다. 그리고 그 안에 두발을 굳게 딛고 선 우리도 결코 곤란에 처하지 않는다. 그러므로 우리가 진실을 말하는 위험을 택할 수 있다. 진실을 말했을 때 발생하는 결과들에 대하여 책임질 수 있다. 하나님 나라에서는 거짓말만 안하고 싶은 것이 아니다. 우리가 말하는 내용이 상대방에게 받아들여질 뿐 아니라 하나님께도 열납되기를 소원하게 된다. 기준이 높아진 것이다. 우리의 언어가 정직하고 진실해야 한다. 그런 우리의 말은 마음에서 나오는 것이므로, 우리의 마음도 정직하고 진실해져야 한다. 현재는 그렇지 않지만, 우리가 하나님 나라에 푹 젖어 지내다 보면, 우리의 마음도 점점 그렇게 될 것이다. 우리의 마음이 순결하고 진실하게 되면, 우리의 말도 그렇게 될 것이다.

 하나님 나라에 거하는 것이 어떻게 우리가 거짓말을 멈추고 다른 사람들을 더 이상 속이지 않는 데 어떠한 도움이 되는가?

언어 익히기

나는 브라질의 에두알도 페드레이 목사와 함께 사역한 적이 있고, 가까운 미래에 또 사역의 기회가 있을 것 같아서 포르투갈어를 배우고 있다. 내가 이 책을 쓰고 있는 동안 에두알도(Eduardo)목사와 그의 아내 마르시아(Marcia)가 안식년으로 미국에 머물고 있다. 그래서 내 포르투갈어 공부를 돕는 동시에 자신들의 영어 공부도 병행하고 있다. 언어능력을 개발하기 위해 우리는 자신의 모국어가 아닌 다른 언어로 의사소통을 하려고 노력한다. 어떤 언어를 배울 때이건 상관없이 우리의 언어능력을 증진시키는 최고의 방법은 거짓말을 하지 않고 축복의 말을 더 많이 사용하는 것이다. 에베소서 4장 29절은 내가 성경에서 가장 좋아하는 구절 중에 하나다. "무릇 더러운 말은 너희 입 밖에도 내지 말고 오직 덕을 세우는 데 소용되는 대로 선한 말을 하여 듣는 자들에게 은혜를 끼치게 하라."

우리의 언어생활 가운데 '은혜를 끼친다' 는 것은 어떤 의미일까? 우리의 언어생활을 통해 다른 사람들에게 은혜를 끼칠 수 있는 몇 가지 방법을 적어 보았다.

하나님 나라의 위로 : 내가 어려운 일로 고통스러워하자, 한 친구가 이렇게 말했다. "기억하게, 하나님이 자네의 방패이시며, 깃발이시네." 그의 말은 내게 하나님 나라의 원칙을 생각나게 했다. 하나님께서 나와 함께하시며, 나를 위해 싸우실 것이라는 말이다. 그 간단한 한 문장이 내게 큰 위로가 되었다.

하나님 나라의 친절 : 진실한 예수님의 제자인 내 친구와 상실과 슬픔에 대하여 대화를 나눈 적이 있다. 그 친구는 정말 놀라울 정도의 민감함과 온유함을 가지고 대화를 했다. 친구가 베푼 하나님 나라의 친절은 경청을 통한 조심스러운 피드백을 통해 잘 드러났다. 친절은 사려 깊은 반응과 상대방의 아픔에 공감하는 능력이다.

바로 이런 것들이 황금률을 지키는 대화법이다. 다른 사람들이 내게 해주었으면 하는 말들을 상대방에게 해주는 것이다.

하나님 나라에서 우리는 거짓을 벗어버린다. 예수님의 제자로서 우리는 우리의 언어생활에 더욱 주의해야 한다. 진실을 말하는 것은 위대한 시작이다. 하지만 한 걸음 더 나아가 우리의 혀를 축복하고 격려하는 데 사용하여 하나님 나라에 거하는 것이 더욱 중요하다.

정직의 한계

브래드 블랜튼(Brad Blanton)은 '철저한 정직(Radical Honesty)' 운동을 창시했다. 그는 정직에 대한 몇 권의 책을 저술했고, 모든 상황 가운데 철저하게 정직한 삶을 살 수 있도록 돕는 훈련 세미나를 인도하기도 했다. 블랜튼은 설령 다른 사람들에게 상처를 준다 할지라도 절대적이고 철저히 정직해야 한다고 주장한다. 그는 다른 어떤 것보다도 진실이 중요하다고 믿는다. 상처를 주지 않으려는 의도가 거짓말을 합리화해서는 안 된다고 믿는다.

블랜튼이 정말 옳은 걸까? 언제나 무조건 진실만을 말하는 것이 과연 우리에게 유익한 것일까? 어떤 면에서는 그럴 수도 있다. 우리는 대부분 진실이 가져다주는 결과에 대하여 지나칠 정도로 걱정하는 경향이 있다. 그리고 대부분의 경우, 정직은 우리가 할 수 있는 가장 좋은 일일 수도 있다.

하지만, 앞에서 다루었듯이 우리가 축복하고 격려하는 말을 하다 보면, 매사에 진실만을 말하는 것에 한계가 있을 수 있다. 〈어퓨 굿 맨A Few Good Men〉이라는 영화를 보면, 한 사람이 법정에서 선서를 한 후에 진실을 말하라고 강요당하는 장면이 나온다. 그때 주인공이 이렇게 소리친다. "진실을 원하세요? 진실을 알면 감당을 못하실 텐데요!" 때로는 우리가 감당 못할, 아니 감당할 필요가 없는 진실도 있다. 물론 내가 거짓이나 속임수를 권장하는 것은 아니지만, 때로는 누군가를 사랑한다면(사랑이 우리의 궁극적인 목표다) 어떤 것을 있는 그대로 말하지 않는 것이 더 좋을 때가 있다.

정직한 것이 도움이 되는지 혹은 해로운지를 분별할 수 있는 지혜와 분별력이 필요하다. 내 경우에는 그러한 상황에서 말을 꺼내기 전에 아주 신중한 '마음 점검' 시간이 필요하다. 하나님 나라의 태도인 사랑의 말이 나왔으면 좋겠다. 그래서 사도바울은 이렇게 말했다. "오직 사랑 안에서 참된 것을 하여 범사에 그에게까지 자랄지라 그는 머리니 곧 그리스도라"(엡 4:15).

'사랑안에서 참된 것을'이라는 표현은 정말 탁월하다. 사랑은 상대방이 잘되기를 바라는 것이다. 상대방이 잘되는 것을 원하기 때문에, 때로는 있는 그대로의 진실을 말해줄 때가 있다. 또 어떤 때는 상대방이 잘되기를 원하기 때문에 있은 그대로를 말하지 않는 것이 더 좋을 때가 있다. 이것이 결코 쉽지 않지만, 감사하게도 우리는 지혜를 달라고 기도할 수 있고, 기도할 때 성령님의 인도하심을 받을 수 있다.

내 주홍글씨

내가 『주홍글씨』라는 소설을 읽었을 것이라고 믿게 만들었던 그날 밤의 사건을 다시 생각해 보았다. 나도 그 대화 속에 끼고 싶었기 때문에 거짓말을 했다. 그 사람이 나를 좋아했으면 하는 마음이 있었다. 만일 내가, "아니오, 전 아직 그 책을 읽어보지 못했는데요."라고 말했다면 별로 지적인 사람이라고 여기지 않았을 것이다. 마치 다른 사람들이 다 알 수 있도록 주홍 글씨로 L이라고 내게 새겨진 것처럼 죄책감이 들었다. 그때 많이 후회했고 회개했다.

요즘은 정기적으로 이렇게 말한다. "아니오, 그 분야는 전혀 모르는데요." 한번은 나에게 어떤 이론을 좀 아느냐고 누가 물어봤는데, 나는 그 사람에게 이렇게 말했다. "죄송합니다만, 지금 말씀하시고 있는 부분은 제가 전혀 모르는 분야라서 모르겠네요." 놀랍게도 내가 그렇게 대답했다고 해서 상대방이 나를 전혀 무시하지 않았다. 오히려 그 사람이 내게 이렇게 말했다. "솔직히 말씀해 주셔서 감사합니다. 존경스럽네요." 이것이 정직의 역설이기도 하다. 결국 사람들에게 좋은 인상을 주려고 하는 것보다 중요한 것은 순수하고 정직한 것이다. 정직하게 말한다고 해서 바보스럽게 보이는 것이 아니다.

우리가 누구인지를 분명히 알고(그 안에 그리스도가 거하는 사람), 우리의 소속을 잘 알 때 (하나님 나라 소속), 우리는 더욱 더 정직하고, 단순하고, 명쾌하고 솔직해질 수 있다. 마음이 순수하고 악의가 없다면, 우리는 거짓을 버리고 다른 사람들에게 정직한 말을 할 수 있다. 그뿐만 아니라, 우리는 말을 통하여 사람들에게 은혜를 끼칠 수 있다. 바로 그것이 하나님께서 우리에게 말할 수 있는 능력을 주신 이유이다. 우리는 '예'할 때 '예'라고 대답할 수 있고, 축복의 통로가 되는 법을 배울 수 있다.

영혼의 훈련

침묵

수도 생활을 하는 사람들(수사와 수녀들)은 정기적으로 침묵 훈련을 한다. 그렇게 하는 이유는 여러 가지가 있는데, 그 중에 한 가지는 거짓말이나 험담과 같은 혀가 저지르는 죄를 다스리기 위함이다. 이 훈련은 말의 힘이 얼마나 큰지를 가르쳐준다. 또한 혀를 다스리는 방법을 가르쳐준다. 우리는 수사나 수녀들은 아니지만, 우리의 혀에 굴레를 씌우는 법을 배울 수 있다.

우리가 말을 할 수 없다면 거짓말도 할 수 없다. 험담도 못한다. 말로 다른 사람들을 상처주지 않게 된다. 그러므로 침묵 훈련은 우리의 혀를 더욱 잘 통제하는 훈련이다. 물론 하루아침에 그렇게 될 수는 없다. 하지만 우리가 최선을 다한다면 좋은 결과를 경험하게 될 것이다.

이번 주에는 두 가지 훈련을 해보도록 하자. 그중 한 가지 훈련은 매우 어려운 훈련이다. 많은 준비도 필요하다.

하루 종일 말하지 않고 지내기

첫번째 훈련은 하루 종일 전혀 말을 하지 않고 지내는 것이다. 이것이 이번 한 주 동안 연습할 주된 훈련이다. 두 가지 훈련 가운데 부득이하게 하나만 선택해야 한다면, 이 훈련을 선택하라. 이 훈련은 매우 어렵고, 계획하고 준비하는 데 오랜 시간을 요구할 것이다.

분주한 오늘을 사는 우리가 과연 어떻게 하면 이 훈련을 잘할 수 있을까?

먼저, 주중 가장 편리한 시간을 선택하라. 주로 주말이 가장 알맞은 시간일 것이다. 해지는 때부터 그 다음날 해지는 때까지로 시간을 정하라. 예를 들면, 금요일 저녁부터 토요일 저녁까지 연습하겠다고 시간을 정하는 것이다. 유의할 점이 몇 가지 있다.

1. 다른 사람들에게 미리 알려주라. 갑작스러운 침묵은 다른 사람들에게 불필요한 의심과 걱정을 끼친다. 사람들이 당신에게 무슨 일이 있느냐고 물을지도 모른다. 누군가 당신에게 전화를 걸었는데 응답이 없다면 쓸데없이 걱정만 끼치게 된다. 가족들과 친구들에게 미리 이메일을 보내거나 문자 메시지를 보내서 당신이 침묵의 훈련을 할 것이라고 알려주라.

2. 꼭 말을 하지 않으면 안 되는 상황이 발생하고, 또한 침묵을 깨는 것이 당신에게도 유익한 상황이라면 말을 해도 좋다. 훈련보다 중요한 것은 섬김이다. 만일 누군가 버스에 치일 것 같은 위급한 상황이라면 무조건 소리를 질러야 한다.

3. 많은 경우 손짓을 통해 의사전달을 하거나, 꼭 의사소통을 해야 하는 경우라면 노트를 이용해도 좋다. 필요한 상황에 대비해 메모지를 미리 준비해서 곁에 두라. (그러나 전화기를 이용해서 문자 메시지를 보내는 것은 포함되지 않는다!)

대부분의 사람들은 이 훈련이 매우 효과적이라는 것을 깨닫게 될 것이다. 두려워하지 말라. 주변 사람들을 관찰하고 그들의 말에 귀를 기울이라. 이 훈련을 하면 할수록 사람들과 그들이 하는 말에 더욱 귀를 기울일 수 있을 것이다.

하루 동안 거짓말하지 않기

어떤 사람들은 도저히 첫번째 훈련을 할 수 있는 상황이 아닐 수도 있다. 만일 그렇다면, 하루를 정해서 '거짓말 없는 하루'로 지내보라. 아무에게도 거짓말을 하지 말고 하루를 보내라. 만일 거짓말을 했다면 바로 그 자리에서 해결하라. "사실, 제가 방금 한 말은 진실이 아니었습니다. 사실은……." 사람들이 실망하거나 화를 낼지도 몰라서 두려워할 수도 있겠지만, 내 경우에는 그 반대의 상황이 더 많았다. 대부분의 사람들은 오히려 그런 당신을 반가워할 것이다. 그 자리에서 사과하고 고치는 것이 다음번에 거짓말하지 않도록 해줄 것이다.

chapter
7

저주하는 사람을 축복하는 법 배우기

영혼의 훈련 : 경쟁자의 성공을 위해 기도하기

| Learning to Bless Those Who Curse Us |

내 친구 중에 제인이라는 대학교 여자 농구팀 감독이 있다. 그녀는 자신의 인생 거의 대부분을 농구 코치로 생활했다. 그리고 그녀는 매우 성공적인 코치였다. 대학농구협회(NCAA) 1부 리그에서 400경기를 승리로 이끌었다. 그리고 무엇보다 그녀는 내가 아는 사람들 중 가장 믿음이 좋은 그리스도인 가운데 한 명이다. 매 경기마다 제인은 자신의 손에 K. C.라고 쓴다. '하나님 나라의 코치(Kingdom Coach)'의 약자다. 그렇게 하는 이유는 자신이 누구인지 자신의 위치가 어디인지를 확인하기 위함이라고 했다. 하나님 나라의 관점에서 자신의 직업을 수행하려는 그녀에게 깊은 감명을 받았다. 제인은 다음과 같은 핵심 질문을 한다고 했다. "예수님이 농구 코치라면 어떻게 하실까?"

오랜 시간 동안 제인은 그 방법을 찾았다. 그리고 자신에게 있는 분노의 감정과 복수심을 내려놓았다. 정직과 진실함으로 살았다. 선수들이나, 상사들, 팬들과 기자들 모두 그런 그녀를 좋아했다. 그녀는 자신이 살고 있는 세상 속의 빛이었다. 그런데 갑자기, 새로운 팀을 맡은 지 3년째 되던 해에 그녀의 팀이 경기에서 자꾸 지기 시작했다. 팀이 속한 리그에서 거의 꼴찌로 내려앉았다. 곧 미디어가 그녀를 비난하기 시작했고, 심지어는 새로운 코치를 영입해야 한다는 소리를 흘리기도 했다. 나중에는 직설적으로 그녀를 감독직에서 해임해야 한다고 주장했다.

그런데 하루는 아이러니하게도, 그녀를 가장 심하게 비난했던 스포츠 전문 기자가 그녀에게 전화를 걸어 중요한 부탁을 했다. 대단한 배짱이다, 공식 석상에서 그렇게 비난할 때는 언제고! 하지만 제인은 내게 이렇게 말했다. "유감을 품지 않기로 했어요. 그 사람은 그저 기자로서 자기가 할 일을 하고 있을 뿐이니까요. 그리고 나는 하나님 나라에 거하는 사람이잖아요. 나를 저주하는 사람을 축복하기로 결심했거든요." 그 다음 해에 그녀의 팀이 다시 좋은 경기를 보여주기 시작했다. 하지만 승리한 숫자와 패배한 경기의 숫자가 같아서, 결국 감독직을 사임했다.

그 소식을 듣고, 나는 힘들게 전화를 걸었다. 제인은 당연히 상처를 받았다. 울고 있었던 게 분명했다. 많은 말을 해주고 싶었지만, 심호흡을 한 다음에 다음과 같이 한 가지 분명한 사실만 말해 주었다. "제인, 한 가지만 기억해요. 하나님 나라는 역경의 나라가 아닙니다. 그리고 제인도 역경에 빠진 게 아니에요." 가장 인상 깊었던 것은 제인이 예수님의 가르침을 따랐다는 사실이다. 제인은 자신을 공격했던 사람들을 향해 공격하지 않았고, 대신에 그들을 축복하고, 위해서 기도해 주었다.

잘못된 가르침 : 더 세게 맞받아치라!

이 세상 나라에서는 사람들이 영향력을 잃고, 연약하고, 무기력하고, 외부의 공격에 늘 노출되어 있다는 느낌으로 살아간다. 이러한 불안감을 다루는 가장 빠른 방법은 주도권을 얻기 위해 힘을 키우는 것이다. 연약하다고 느끼는가? 헬스클럽에 가서 근육을 키우라. 재정적으로 어렵다고 느끼는가? 부를 축적하라. 다른 사람들에게 억울하게 당했다는 느낌이 드는가? 법정으로 가서 당신의 권리를 주장하라. 이 모든 것 뒤에 감추어진 지배적인 가르침은 '누군가 당신을 때리면, 더 세게 맞받아치라'는 것이다.

이러한 사상 뒤에는 엄청난 피비린내가 감추어져 있다. 북 아일랜드의 개신교와 천주교, 웨스트 뱅크의 유대인들과 아랍 사람들, 르완다의 후투스와 투티스가 바로 이러한 이데올로기를 가지고 산다. '자신을 보호하기 위해서는 힘을 사용해서 복수하라.'

이런 사상은 어린 시절 놀이터에서부터 시작된다. 내가 아홉 살 때 열세 살짜리 악동이 있었는데, 자기보다 어린 모든 애들을 못살게 굴었다. 우리 돈을 훔쳤고, 운동 장비를 빼앗았고, 그냥 재미로 애들을 때려눕히곤 했다. 내가 그 사실을 아버지에게 말했더니 아버지는 이렇게 말하셨다. "누군가 맛 좀 보여줘야겠구나." 당시에 나는 나름대로 싸움을 잘하는 편이었다. 그래서 아버지의 충고를 마음에 담아두었다. 그 다음날 나는 그 아이의 괴롭힘에 뒤로 물러서지 않았다. 그래서 싸움이 붙었다. 내 물건을 꼭 쥐고 놓지 않았더니 그 악동이 놀란 것 같았다. 내가 싸움에서 이기지는 않았지만, 그렇다고 지지도 않았다. 한 가지 확실한 건 그날 이후로 그 아이가 나를 더 이상 괴롭히지 않았다는 사실이다. 정말 다시는 괴롭히지 않았다.

그 사건이 내 마음속에 잘못된 생각을 심어주었다. '나 자신을 보호하는 유일한 방법은 힘과 폭력을 사용하는 것뿐이다.' 죄책감을 이용해서 행동의 변화를 추구하는 것과 마찬가지로, 힘을 사용하는 것은 잠시 효과가 있을지는 모르지만, 오랫동안 지속되는 변화를 가져오지는 못한다.

최악의 경우에는, 또 다른 폭력을 부를 뿐이다. 불의와 맞닥뜨렸을 때에는 그것이 공적인 자리에서 창피를 당한 것이든, 불공평한 대우를 받은 것이든, 혹은 누군가 일부러 해코지를 한 것이든, 우리는 자연스럽게 '눈에는 눈'이라는 태도로 반응한다. 하지만 간디는 이렇게 말했다. "눈에는 눈이라는 정책은 온 세상의 눈을 멀게 만들 뿐이다."

 어린 시절의 경험 중에 폭력과 힘만이 자신을 보호한다는 생각이 들게 만든 사건이 있었는가?

하나님 나라의 주지츠(Jujitsu)

산상설교 다음 부분은 예수님의 제자로 살려는 사람들이 가장 어렵게 느끼는 부분을 포함한다.

또 눈은 눈으로, 이는 이로 갚으라 하였다는 것을 너희가 들었으나 나는 너희에게 이르노니 악한 자를 대적하지 말라 누구든지 네 오른편 뺨을 치거든 왼편도 돌려 대며 또 너를 고발하여 속옷을 가지고자 하는 자에게 겉옷까지도 가지게 하며 또 누구든지 너로 억지로 오 리를 가게 하거든 그 사람과 십 리를 동행하고 네게 구하는 자에게 주며 네게 꾸고자 하는 자에게 거절하지 말라(마 5:38-42).

여기서 예수님은 또다시 대조법을 사용하신다("너희가……는 것을 들었으나, 나는 이르노니……). 예수님은 정의에 대하여 '눈에는 눈으로' 라는 당시의 보편적인 가르침을 상기시켜 주신다. 그것을 '상호주의 원칙(the law of reciprocity)' 이라고 부른다. 동해보복법(同害, lex talionis)은 모든 사람이 다 아는 원칙이다. "사람이 만일 그의 이웃에게 상해를 입혔으면 그가 행한대로 그에게 행할 것이니 상처에는 상처로, 눈에는 눈으로, 이에는 이로 갚을지라 남에게 상해를 입힌 그대로 그에게 그렇게 할 것이며"(레 24:19-20). 상호주의 원칙은 시시비비, 공정성, 정당성을 가리는 기준이었다.

사람들은 복수를 생각할 때에 기본적으로 당한 것보다 더 심하게 복수하려는 경향이 있기 때문에, 받은 것만큼만 돌려주는 것을 원칙으로 하는 동해보복법(Lex talionis)은 어떤 면에서 사회를 위해 유익했다. 만일 그렇지 않다면, 상처받은 것보다 더 많은 상처를 주어서 더욱 고통스럽게 만들기 때문이다. 대개 상황은 다음과 같이 전개된다. "당신이 내 개를 죽이면, 나는 당신의 개와 소와 닭들도 죽일 것이오. 내가 호락호락한 사람이 아니라는 걸 보여주겠소!"

상호주의 원칙을 지키는 사람들이 왜 그렇게 스스로를 옳다고 여기는지 이유를 조금 알았을 것이다. 원래는 상대에게 당한 것보다 훨씬 더 많은 상처를 입혀야 하는데, 그렇게 하지 않음으로서 자신이 '의로운' 사람이 되는 것이다.

하지만 예수님은 상호주의 원칙, 혹은 동해보복법보다 훨씬 더 높은 법칙인 하나님의 나라의 법칙에 대하여 말씀하신다. 그리고 주님은 네 가지 실례들을 들어서 하나님 나라에 거하는 사람들이 어떤 행동을 취해야 하는지 가르쳐주신다.

불의에 대하여 그렇게 반응하는 것은 주지츠(jujitsu)를 연상케 한다. 주지츠는 무술의 일종(브라질에서 유래한 무술이다-역자 주)이다. 많은 사람들이 주지츠를 싸움의 기술이라고 생각한다. 하지만 주지츠라는 단어의 의미는 공격하는 사람의 힘과 공격을 역이용하여 '양도하는 방법'이라는 뜻이다. 공격하는 힘을 힘으로 대항하는 방법 대신에, 주지츠는 어떻게 하면 무기를 사용하지 않고 머리를 써서 상대방의 공격을 피하는가를 가르쳐준다.

그것이 바로 예수님께서 가르치시고자 하는 것이다. 이 원칙을 제대로 이해하지 않는 한 우리가 읽은 본문은 엄청난 피해를 유발할 수도 있다. 사람들은 예수님이 학대에 대하여 수동적인 피해자가 되도록 가르치신 것이라고 생각한다. 하지만 자세히 들여다보면, 학대와 공격에 대하여 놀라운 하나님 나라의 방어법으로 대처하는 법을 가르쳐주신 것이다. 네 가지 경우 모두 예수님이 공통적으로 가르쳐 주시는 교훈이 있다. 하나님 나라에서는 더 나은 방법이 있기 때문에 복수할 필요가 없다.

당신이 당한 것보다 더 많이 복수하고 싶은 마음이 들었던 때가 있었는가? 어떤 경우였는가?

1. 누가 공격하거나 모욕할 때. 39절에 보면 "누구든지 네 오른편 뺨을 치거든 왼편도 돌려 대며"라고 기록되어 있다. 예수님 당시에는 주인이 노예를 때리는 일이 흔한 일이었다. 주인은 자신의 종을 자기가 원하는 대로 아무렇게나 대할 수 있었다. 하지만 자신보다 높은 계층의 사람을 때릴 수는 없었다. 사람을 때릴 때에도 절대로 왼손은 사용할 수 없었기 때문에 오른편 뺨을 때린다는 말은 오른쪽 손등으로 때린다는 말이 된다. 보통 이런 상황이 되면 맞는 노예는 복종의 의미로 몸을 숙여야 한다. 그렇게 학대가 계속된다. 물론 노예가 맞받아칠 수도 있겠지만, 돌아오는 건 죽음 뿐이다. 하지만 만일 사회의 같은 계층에 속한 사람이 때렸을 경우 피해자는 가해자를 법정으로 데려갈 수 있다. 예수님 당시에 뺨을 때리는 것은 체벌의 대상이 될 수 있었다. 그런데 예수님이 충격적인 아이디어를 내놓으신 것이다. 왼편 뺨도 돌려 대라는 것이다.

실제로 그렇게 대응하면 때리던 사람이 어쩔 줄 모른다. 바로 그것이 하나님 나라의 주지츠다. 하나님 나라에 거하는 사람들은 복수하거나 고소하는 대신에 다른 대안을 가지고 있다. 비폭력적이고 심지어는 양보함으로써 가해자가 자신의 잘못을 깨달을 수 있다(물론 깨닫지 못할 수도 있다). 그렇게 되면 다시 때려야 할지 말지를 다시 생각하게 된다.

물론 이것을 일반화시켜서 법칙으로 만들 수는 없다. 예수님의 제자들이라고 해서 다른 사람들이 쉽게 자신을 학대하도록 내버려두라는 말이 아니다. 어쩌면 그렇게 하는 것이 예수님이 비판하신 율법주의에 빠질 위험이 있다(서기관들과 바리새인들의 의로움). 우리 자신을 보호할 수 있고 보호해야만 하는 수단이 분명히 있다. 예수님은 지금 우주적인 법칙을 제시하시는 것이 아니라, 사람들이 이 땅에서 서로에게 하듯이 복수하는 대신에 어떻게 다르게 반응해야 하는지에 대하여 하나님 나라의 원칙을 제시하신 것이다. 우리가 분명한 정체성(그리스도가 기뻐하시고 내주하시는 존재)을 가지고 안전한 곳(하나님 나라)에 거하기만 한다면, 우리를 향한 공격에 대항하여 반격하지 않고 다른 방법으로 대응하기로 선택할 수 있다.

2. 합법적으로 취하기 위해 고발할 때. 40절에 보면, "너를 고발하여 속옷을 가지고자 하는 자에게 겉옷까지도 가지게 하며"라고 기록되어 있다. 예수님 당시에는 가난한 사람들이 부자들의 자비에 의존하는 경우가 많았다. 많은 사람들이 입고 있는 옷 한 벌 외에는 가진 것이 없을 정도로 가난했다. 그래서 사람들이 부자들에게 돈을 빌릴 때 담보물로 속옷처럼 입는 자신의 옷을 내걸었다. 채권자는 돈을 갚으라고 아무 때나 청구할 수 있었다. 만일 가난한 사람이 갚을 능력이 없으면 담보물로 내놓은 속옷을 취하도록 고소할 수가 있었다. 그렇게 되면 가난한 사람에게 입을 것이라고는 망토 같은 겉옷밖에 남지 않는다. 엄밀하게 따지면 잘못된 것이 없다. 하지만 실제로는 당시 사회 구조 자체가 공평하지 못하기 때문에 일종의 착취라고 볼 수 있다.

예수님은 다시 한 번 충격적인 해결책을 제시하신다. 겉옷도 벗어주라는 것이다. 이것은 전혀 불필요한 행동이다. 채무자로서의 의무를 훨씬 더 벗어난 행위다. 게다가 겉옷은 이불로도 사용되는데, 당시에 다른 사람의 겉옷을 취하는 것은 율법으로도 금지되어 있었다(출 22:25-27). 그렇다면 예수님은 왜 그것을 그냥 주라고 하셨을까? 왜냐하면 하나님 나라의 원리는 사랑이기 때문이다. 누군가 우리에게 무엇을 빼앗으면 대개 우리의 반응은 그것에 매달리는 것이다. 하지만 하나님 나라의 공급 원칙을 아는 사람들은 다른 접근 방식을 취할 수 있다. "내 셔츠가 여기 있습니다. 혹시 내 겉옷도 필요하신가요?"

이 또한 마찬가지로 법칙으로 여기면 안 된다. 이것은 계명이 아니라 내면의 태도이기 때문이다. 누군가 우리에게 무엇을 요구하면 거기에 뭔가를 덧붙여서 주라는 말이 아니다. 예수님은 요청에 대한 특별한 대응을 말씀하신다. 사랑은 하나님 나라의 가장 위대한 계명이다. 사랑은 언제나 우리가 다른 사람을 어떻게 도울 수 있을지 묻게 한다. 하나님 나라에 거하는 우리는 궁핍한 상태가 아니므로, 우리의 소유를 자유롭게 남에게 줄 수 있다.

3. 누군가 우리에게 강요할 때. "누구든지 너로 억지로 오 리를 가게 하거든 그 사람과 십 리를 동행하고"(41절). 예수님 당시에는 로마 병사가 유대인들에게 짐을 들어줄 것을 요청하면 유대인은 그 짐을 들고 오 리까지는 가야만 했다. "억지로 오 리를 가게 하거든"이라는 표현에 주목하라. 그토록 미워하는 로마 병사를 자발적으로 섬길 유대인은 없었다. 하지만 병사들이 자신들의 권력을 남용할 가능성이 있기에, 로마 정부는 법을 제정해서 무제한으로

유대인들에 짐을 지우는 행위를 불법으로 규정했다. 그래서 짐을 지울 때 거리를 최대한 '오 리'로 제한한 것이다.

여기에서 다시 한 번 예수님은 제자들에게 상상을 초월하는 일을 제시하신다. 십 리를 가라고 하시는 것이다. 이것은 친구를 돕는 일이나, 길에서 차를 태워 달라는 사람을 가는 곳까지 태워 주는 것과는 차원이 다른 일이다. 게다가 지금 우리에게 짐을 지우는 사람은 공손하게 부탁을 하는 게 아니라 강요하는 상황이다.

그런데 예수님은 놀라운 조언을 하신다. "십 리를 가주어라." 왜? 하나님의 나라를 이끄는 원리는 사랑이기 때문이다. 그리고 사랑은 다른 사람이 잘되는 것을 바라는 것이다. 베푸는 마음이 부족한 사람들은 오 리를 가면서도 마지못해서 갈 것이고, 오 리에서 단 한 발자국도 더 움직이지 않으려고 할 것이다. 하지만 하나님 나라에 거하는 사람은 이렇게 말 할 수 있다. "이 짐을 더 들어 드릴까요?" 하나님 나라에서는 우리를 괴롭게 하는 사람에게도 다음과 같이 질문할 수 있다. "어떻게 도와드릴까요?"

4. 누군가 우리에게 꾸려고 할 때. "네게 구하는 자에게 주며 네게 꾸고자 하는 자에게 거절하지 말라(42절). 돈을 주는 것에 대하여 예수님이 살던 문화의 지배적인 가르침은 이랬다. '친척에게만 주고, 그나마 최소한만 주라.'

> 네 하나님 여호와께서 네게 주신 땅 어느 성읍에서든지 가난한 형제가 너와
> 함께 거주하거든 그 가난한 형제에게 네 마음을 완악하게 하지 말며 네 손을

움켜쥐지 말고 반드시 네 손을 그에게 펴서 그에게 필요한 대로 쓸 것을 넉넉
히 꾸어주라(신 15:7-8).

당시 율법에 의하면, 나누어주는 것은 함께 거주하는 사람으로 제한했으며, 그나마 필요한 만큼만 주게 되어 있었다. 모든 사람이 이 가르침을 알고 있었다. 하지만 예수님은 그러한 제약들을 없애셨다. 주님은 베푸는 대상을 우리가 아는 사람만으로 제한하지 않으셨고, 주는 양에 대해서도 제한을 두지 않으셨다.

구하는 것과 주는 것은 둘 다 조심스러운 행위다. 무엇인가 부족한 상태에 있는 사람들은 자신들을 낮추고 부탁해야 하고, 베푸는 사람도 자신이 가진 것들을 포기해야 한다. '지금 우리에게 꾸려고 부탁하는 사람이 진짜로 필요해서 구하는 것일까? 그들이 게을러서 가난한 것은 아닐까? 내가 도움이 되기는 할까? 그리고 내가 이 사람에게 주면 내가 가진 것이 모자라지는 않을까?' 구하는 행위는 엄청난 부끄러움을 무릅써야 한다. 또 꾸어 주는 것도 엄청난 믿음이 있어야 할 수 있는 행위다. 그러나 하나님 나라에서 우리는 안심할 수 있으며, 우리가 당하지 않을까 하는 두려움 없이 희생할 수 있다.

다시 한 번 말하지만, 이것은 법이 아니다. 아무런 규정 없이 나누어주는 것이 지혜롭지 못할 때도 종종 있다. 내가 속한 연회의 감독인 스캇 존스 목사는 런던 거리를 걷다가 작은 어린 아이를 데리고 음식을 사 먹기 위해 돈을 구걸하는 한 여자를 만났던 일을 들려주었다. 목사님이 그 여자에게 돈을 주고 가던 길을 걸어갔다. 그리고 문득 그 여자가 정말 그 돈으로 음식을 사

는지 뒤를 따라가 보기로 했다. 그런데 여자는 돈을 받아 쥐고는 곧바로 술집으로 가서 술을 샀다. 존스 목사는 이렇게 결론 내렸다. "다시는 그런 식으로 돈을 주지 않기로 했어요. 대신에, 구호 기관에 돈을 주어서 꼭 필요한 사람들이 필요한 도움을 받을 수 있도록 하는 게 낫겠어요." 그것이 좋은 방법일 수 있다.

예수님이 제자들에게 가르치신 4가지 경우들은 모두 상상할 수 없는 것들이었다. 이 세상은 남용을 미연에 방지하고 정의를 실현한다는 명목하에 자연스럽게 여러 가지 경계선을 부과한다(뺨을 때리면 벌금, 법정 한도, 미리 정해진 거리, 베푸는 분량에 대한 제한 등). 하지만 하나님 나라는 공정함보다 더 높은 것을 목표로 삼는다. 하나님 나라에 사는 사람들은 다른 입장을 갖게 된다. 하나님 나라의 주지츠를 실천하는 것은 사람들을 깜짝 놀라게 하고, 그들로 하여금 이렇게 질문하게 만든다. "도대체 어떤 사람이 그렇게 하겠는가?" 사실은 이것이 최상의 전도 방법이다.

 하나님 나라의 주지츠 원리를 적용하는 사람을 만나 본 적이 있는가? 하나님 나라의 주지츠 원리가 다른 사람들에게 어떤 영향을 끼치는가?

네 원수를 사랑하라

예수님의 설교는 다음과 같이 이어진다.

또 네 이웃을 사랑하고 네 원수를 미워하라 하였다는 것을 너희가 들었으나 나는 너희에게 이르노니 너희 원수를 사랑하며 너희를 박해하는 자를 위하여 기도하라 이같이 한즉 하늘에 계신 너희 아버지의 아들이 되리니 이는 하나님이 그 해를 악인과 선인에게 비추시며 비를 의로운 자와 불의한 자에게 내려주심이라 너희가 너희를 사랑하는 자를 사랑하면 무슨 상이 있으리요 세리도 이같이 아니하느냐 또 너희가 너희 형제에게만 문안하면 남보다 더하는 것이 무엇이냐 이방인들도 이같이 아니하느냐 그러므로 하늘에 계신 너희 아버지의 온전하심과 같이 너희도 온전하라(마 5:43-48).

이렇게 사랑에 한계를 두는 법칙과 복수할 권리는 모든 유대인들에게 아주 익숙한 것들이었다. 왜냐하면 이것은 레위기에서부터 이어져 온 것이기 때문이다. "원수를 갚지 말며 **동포**를 원망하지 말며 **네 이웃** 사랑하기를 네 자신과 같이 사랑하라 나는 여호와이니라"(레 19:18).

이웃을 사랑하는 것은 기본적인 것이고, 최소한의 의무다. 같은 측면에서 친척들에게 물질적 도움을 주는 것도 율법이 정한 기본적인 의무이다. 하지만, 상대방이 친척이 아니거나, 이웃이 아니라면 그 사람을 사랑해야 할 의무는 없다. 그리고 원수를 미워하는 것은 하등의 문제가 없는 너무도 당연한 일이었다. 이것이 바로 산상설교를 듣는 청중들의 마음속에 깔린 지배적인 사상이었다.

하지만 예수님은 훨씬 더 많은 것을 요구하신다. 제자들에게 원수까지도 사랑하라고 명령하신다. 누구를 사랑한다는 것은 무슨 의미일까? 대부분의 사람들에게 사랑은 감정이고 느낌이다. 하지만 헬라어로 사랑을 의미하는 아가파오(혹은 아가페)는 느낌이 아니라 행동이다. 사랑한다는 것은 상대방이 잘되기를 바라는 것이다. 그것은 상대방을 사랑하거나 좋아하는 감정을 수반하지 않는다.

우리는 그들이 잘되기를 바라며 행동으로 보여주어야 한다. 이것이 결정적인 핵심이다. 원수를 사랑하는 것이 불가능해 보이는 까닭은 우리가 '나를 힘들게 하는 사람에게 사랑하는 감정을 느낄 수가 없다'고 생각하기 때문이다. 예수님은 당신의 제자들에게 사랑을 느끼라고 하신 것이 아니라 사랑을 실천하라고 말씀하신다. 모든 사람, 심지어는 원수에게까지도 사랑을 실천하라고 하신다.

우리를 사랑하는 사람을 사랑하기는 쉽다. 심지어는 세리들도 그렇게 할 수 있다. 우리를 해치려는 사람들을 사랑하는 것은 어렵다. 우리가 사랑하는 사람들을 위해 기도하는 일은 어렵지 않다. 하지만 우리를 핍박하는 사람들을 위해 기도하는 것은 어렵다. 그럼에도 불구하고 가능하다. 그리고 그렇게 할 때, 우리는 하늘에 계신 아버지처럼 행동하는 것이다(마 5:44). 하나님은 그들의 유익을 위해 일하심으로 원수들을 사랑하셨다.

> 우리가 아직 죄인 되었을 때에 그리스도께서 우리를 위하여 죽으심으로 하나님께서 우리에 대한 자기의 사랑을 확증하셨느니라 곧 우리가 원수 되었을 때에 그의 아들의 죽으심으로 말미암아 하나님과 화목하게 되었은즉 화목하게 된 자로서는 더욱 그의 살아나심으로 말미암아 구원을 받을 것이니라(롬 5:8, 10).

우리가 원수를 사랑할 때, 우리는 아버지 하나님과 예수님처럼 행동하는 것이다.

 사랑의 감정을 느끼지는 않지만, 그들이 잘되기를 바라는 사람이 있는지 생각해보라. 그들이 잘 되기를 바라는 마음이 어떻게 당신과 그들과의 관계에 좋은 변화를 가져다 줄 수 있다고 생각하는가?

그리스도의 성품으로 덧입기

예수님은 자신이 설교한 대로 사셨다. 채찍질 당하시고 침 뱉음을 당하셨지만 복수하지 않으셨다. 고문당하셨지만 반항하지 않으셨다. 당신을 미워한 사람들을 사랑하셨고, 핍박한 사람들을 용서하셨다. 예수님은 당신이 하지 않은 것들을 우리에게 실천하라고 요구하지 않으신다. 주님은 평범함을 넘어서는 삶을 살라고 우리를 초대하신다. 다시 말하지만, 하나님 나라에 거하지 않고 우리 안에 거하시는 그리스도의 능력이 아니고서는 그런 삶을 살 수 없다. 우리의 육(sarx)으로는 그러한 비범한 삶을 살아낼 능력이 없다. 그러나 우리가 따르는 하나님은 우리에게 특별한 능력을 공급하시는 비범한 하나님이시다.

데이비드 옥스버거(David Augsburger)는 이렇게 기록한다. "예수님은 인간의 악에 관한 문제를 해결하기 위한 하나님의 방법을 분명하게 나타내시기 위해 십자가의 길을 선택하셨다. 예수님은 악을 악으로 갚지 않고 모든 저항을 포기한 채 자기를 내어주는 사랑을 하나님의 뜻으로 확신하셨다. 예수님의 제자들이 폭력 사용을 거부하는 이유는 생명으로 존엄성을 중시하거나 폭력 대응을 혐오하기 때문이 아니라 본이 되시는 주님이 십자가의 길을 걸어가셨기 때문이다."

우리가 복수를 할 때마다 우리는 이 세상 나라의 원칙을 따라 사는 것이다. 우리의 원수들을 저주할 때마다 우리의 믿음이 하나님 없는 삶의 원리에 근거한다는 것을 증명하는 셈이다. 자유롭게 나누고 주는 것을 거부하는 것은 이 세상 나라의 두려움과 핍절 의식에 충성됨을 보여주는 것밖에 안 된다. 우리의 원수들을 미워함으로 원수를 사랑하시는 하나님을 배신하는 것이 된다. 반대로, 우리를 저주하는 사람들을 위해서 기도하고 축복할 때, 우리 자신을 하나님과 그의 나라에 조정하는 것이다. 예수님이 하신 것을 우리도 하게 된다.

 그리스도 안에 거하는 것이 주님이 행하신 대로 따를 수 있는 힘의 원천임을 어떤 식으로 느꼈는가?

부족함이 없는 사람들

인색함의 다리를 건너 넉넉함으로 가려면 새로운 이야기보다 더 중요한 것이 필요하다. 그것은 바로 우리 안에 거하시는 그리스도의 능력이다. 미로슬라브 볼프(Miroslav Volf)는 두 번에 걸쳐 그리스도인들이 왜 '부족함이 없는 사람들' 인지를 탁월하게 설명한다.

> 우리 안에 가난한 자를 부하게 하시려고 스스로 가난해지신 그리스도가 머문다면, 우리는 부요해질 것이다. 우리가 얼마나 적게 가지고 있는지에 상관없이, 우리는 부족할 것이 없는 사람들이 된다……반대로 우리가 '부족함이 없는 사람들'이 되지 않으면, 우리의 부족함이 가지고 있는 것을 훨씬 초과하게 될 것이고, 결국 영원히 만족하지 못할 것이다.

우리는 은행구좌에 가진 돈이 많거나, 성취한 일의 숫자가 많아서 '부족함이 없는 사람들'이 된 것이 아니라, 그리스도가 우리 안에 거하시기 때문에 부족함이 없는 사람이 되었다. 우리의 가치는 엄청나다. 따라서 우리의 세상은 안전하다. 즉, 우리가 가지고 있는 것을 베풀고 희생해도 다함이 없고 아깝지 않을 만큼 안전하다.

하나님 나라 바깥에 머물면 우리는 결코 '부족함이 없는 사람들'이 아니다. 언제나 우리의 정체성과 행복을 물질적인 것에서 찾으려고 할 것이다. 우리가 가진 것보다 갖고 싶은 것이 훨씬 더 많은 늘 부족한 인생을 살게 된다. 볼프는 그리스도를 모시고 사는 사람을 '부요한 자아'라고 묘사한다.

> 부요한 자아는 신뢰를 가지고 미래를 기대한다. 무엇인가 부족할까 봐 두려워하는 마음으로 뒤로 물러서는 대신, 나누고 베풀 수 있는 인생을 산다. 왜냐하면 하나님께서 채우신다는 약속을 믿기 때문이다. 유한하고 소진한 것같은 상황에서

도 부요한 자아는 여전히 나누고 베푼다. 왜냐하면 무한하고, 난공불락이시며, 완전히 넉넉하신, 현재와 과거와 미래의 주인이신 그리스도 안에 감추어져 있기 때문이다.

영적으로 부요한 자아는 자신 안에 그리스도가 거하신다는 사실을 인식하는 '부족함이 없는' 사람이다. 그런 사람은 자기중심적인 삶의 다리를 건너 넉넉함으로 갈수 있다. 왜냐하면 가진 것이 언젠가 떨어질지도 모른다는 두려움이 없기 때문이다. 하나님은 우리와 함께하시며, 우리를 위하시며, 공급하실 능력이 있는 분이시다.

하나님이 우리와 함께 계신다. 그래서 복수해야 할 필요가 없어진다. 하나님은 결코 다함이 없는 공급의 원천이시다. 그래서 소유에 대한 집착이 사라진다. 하나님은 우리의 필요를 돌보신다. 그래서 우리는 상대가 요구한 것보다 더 먼 거리를 함께 가줄 수 있다. 하나님은 우리 소유한 것의 진정한 주인이시다. 그래서 쌓아두고 지킬 필요가 없다. (내 안에는 그리스도가 거하신다는) 하나님 나라의 정체성과 (나는 하나님 나라 안에서 강하고 안전하다는) 하나님 나라에 대한 인식이 예수님의 부르심에 합당하게 살 수 있는 중요한 열쇠들이다. 그 열쇠들을 가지고 이제 우리는 파격적으로 넉넉하게 베풀며, 비범한 삶을 사는 법을 배운다.

 당신의 삶 속에서 "부족함이 없는 사람"이었던 순간이 있는가? 만일 그랬다면, 그 순간 어떤 느낌이었으며, 당신의 행동에 어떤 변화가 있었는가?

비범해지려는 용기

예수님은 당신의 제자들에게 비범할 것을 요구하신다. 산상설교의 앞부분에서 예수님은 우리가 세상의 소금과 빛이라고 말씀하셨다. 주님은 우리에게 공정한 것보다 더 높은 기준을 가지고 살라고 권하셨다. 사랑의 법을 따라 살라고 부르셨다. 주님은 우리가 그렇게 살면 아버지가 온전하신 것처럼 우리도 온전해질 것이라고 말씀하신다(마 5:48). 많은 사람들이 '온전하다'는 단어 때문에 불편하게 느낄 수도 있다. 왜냐하면 우리는 온전함에 대하여 생각할 때 주로 도덕적인 무흠함을 연상하고, 그것은 불가능한 일이라고 여기기 때문이다. 온전함을 나타내는 헬라어는 '텔레오이스'인데, 영적인 성숙을 의미한다. 우리는 예수님이 부탁하신 일들을 당장 이룰 수 있을 것이라고 기대하지 말아야 한다. 성숙은 시간이 걸리는 일이다. 하지만, 우리는 먼저 하나님 나라가 우리 안에서 역사할 수 있도록 자신을 내어드려야 한다. 아래에 소개하는 이야기들은 비범한 삶을 살았던 사람들의 이야기다.

스티븐

스티븐의 아들 바비는 911참사로 목숨을 잃었다. 스티븐은 아들의 야구 모자를 쓰고 연설을 했다. 그는 연설을 통해 아들의 황망한 죽음으로 인해 아버지로서 겪어야 했던 아픔과 분노에 대하여 이야기했다. 하지만 그는 이렇게 말했다. "하지만 나는 단 한순간도 또 다른 폭력이 문제를 해결할 것이라고 생각해 본 적이 없습니다. 이 세상의 어떤 아버지도 제가 지금 겪고 있는 이 고통을 겪지 않게 되기를 바랍니다." 스티븐은 '평화로운 내일을 위한 가족들(Families for Peaceful Tomorrows)' 이라는 이름의 단체를 시작했다. 그들의 슬로건은 다음과 같았다. "우리의 슬픔이 전쟁을 요구하는 것은 아니다."

보일 하이츠의 엄마들

1990년대에 로스앤젤레스 동부 지역 보일 하이츠라는 곳에서 갱단들이 전쟁을 벌였다. 돌로레스 미션 성당 주변에서 여덟 개의 갱단이 충돌을 일으킨 탓에 날마다 사상자가 속출했다. 그때 일단의 여신도들이 기도 모임을 위해 모여서 물 위를 걸으신 예수님의 이야기를 함께 읽었다(마 14:22-33). 거기에 모인 한 여인이 그 말씀에 감명을 받고 본문의 내용을 최근의 상황에 대입하기 시작했다. 보일 하이츠에서 벌어진 갱들의 싸움은 갈릴리 호수에 불어닥친 폭풍이고, 대문을 걸어 잠근 채 숨을 죽이고 있는 마을 사람들은 폭풍우에 놀란 제자들이며, 불을 뿜은 총소리는 번쩍이는 번개였다. 두 경우 모두 죽음이 임박한 상황이었다. 그때 예수님이 나타나셨다. 제자들은 기적을 통한 구원을 기대했다. 하지만 예수님은 "배에서 나와라", "물 위로 걸어오라"고 말씀하셨다. 예수님의 말씀은 그녀에게 "폭력의 현장으로 뛰어들어라", "함께 폭풍우를 진정시키자"는 의미로 들렸다.

그날 밤, 여신도 70명은 갱단이 있는 장소를 이곳저곳 방문하기 시작했다. 그들은 음식과 기타와 사랑을 배달해 주었다. 그들은 갱들과 함께 다과를 먹으면서 춤을 추고 노래를 부르기 시작했다. 갱들은 당황해 어쩔 줄 몰랐다. 전쟁이 벌어졌던 구역이 잠잠해졌다.

여신도들은 매일 밤 집밖으로 나갔다. 그들은 비폭력적인 방법으로 '전쟁의 규칙을 무시해 버렸다.' 그들의 행동은 보복과 폭력의 분위기를 완전히 바꾸어 놓았다. 그들은 자신들의 저녁 활동을 '사랑의 행진'이라고 이름 지었다.

갱들과의 관계가 점차 깊어지자, 갱들은 자신들의 속사정을 털어놓기 시작했다. 그들은 일자리에 대한 고민을 비롯해 경찰의 가혹한 처사와 지긋지긋한 가난에 대한 분노를 표출했다. 그래서 여신도들은 그들과 함께 빵을 만드는 공장, 제과점, 탁아소, 직업훈련센터, 갈등을 해결하는 방법에 대한 강좌, 학교, 경찰의 비행을 감시하는 시민센터 등을 마련했다.

이 모든 것이 "배에서 나와 물 위로 걸어오라"는 말씀에 순종함으로서 얻어진 결과였다.

내가 위의 이야기들을 좋아하는 이유는 그들이 모두 하나님을 잘 증명하기 때문이다. 하나님이 그렇게 하시기 때문에 우리가 그렇게 행동할 수 있다. 하나님은 당신의 원수들을 사랑하시고 당신을 미워하는 사람들을 여전히 사랑하신다. 그리고 우리는 오랜 시간에 걸쳐 바로 그런 성품을 닮아간다. 그런 변화가 하루아침에 이루어질 것이라는 생각을 버려야 한다. 시간이 흐를수록 한때 우리의 경쟁자였던 사람들을 위해 기도할 수 있게 된다. 그리고 아마도 언젠가 우리의 원수들을 대면할 때 그들이 잘 되기를 바랄 수 있을 것이다.

 당신의 삶 속에서 어떤 면에서 이미 하나님을 닮아가기 시작했다고 생각하는가?

하나님 나라의 코치

감독직에서 해임되었지만, 자신을 비판하던 사람들을 하나님 나라의 침착함을 가지고 대했던 친구 제인의 이야기로 이 장을 시작했었다. 얼마 지나지 않아 제인은 다른 팀의 감독으로 채용되었다. 새로운 팀과 시즌 절반 정도를 마친 후 내게 이런 메일을 보내왔다.

그리스도가 거하시는 짐(Jim)에게,

좋은 아침입니다. 목사님은 제가 어려운 시간을 통과하는 동안 함께 하셨고, 하나님 나라의 코치로서 어떻게 방향을 잡아야 하는지를 가르쳐 주셨기 때문에, 꼭 제 소식을 전하고 싶었습니다. 이 소식이 목사님께도 기쁨이 되기를 원합니다.

이번 시즌에서 제가 새로 맡은 팀은 아주 잘 뛰었습니다. 이긴 경기도 있고, 진 경기도 있었습니다. 그러다가 전국 7위 팀과 경기를 하게 되었습니다. 물론 이전에도 코치로서 하나님께서 나와 함께 계신다고 느꼈던 적이 있었지만, 이번에는 달랐습니다. 다른 어떤 방해도 받지 않고, 오직 하나님 나라의 코치이신 예수님을 닮아가고 싶은 마음만 가득했습니다……경기가 있던 날, 상당히 오랫동안 기도했습니다. 정말 오랜만에 텔레비전에 방송되는 큰 경기를 치른 것 같았습니다. 하지만 마음이 편했습니다……선수들도 아주 잘 뛰었습니다. 여러 가지 일들이 있었지만, 결론만 말씀드리면 우리가 이겼습니다.

우리 대학 역사상 그렇게 상위 팀과 붙어서 이긴 것은 처음이라고 합니다. 팬들은 정말 행복해 했고, 우리 선수들도 소리 지르며……기쁨으로 가득 찼습니다……

그리고 저도 감정이 북받쳐 올랐습니다……감사가 넘쳤습니다. 저를 비판하고 힘들게 한 사람들에 대한 보복이 아니라, 예수님을 향한 감사였습니다……짐 목사님, 지금껏 큰 경기에서 수없이 이겼지만, 이번 경우는 달랐습니다. 마음속 깊은 곳에서 하나님의 나라를 느낄 수 있었습니다. 이번 경기는 이전 그 어떤 승리보다도 좋았습니다. 누구의 칭찬도 필요하지 않았습니다. 제 능력과 가치를 증명해야겠다는 필요도 느끼지 않았습니다. 왜냐하면 진정한 내가 누구이고, 내가 어디에 속했는지를 알고 있었기 때문입니다. 그리고 그것이 지금은 제 핵심 가치가 되었습니다. 목사님의 가르침과 지혜에 감사드립니다.

믿음을 지키며,

그리스도가 거하는 사람, 제인으로부터

이 편지를 읽고 난 후, 하도 오래되어 이제는 너덜너덜해진 달라스 윌라드의 책 『하나님의 모략』을 꺼내서, 오래 전에 접어놓았던 페이지를 펼쳐 소리 내어 읽었다. 왜냐하면 바로 그 부분이 제인이 경험했던 것과 똑같은 내용이었기 때문이다. 달라스 교수는 하나님 나라에 거하는 사람들이 어떻게 위로를 받으며, 어려운 상황에서 어떻게 견고하게 서는지를 잘 설명했다.

어떤 사태가 벌어져도 우리는 하나님 안에서 안전하다는 것을 안다. 약자가 될 수 있는 것도 사실은 전혀 약자가 아니기 때문이다. 우리 삶을 주관하던 분노와 정욕의 힘이 이미 깨어졌기 때문에 우리는 개인적 손해와 억압을 당해도 그리스도 방식으로 반응하는 것이 언제나 더 쉬운 길임을 안다. 그것만이 피해자로서 피해를 아름답게 극복할 수 있는 유일한 길이다.

제인은 하나님 나라와 그 안에 거하는 사람들이 결코 문제에 빠지지 않았다는 살아 있는 증거다.

경쟁자의 성공을 위해 기도하기

영혼의 훈련

　이번 한 주 동안 뺨을 맞거나 고소당한 일이 있는 사람은 거의 없을 것이다. 또한 그 누구도 저주받거나 핍박받지 않았기를 바란다. 이런 까닭에 산상설교 가운데 이 부분은 쉽게 제쳐두거나 '내 뺨을 돌려대거나, 원수에게 내 옷을 빼앗길 필요도 없어서 다행이다.' 라고 생각할지도 모른다. 하지만 이 가르침의 핵심은 우리에게 위협이 되는 사람들을 보복하는 대신에 다른 관점에서 보라는 것이다. 예수님은 우리를 해치는 사람들을 축복하라고 말씀하신다. 당신을 적극적으로 괴롭히는 원수가 누구인지 생각해 보는 것도 좋은 훈련이 될 것이다. 우리 중 많은 사람들은 딱히 원수라고 부를 만한 사람들이 없어서 곤란하게 느낄 수도 있다.

　그래서 원수의 범위를 약간 넓히고, 예수님의 명령에 순종하기 위한 작은 발걸음을 시작할 수 있기를 바란다. 이를테면, 당신의 경쟁자를 위해 기도하는 것이다. 경쟁자는 당신과 맞서는 사람이라면 누구나 될 수 있다. '누군가의 성공이 당신의 성공을 갉아먹는 사람' 이 당신의 경쟁자라고 할 수 있다. 사업상의 경쟁자일 수도 있고, 학교나 운동에서 경쟁자일 수도 있다. 당신의 자녀가 운동을 하든, 그림을 그리든지 간에 당신 자녀와 겨루는 상대 팀의 부모가 당신에게는 경쟁자일 수 있다. 만일 당신이 목회자라면, 당신의 경쟁자는 주변 교회의 목회자들일 것이다. 그렇다면 당신 지역의 다른 교회들이 성공하도록 기도하라.

　그런 사람들이나 기관들이 생각나게 해 달라고 하나님께 간구하라. 어떤 사람들은 내게 이렇게 말했다. "솔직히 말씀드리면, 제게는 정말 경쟁자가 없어요." 만일 이것이 당신에게 해당되는 사항이라면, 당신 삶을 어렵게 만드는 사람을 아무나 생각해내라. 내 아내는 그런 사람들을 '귀찮은 사람들'이라고 부른다. 우리를 은근히 괴롭히는 사람들, 우리 주변에서 문제를 일으키는 사람들이다. 경쟁자가 되었건, 귀찮게 하는 사람이 되었건 선택하라. 그리고 당신이 누구를 위해 기도해야 할지 성령의 인도하심을 구하라.

 우리의 경쟁자가 누구인지 우리를 힘들게 하는 사람이나 조직이 누구인지를 생각해 내는 과정은 그리 오래 걸리지 않는다. 하지만, 그들을 위해 기도하기 시작할 때 우리 마음속에 이런 생각이 들지도 모른다. "나는 정말 그 사람이 성공하는 것을 원하지 않아." 처음에는 입으로 그들의 성공을 위해 기도하지만, 속으로는 그런 감정이 생기지 않을 수도 있다. 괜찮다, 억지로 그렇게 할 필요는 없다. 시간을 들여 기도할수록 우리의 마음이 변화되는 것을 경험하게 될 것이다. 마음을 편하게 먹으라. 이것은 느린 과정이다.

 나는 이 훈련을 할 때마다 이상한 일이 생긴다. 그게 무엇인지는 말하지 않을 것이다. 하지만 당신도 금세 내말이 무슨 뜻인지 발견하게 될 것이다. 당신이 그것을 발견하게 될 때, 원수를 위해 기도하라고 하셨던 예수님의 지혜와 명령에 대하여 감사하는 마음을 갖게 될 것이다.

 실제적인 훈련을 할 때 어떻게 해야 그렇게 할 수 있을까? 내 경험상 도움이 되었던, 당신에게도 도움이 될 만한 목록들을 아래에 적어보았다.

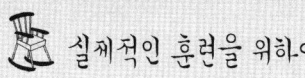 실제적인 훈련을 위하여

- 매일 단 몇 분씩이라도 당신의 경쟁자를 위해 기도하라. 그에게 복을 달라고, 하는 일마다 형통하게 해 달라고 하나님께 기도하라.

- 그 사람이나 기관을 하나님께 올려드려라. 그리고 당신이 생각할 수 있는 모든 좋은 일들이 그 사람에게 일어나게 해 달라고 기도하라.

- 매일 이렇게 기도하기를 4일에서 5일정도 지속해 보라. 이 사람에 대한 당신의 마음이 변하는지 그렇지 않은지 잘 살펴보라.

chapter
8

허영심 없이 사는 법 배우기

영혼의 훈련 : 은밀한 섬김

| Learning to Live Without Vainglory |

어느 기독교대학 채플에서 3일 동안 집회 인도를 부탁받았다. 학문적으로도 탁월한 학교로 알려져 있기 때문에 똑똑한 학생들이 참 많았다. 또한 그 대학의 채플은 그간 최고의 강사들과 음악가들이 많이 다녀간 것으로 유명하다. 각 채플 시간마다 2500명 정도의 학생들이 의무적으로 일주일에 몇 번을 참석한다. 그런 채플에서 3일 동안 말씀을 전하게 된 것은 큰 영광이었다. 한편으로는 흥분되고 한편으로는 두려웠다. 학기 초에는 빌리 그래함 목사님이 강사로 다녀가셨고, 내가 설교하기로 한 집회 다음 주에는 미국에서 가장 인기 많은 크리스천 밴드가 공연을 할 것이라고 했다. 나는 정말 그 자리에 설 자격이 없는 것 같았다.

첫째 날 설교는 아주 잘한 것 같다. 학생들과 나 사이에 공통점이 있다는 사실을 발견했다. 그것은 우리 하나님을 위해 최고의 성취를 드리고 싶다는 마음이었다. 한편 그만큼 율법주의에 빠질 위험도 있었다. 내 자신의 이야기를 간증했는데, 그것이 학생들의 마음에 도전이 되었던 것 같다. 또한 율법주의에 빠지지 않을 수 있는 해법과 하나님의 무조건적인 사랑에 대한 내 깨달음을 나누었다.

둘째 날 집회는 첫째 날보다 분위기가 더 좋았다. 하지만 내 마음속에 말로 다 표현할 수 없는 부담감을 느꼈다. 사람들에게 사랑받고 싶어졌고, 교직원들과 학생들에게 강한 인상을 남기고 싶었으며, 집회를 마치고 그 학교를 떠날 때 영웅처럼 떠나고 싶었다. 하지만 내가 그곳에 초대받은 진짜 이유는 위로의 말씀 사역과, 사람들로 하여금 하나님을 바라보게 하고, 내 입술의 모든 말과 내 마음의 묵상이 학생들에게 축복이 되게 하려는 것이었다. 내 안에서 그 두 가지의 생각이 부딪혀 갈등이 시작되었고, 내면의 갈등은 쉽게 가시지 않았다.

3일째 되는 날 설교를 하기 전에, 마음속에 그러한 것들을 내려놓게 해 달라고 간절히 기도했다. 나는 학생들에게 도움이 되고 싶었다. 그리고 하나님의 도구로 쓰임받기 원하는 순수한 소망을 가지고 마이크 단상에 섰다. 학생들의 고통과 불확실함, 두려움, 갈등에 대하여 생각했고, 하나님으로부터 오는 위로와 격려의 메시지를 전하고 싶었다. 그날 아침 나는 가슴속 깊은 곳에서부터 나오는 설교를 했다. 용기, 확신, 열정을 가지고 말씀을 전했다. 설교를 마치고 경청해 주어서 고맙다는 의미로 학생들과 교직원들에게 큰 절을 했다. 학생들이 박수를 치기 시작했다. 아직 고개를 숙이고 있었는데, 박수 소리가 점점 더 커졌다. 내가 인사를 마치고 고개를 들었을 때 학생들이 모두 기립해 있었다. 나는 생각했다. '와우, 학생들이 정말 예의가 바르구나.' 내가 앉았던 자리로 돌아갔다. 그때 그 대학의 총장이 내 쪽으로 몸을 기울여 귓속말을 했다. "잠시만 서 계세요. 우리 학교에서 이런 기립 박수는 흔한 일이 아닙니다." 갑자기 온몸이 기쁨과 환희의 전율에 휩싸인 듯했다.

운전해서 집으로 돌아오는 순간까지 내안의 갈등이 여전히 느껴졌다. 나는 그 대학교에 여러 가지 복잡한 동기를 가지고 갔다. 맡겨진 사역을 잘 감당하고, 학생들을 축복하고 격려하고 싶었다. 또 다른 한편으로는 인기도 얻고, 환영받고, 학생들에게 좋은 인상을 남기고 싶었다. 만일 설교자가 하나님 나라에 거하는 사람이라면, 설교를 마친 후에, "정말 최고의 설교였어. 탁월한 설교자야!"라는 칭찬이 아닌 "이 설교자가 알고 있는 하나님은 정말 최고의 하나님이야!"라는 말을 듣고 싶어야 한다.

나는 긍지를 느끼고 싶고, 찬사를 듣고 싶으며, 칭찬에 목말라 하는 것에 대하여 생각해 보았다. 그런 것들은 어디에서 나오며, 하나님 나라에서 그것들을 어떻게 처리해야 하는지를 묵상했다. 아직 완전히 통달하지는 못했지만, 왜 다른 사람들이 우리를 좋게 생각했으면 하는 바람을 갖는지, 그리고 어떻게 하면 우리 내면세계가 그런 생각의 지배를 받지 않을 수 있는지 조금은 잘 이해할 수 있게 되었다.

잘못된 가르침 : 내 가치는 남들의 평가로 결정된다

우리는 어릴 때부터 다른 사람들의 인정을 받아야 된다는 이야기로 삶이 작동되어 왔다. 우리가 잘하면 칭찬을 듣는다. 잘못하면 칭찬은 커녕 비판을 받을 수도 있다. "콩을 다 먹었구나, 아주 착하다." 혹은 "콩을 다 먹지 않았으니까 방에 가 있어! 오늘 간식은 없다!" 우리 삶은 이런 식으로 계속 이어진다. 학교에서 운동을 하거나 직장 생활을 할 때도 탁월하게 수행하면 가치가 높아지고, 실패하면 가치가 내려간다. 시간이 지날수록 우리는 다른 사람들의 칭찬과 인정에 목마르다. 왜냐하면 그것이 내 가치를 결정하는 요인이기 때문이다. 실제로 잘했는지, 정말 탁월한 사람인지보다 더 중요한 것은 다른 사람들의 평가가 되어버렸다.

우리는 모두 사랑받기를 원한다. 우리 모두는 우리가 소중하고, 가치 있고, 스스로 대단한 존재라고 느끼기를 바란다. 그런데 사실 알고 보면 우리는 그런 존재들이다. 우리의 외모가 어떻게 생겼든지 상관없이 우리는 하나님의 형상대로 지음을 받은 놀라운 존재들이다. 하지만 세상은 결코 우리에게 이 사실을 얘기하지 않는다. 우리는 부모님이나 사랑하는 사람들에게서 인정을 받는 경우가 극히 드물다. 심지어는 교회도 이러한 문제에 한 몫을 거든다. 성공을 찬양하고, 어떤 사람들의 열심 때문에 그들을 대우한다. 성공적인 사역을 인정하는 것은 물론 잘못된 일이 아니지만, 성공 여부에 따라 우리의 가치가 평가된다는 생각이 보이지 않게 사람들의 마음 가운데 자리를 잡는 것이 문제다.

세상은 우리의 가치를 우리의 겉모습과 성취와 수행 능력으로 평가한다. 마치 눈에 보이는 것만이 중요하다는 듯이 그런 것들만이 평가의 기준이 된다. 이것은 우리의 가치가 다른 사람들의 평가에 의해 결정된다는 잘못된 생각을 마음속 깊이 심어 준다. 다른 사람들이 우리를 좋다고 평가하면 우리는 좋은 사람이다. 요즘 세상에서는 이미지가 전부다. 우리는 끊임없이 우리가 하는 일에 대하여 다른 사람들에게 인정받고 싶고, 존경받고 싶고, 박수 받고 싶으며, 확인 받고 싶다. 그렇게 인정받으면 자신에 대하여 좋게 느낀다. 사랑에 대한 필요가 임시적으로 사람들의 칭찬으로 대신한다. 그것이 우리가 찾을 수 있는 유일한 대안이었기 때문이다. 안타깝게도 우리의 겉모습이나 성취에 대한 사람들의 칭송은 변하기 쉽고, 왔다가 금세 지나가는 허망한 것이다. 우리는 항상 다른 사람 눈에 비치는 만큼만 좋은 사람이다.

 허영은 어떻게 우리를 사로잡으려 하고, 우리는 어떻게 허영과 싸워야 할까?

허영 : 8번째 치명적인 죄

이 설교를 통해 예수님은 우리 삶 전반에 만연하는 문제들을 점진적으로 다루셨다. 즉 분노에서 시작해서 원수를 사랑하는 궁극적인 문제까지 연속 선상에서 다루신 것이다. 이쯤 왔으면 우리는 온전한 사람으로 꽤 긴 여정을 지나온 것이다. 하지만 예수님은 아직 우리가 완벽해지지 않았다는 것을 아신다. 우리가 하나님께 가까이 나가는 데 걸림돌이 되는 중심 문제가 아직 남아 있다. 초대교회 선생들이나 작가들은 이 문제를 아주 완벽하게 표현했다. 즉, 허영심이다. 대부분의 사람들이 7가지 치명적인 죄의 목록은 익숙하게 알고 있을 것이다. 동방정교회는 거기에 덧붙여서 허영심이라는 8번째 치명적인 죄에 대하여 언급한다. 허영심은 불안에 그 뿌리를 두었다. 그리고 다른 사람들의 인정을 받고 싶은 욕망에 의해 작동된다. 그것은 매우 교묘해서 감지하기가 어렵다.

나는 그 대학교에 강사로 초대받아 갔을 때, 사람들이 '짐은 정말 최고의 강사야, 게다가 아주 겸손한 사람이야!' 라고 생각해 주기를 기대했다. 그러한 반응은 아마 나를 상당히 기분 좋게 만들었을 것이다. 내 존재 가치가 바로 사람들의 인정과 칭찬에 좌우되었기 때문이다. 반면에, 만일 내가 긍정적인 반응을 받지 못했다면(사실 인정받지 못할 때도 많다) 내 존재 가치에 문제가 생겼을 것이다. 이것이 허영심에 관한 좋은 실례가 될 수 있는 이유는 다른 사람들도 그렇겠지만, 특히 허영심은 종교성이 깊은 사람들에게서 많이 발견되는 문제이기 때문이다.

종교성이 깊은 사람들을 향한 교묘한 덫

하나님 나라 바깥에서는 다른 사람들이 우리에 대하여 어떻게 말하느냐로 평가하는 것 외에 우리의 가치를 확인할 다른 방법이 없다. 뭔가를 잘했는데 아무도 알아주지 않으면 미칠 것 같다. 왜냐하면 그토록 원하던 다른 사람들의 칭찬과 인정이 빠졌기 때문이다. 그런데 이러한 사고방식이 종교생활로도 아주 쉽게 전환된다. 대부분의 사람들은 종교적인 행위들을 칭찬한다. 영적으로 성숙한 사람들, 즉 기도를 열심히 하고, 성경을 읽고, 금식하는 사람들은 자주 칭찬을 듣는데, 그것이 사람들을 허영에 빠지게 한다. 그리고 분노, 정욕, 거짓말 같은 문제로는 고통 받지 않는 사람들조차 넘어지게 만드는 항목이 바로 이 허영심이다. 허영심은 경건을 추구하는 사람들에게 가시처럼 골칫거리다.

교부였던 존 카시안(John Cassian)은 이렇게 기록한다. "육신과 관련된 악행에 흔들리지 않는 사람들일수록 허영이라는 것에 더욱 더 취약하다." 그런 사람들은 '육욕'에 넘어가지 않고 자신들을 잘 지켰기 때문에, 자신들이 다른 사람들보다 나은 사람이라고 생각할 위험이 있다. 자신들의 영적인 생활은 쉽게 무너지는 사람들보다 훨씬 더 탁월하다고 생각하는 것이다.

자신의 영적인 삶에 대하여 진지한 사람을 만날수록 사탄은 결코 포기하지 않는다. 그래서 아주 특별한 무기로 공격한다. 그것이 허영이다. 종교적으로 문제가 많은 사람들은 대개 허영의 문제로 넘어지지 않는다. 스스로가 도덕적 성품이 좋은 것도 아니고, 영적으로 능하지 않다는 사실을 잘 알고 있다. 하지만 허영의 유혹은 날마다 경건의 열심과 순전함의 문을 두드린다. 그리고 겉은 밝고 화려하지만 속은 어두운 삶으로 이끌어 간다. 그래서 앤드류 머레이(Andrew Murray)는 이렇게 적는다. "거룩함에 대한 교만처럼 위험스럽고 교묘하며 간사스러운 교만이 없다."

허영은 지금까지 다른 주제들 가운데 가장 찾아내기 힘든 악행이다. 그것은 덕이라는 가면 뒤에 교묘하게 감추어져 있기 때문이다. "이 질병은 사람의 선행이 있는 곳을 정확하게 친다." 이 악행은 선행이 있어야만 존재할 수 있는 유일한 악행이다. 허영은 또 다른 선행 뒤에 교묘하게 자신을 감춘다.

그래서 찾기가 힘들다.

  자랑거리들로 가득 찬 크리스마스 편지에서 글을 쓴 사람은 성공 위에 성공이야기, 즉 좋은 이야기들만으로 가득 찬 편지로 우리를 기죽게 만든다. 그게 뭐가 잘못되었다는 말인가? 특별히 잘못된 건 없다. 편지를 쓴 사람의 원래 의도가 자신과 자신의 가족이 얼마나 대단한지 깊은 인상을 남기려고 했었다는 것만 빼고 특별히 잘못이라고 할 만한 것은 없다. 아무도 결혼 생활의 문제나, 자녀가 신경쇠약증으로 정신과 치료를 받고 있다거나, 가족 중에 한사람이 노래자랑 대회에서 꼴찌를 했다고 편지에 쓰지 않을 것이다. 그런 이유로 우리는 항상 고통이나 실패, 그리고 힘든 이야기들 대신에 오로지 성취에 관한 소식만 접한다.

  허영은 내 삶속에서도 다양한 모습으로 나타난다. 아래에 적힌 목록들 중에는 좋은 것도 있고 나쁜 것도 있다.

- 어떤 일을 성취하고 난 후 사람들의 칭찬을 받을 때마다 나는 재빨리 다른 사람들에게도 알려주고 싶다.
- 내 자신의 연약함과 실패를 다른 사람들이 알지 못하도록 조심한다. 이것도 자신의 성공을 내세우는 것만큼 허영에 속한다.
- 거의 모든 대화 속에서 나는 겸손해 보이려고 노력한다. 그래서 상대방이 내가 얼마나 훌륭한 사람인지를 알도록 한다. 만일 내 뜻대로 되지 않을 것 같으면, 내가 성취한 것을 상대방에게 알릴 만한 교묘한 방법을 찾는다. 그것을 아주 교묘하게 잘할 수만 있다면 상대방은 전혀 눈치 채지 못한다.

- 유명한 사람들의 이름을 들먹거리는 것에 나도 예외는 아니다. 나와 가까운 친구들은 모두 내가 만났거나 친하게 지내는 유명한 사람들이 누구인지 다 안다.
- 거의 모든 섬김의 일들을 다른 사람들이 알게 한다. 이런 일이 알려지지 않도록 해본 적이 한 번도 없다.
- 아이들이 운동을 하거나 예술활동을 할 때 내 앞에서만 잘하는 것보다 다른 사람들 앞에서 잘하는 것이 더 중요하다고 생각하는 경향이 있다.

'나는 분노, 음란, 거짓말도 극복하고, 나를 저주하는 사람을 축복하는 법까지 다 익혔다. 정말 대단하지 않은가?'라고 생각하기 시작할 때 하나님 나라의 삶으로 가는 길에 또 다른 장애를 만나게 된다. 그것이 바로 내가 가치 있는 사람이라는 느낌을 갖기 위해서 다른 사람이 나를 어떻게 생각하는지 알고 싶은 허영이다.

 예수님은 구제와 기도와 금식이라는 세 가지 경건훈련들을 비판하셨다. 오늘날 교회 안에서 발견되는 허영의 모습이 있다면 어떤 것들이 있을까?

예수님의 가르침

예수님은 허영에 관한 문제를 산상설교에서 가장 많이 다루셨다. 주님은 사람들이 다른 사람들의 칭찬을 듣기 위하여 선한 일을 하거나, 종교적으로 열심이 있는 행동으로 자신을 덧입히는 행동의 예를 세 가지로 설명하셨다.

즉, 구제와 기도와 금식이다. 세 가지 모두 분명히 우리의 마음을 하나님께로 조율할 수 있게 해주는 귀한 영적 훈련이다. 그러나 동시에 잘못하면 우리를 해칠 수도 있는 위험한 훈련들이기도 하다. 예수님은 그러한 사람의 마음을 잘 이해하고 계셨다.

> 사람에게 보이려고 그들 앞에서 너희 의를 행하지 않도록 주의하라 그리하지 아니하면 하늘에 계신 너희 아버지께 상을 받지 못하느니라 그러므로 구제할 때에 외식하는 자가 사람에게서 영광을 받으려고 회당과 거리에서 하는 것 같이 너희 앞에 나팔을 불지 말라 진실로 너희에게 이르노니 그들은 자기 상을 이미 받았느니라 너는 구제할 때에 오른손이 하는 것을 왼손이 모르게 하여 네 구제함을 은밀하게 하라 은밀한 중에 보시는 너의 아버지께서 갚으시리라 또 너희는 기도할 때에 외식하는 자와 같이 하지 말라 그들은 사람에게 보이려고 회당과 큰 거리 어귀에 서서 기도하기를 좋아하느니라 내가 진실로 너희에게 이르노니 그들은 자기 상을 이미 받았느니라 너는 기도할 때에 네 골방에 들어가 문을 닫고 은밀한 중에 계신 네 아버지께 기도하라 은밀한 중에 보시는 네 아버지께서 갚으시리라 또 기도할 때에 이방인과 같이 중언부언하지 말라 그들은 말을 많이 하여야 들으실 줄 생각하느니라 그러므로 그들을 본받지 말라 구하기 전에 너희에게 있어야 할 것을 하나님 너희 아버지께서 아시느니라 금식할 때에 너희는 외식하는 자들과 같이 슬픈 기색을 보이지 말라 그들은 금식하는 것을 사람에게 보이려고 얼굴을 흉하게 하느니라 내가 진실로 너희에게 이르노니 그들은 자기 상을 이미 받았느니라 너는 금식할 때에 머리에 기름을

바르고 얼굴을 씻으라 이는 금식하는 자로 사람에게 보이지 않고 오직 은밀한 중에 계신 네 아버지께 보이게 하려 함이라 은밀한 중에 보시는 네 아버지께서 갚으시리라(마 6:1-8, 16-18).

예수님께서 책망하시는 것이 무엇인지 제대로 이해하기 위해서는 이 본문의 상황을 잘 이해해야 한다.

첫째로, 예수님은 가난한 사람들을 돕는 구제에 대하여 설명하신다. 1세기의 회당에는 가난한 사람들을 돕는, 오늘날의 복지제도 같은 제도가 마련되어 있었다. 사람들이 일정량의 돈을 회당에 내면 필요에 따라 가난한 사람들에게 나누어주었다. 누군가가 많은 돈을 헌금하면 회당에서 누가 얼마의 기부를 했다고 공개하는 일이 일반적인 관례였다(시락 31:11). 가난한 사람들에게 돈을 나누어주는 일은 잘못된 일이 아니다. 그것은 분명 선한 일이고 경건한 일이다. 또한 기부한 사람에 대하여 다른 사람들이 알 수 있도록 공개하는 일도 꼭 나쁘게만 볼 수 없다. 예수님께서는 그 관례를 비판하신 것이 아니다. 다만 주님은 그렇게 구제 헌금을 하는 이유가 다른 사람들의 칭찬과 인정을 받고 싶어서 한 것인지의 여부를 물으신 것이다. 만일 동기가 그것이었다면 이미 그 사람은 자기가 원하는 것을 받았으니 더 이상 기대할 것이 없다는 말이다.

둘째로, 예수님은 당시 또 다른 경건의 훈련이었던 기도에 대하여 말씀하셨다. 독실한 유대인들은 하루에 세 번씩 기도했다. 주로 회당이나 거리 등의 개방된 공공장소에서 했다. 제 9시가 되면 사람들이 회당으로 나가 기도

하곤 했는데, 주로 서서 큰 소리로 기도했다. 다른 사람들이 보고 그 사람이 기도하는 것을 알 수 있게 하는 것이다. 회당에 가서 기도하는 것이 잘못 되었다고 말하는 것이 아니다. 하지만 주님께서는 기도를 통해 우리가 얻고자 하는 것이 무엇인지를 물으신다. 다른 사람들이 우리 기도하는 모습을 보고 우리가 경건하고 열심이 있는 사람이라고 생각하기를 바라면서 기도하는가? 그렇다면 우리는 이미 원하는 것을 얻었다.

셋째로, 예수님은 금식 훈련에 대하여 말씀하신다. 바리새인들은 일주일에 두 번 금식을 했다(누가복음 18장 12절을 보라). 보통 월요일과 목요일에 금식했다. 어떤 사람들은 금식할 때 베옷이나 상복을 입었다. 그리고 종종 얼굴에 먼지나 재를 뒤집어썼는데, 고행과 슬픔을 상징하는 행위였다. 이 경건의 훈련은 사람들로 하여금 하나님께 더욱 가까이 나갈 수 있도록 돕기 위해 실천하던 것이었다.

가난한 사람에게 돈을 나누어 주는 구제와 기도와 금식, 이 세 가지는 모두 사람이 할 수 있는 가장 영적인 일들이다. 그런데 왜 예수님은 그토록 심하게 질책하셨을까? 실상은 예수님께서 그러한 훈련들에 대하여 비판하신 것이 아니다. 주님은 그 영적 훈련들이 행하여지는 과정을 비판하신 것이다. 주님이 관심을 가지셨던 것은 방법이 아니라 그들의 동기였다. 위에서 본 것처럼, 예수님은 세상의 의를 기준으로 시작하셔서(살인하지 않고, 맹세하고, 거짓말 하지 않는 것), 그 실상의 껍질을 벗겨서 밑에 감추어진 마음의 동기가 어떠한지를 확인하셨다. 여기서도 마찬가지다. 세 가지의 경건하고 의로운 행동들을 들어 그 사람의 마음 상태에 따라 그것이 축복으로 이끄는 훈련이 될 수도 있고, 방해가 될 수도 있다고 말씀하신다.

우리의 마음이 어떻게 움직이는지에 대하여 예수님은 천재적이시다. 주님은 사람들에게 좋은 인상을 주기 위하여 그러한 영적 훈련들을 실천하는 사람들의 속내를 드러내신다. 그들은 사람들의 존경과 칭찬을 들으려고 사람들에게 '보이기 위해서' 의를 행한다.

만일 그들의 의도가 다른 사람들에게 보이려는 것이었다면, '그들은 이미 자기 상을 다 받았다' 주님은 말씀하신다. 헬라어로 '상'은 단수명사로 쓰였다. 그 의미는 그 상이 일회성이라는 말이다. 그들이 받아야 할 것을 이미 받았다. 그러므로 하나님은 더 이상 그들의 경건 훈련과 상관이 없다. 왜냐하면 그들의 경건 훈련에 하나님은 계시지 않았고, 다른 사람들에게 보이려는 허영에 사로잡혔기 때문이다. 다른 사람들의 칭찬을 듣고 싶었던 것이지 하나님과의 친밀함을 위해 그렇게 의를 행한 것이 아니었다는 말씀이다.

나눔을 통해 가난한 사람들의 부담을 덜어 주는 일, 기도를 통하여 하나님과 교제하는 것을 간절하게 구하는 일, 혹은 금식을 통하여 자신의 몸과 마음을 깨끗하게 하는 일이 그들의 진정한 목적이 아니었다. 다른 사람들에게 좋은 인상을 주고 싶은 것이 감추어진 동기였다. 하지만 그 사람이 진심으로 선행을 하는 것인지, 아니면 허영에 이끌려서 하는 것인지를 어떻게 분별할 수 있을까?

 자신의 선행을 다른 사람에게 은근히 알리려고 했던 유혹에 빠진 적이 있는가?

은밀하게, 은밀한 장소에서, 기쁜 얼굴로

허영에 대한 해결책은 무엇일까? 예수님께서 제자들에게 제시하신 방법은 그들이 어떻게 구제하고 기도하고 금식하는가에 관한 것이 아니다. 그런 일들을 행할 때 어떠한 마음 자세로 해야 하는지에 대하여 가르치신 것이다. 예수님께서 '만약 금식을 하려거든' 이라고 말씀하시지 않고, 너희가 '금식을 할 때' 라는 표현을 쓰셨다는 것을 주목할 필요가 있다. 다시 말하면, 예수님은 당신의 제자들이 그러한 경건의 훈련들을 실천하기 원하셨다는 말이다. 하지만 요점은 그러한 경건에 이르는 연습 자체가 아니라 그것을 실천하는 사람들의 마음 상태가 중요하다는 것이다.

첫째로, 구제할 때는 오른손이 하는 일을 왼손이 모르게 해야 한다. 어떤 학자들은 예수님이 성전 입구의 오른쪽에 놓인 헌금함을 가리키며 말씀하신 것이라고 한다. 그렇다면 사람들은 헌금을 할 때 오른손을 사용했을 것이다. 이 장면은 사람들이 선을 행할 때에도 오른손이 금방 한 일을 왼손이 전혀 모를 정도로 은밀하게 하는 것을 묘사한다. 누군가 우리에게 이렇게 물었다고 하자. "방금 가난한 사람들을 위해 헌금하신 거예요?" 그때 당신은 순수한 마음으로 이렇게 대답하는 것이다. "흠……제가요? 기억이 나질 않네요. 내가 그랬던가?"

둘째로 기도에 관하여, 예수님은 기도할 때 문을 닫고 기도할 것을 권하신다. 은밀한 중에 계시는 하나님 아버지께 은밀하게 기도하라고 하신다. 그러면 "은밀한 중에 보시는 아버지께서 갚아주실 것"이다. 이것은 아주 탁월한 표현이다. 우리는 다른 사람들의 눈에 띄고 싶다. 하지만 하나님은 보이지 않으신다. 하나님은 은밀한 중에 보실 뿐 아니라, 은밀함 가운데 거하신다. 다른 말로 하면, 하나님은 허영과 겉치레가 없으신 분이다. R. T. 프란스(R. T. France)는 이렇게 표현한다. "하나님은 보이지 않는 분이시다. 보이지 않은 하나님을 예배하는 척하는 사람들만 보일 뿐이다."

　기도는 지극히 개인적이고 은밀한 것이다. 예수님이 말씀하신 '골방'은 아마도 창고였을 것이다. 왜냐하면 문을 닫고 잠글 수 있는 장치가 있는 문은 창고밖에 없기 때문이다. 우리가 기도하는 것을 아무도 볼 수 없도록 문을 잠가야 한다. 그러한 비밀스러움만이 우리의 기도하는 모습을 다른 사람들에게 '보이지' 않고 하나님과 친밀한 교제를 나눌 수 있게 한다. 존 크리소스톰은 이렇게 기록했다. "우리는 왜 기도하는가? 하나님을 가르치기 위해서가 아니라 주님과 영원히 함께하기 위해서다. 지속적인 간구를 통해 주님과 친밀해지기 위해서다. 겸손해지기 위해서다. 우리의 죄를 깨닫기 위해서다." 그리고 그러한 기도는 '은밀함' 가운데 이루어지는 기도라고 강조한다.

　셋째로, 예수님은 우리가 금식할 때 팡파르를 불지 말라고 하신다. 금식할 때 참회의 옷을 입거나, 얼굴에 재를 발라서 다른 사람들이 보기에 우리가 금식한다는 사실을 알게 하지 말라는 말씀이다. 우리의 겉모습은 평소 때와 같아야 한다. 얼굴을 씻고 기름을 바르는 것이 예수님 당시의 평범한 모습이었다. 우리가 금식하고 있다는 사실을 다른 사람들에게 알리는 것은 사람들에게 보이기 위함이지 하나님과 친밀해지고, 우리를 영적으로 훈련시키는 금식이 아니다.

겸손: 허영의 반대

예수님은 우리가 의를 행할 때 다른 사람들이 우리를 어떻게 생각할지에 대하여 전혀 관심을 갖지 말라고 하신다. 그것이 허영의 반대 개념인 겸손이다. 가장 좋은 예가 바로 예수님의 비유에 등장하는 바리새인과 세리의 기도 장면이다.

> 바리새인은 서서 따로 기도하여 이르되 하나님이여 나는 다른 사람들 곧 토색, 불의, 간음을 하는 자들과 같지 아니하고 이 세리와도 같지 아니함을 감사하나이다 나는 이레에 두 번씩 금식하고 또 소득의 십일조를 드리나이다 하고 세리는 멀리 서서 감히 눈을 들어 하늘을 쳐다보지도 못하고 다만 가슴을 치며 이르되 하나님이여 불쌍히 여기소서 나는 죄인이로소이다 하였느니라 내가 너희에게 이르노니 이에 저 바리새인이 아니고 이 사람이 의롭다 하심을 받고 그의 집으로 내려갔느니라 무릇 자기를 높이는 자는 낮아지고 자기를 낮추는 자는 높아지리라 하시니라(눅 18:11-14).

이 바리새인은 허영의 아주 완벽한 본보기다. 그는 지금 주변의 모든 사람들이 자신의 성취에 대하여 들을 수 있도록 큰 소리로 기도하고 있다. 반면에 세리는 자신의 가슴을 치며 죄를 고백하고 하나님의 자비를 구한다. 겸손이란 우리의 가슴을 치면서 죄를 공개적으로 고백해야 한다는 뜻은 아니다. 하지만 이 세리의 기도는 그의 겸손한 태도를 아주 잘 보여준다.

예수님이야말로 겸손의 최고 모범이시다. 만왕의 왕, 만주의 주님이 가난한 가정에 힘없는 어린 아기로 태어나셨다. 쫓기시며 아무도 주목하지 않는 지방에서 자라나셨다. 주님은 자신의 사촌에게 세례를 받았고, 제대로 교육받지 못하고 하찮은 장사꾼들을 모아 이곳저곳 돌아다니시면서 죄인과 버림받은 것으로 알려진 사람들과 함께 음식도 먹고 교제하셨다. 하나님의 아들이 아무런 명성도 없이 힘없는 사람들을 위해 자신의 권능을 내려놓으셨으며, 종국에는 은혜와 존귀 가운데 불의한 죽음을 맞아들이셨다. 헨리 나우엔(Henri Nouwen)은 이렇게 적었다. "나사렛 예수의 전 생애는 전적으로 상승을 거부하는 일생이었다."

허영의 치유

하나님 나라의 가르침과 세상 나라의 가르침은 정반대다. 하나님 나라의 가르침은 우리가 하나님께 소중한 존재라고 말한다. 하나님은 조건에 상관없이 우리를 사랑하신다. 우리의 가치는 우리의 성취 여하나, 다른 사람들이 우리를 어떻게 생각하느냐에 따라 좌지우지되지 않는다. 하나님의 사랑의 눈 앞에서 우리의 존재 가치가 드러난다. 우리가 승리하면 하나님이 우리를 사랑하신다. 우리가 패배해도 하나님은 우리를 사랑하신다. 우리가 금식하고 기도하고, 가난한 사람들을 구제하면 하나님이 우리를 사랑하신다. 우리가 이기적이고 죄로 물들어도 하나님은 여전히 우리를 사랑하신다. 하나님은 언약의 하나님이시다. 그러므로 하나님은 영원토록 불변하시는 하나님이

시다. 당신은 있는 모습 그대로 여전히 존귀하고 가치가 있고, 목숨을 내어 주어도 아깝지 않은 존재다.

바울은 이렇게 표현한다. "우리가 무슨 일이든지 우리에게서 난 것 같이 스스로 만족할 것이 아니니 우리의 만족은 오직 하나님으로부터 나느니라"(고후 3:5). 다른 사람들이 인정할 필요는 없다. 우리의 존재 가치는 다른 사람들의 의견에 달린 것이 아니라 하나님의 의견에 달렸다. 그분께 우리는 소중하고 값을 매길 수 없을 정도로 가치 있는 존재들이다.

"단 한분의 청중을 위하여 살라." 이 청교도 격언은 하나님 나라의 삶을 완벽하게 표현한다. 우리는 대부분 다른 사람들이 어떻게 생각할까, 우리에 대하여 어떻게 말할까에 집중하며 많은 청중을 의식하며 살아간다. 하지만 어떤 영역에서도 하나님이 우리를 어떻게 생각하실까, 어떻게 말해 주실까에 관심을 갖지 않는다. 우리가 우리의 마음과 생각을 위의 것에 집중하면(골 3:1), 다수의 청중을 신경 쓰는 삶에서 단 한분의 청중을 의식하는 삶으로 바뀐다. 진짜 중요한 것은 하나님을 위해 사는 삶이다.

존 캘빈(John Calvin)은 어떻게 하나님께 집중하면 우리가 진짜 누구인지를 잘 알 수 있게 되는지에 대하여 다음과 같이 말한다. "하나님의 얼굴을 구하기 전에는 절대로 자기 자신이 누구인지에 대한 올바른 지식을 가질 수 없다. 먼저 하나님의 얼굴을 구하고 묵상한 후에, 다시 내려와서 자기 자신을 묵상해야 한다." 다른 사람들의 얼굴이 아닌 예수님의 얼굴을 쳐다볼 때 비로소 진정한 자기 자신에 대한 지식이 생긴다.

물론 이것이 다른 사람들의 말과 시선에 신경 쓰지 말아야 한다거나 다른 사람들의 조언을 무시해야 한다는 뜻은 아니다. 하지만 우리는 우리의 생각을 하나님께 향해야 하고 하나님을 의식하면서 행동해야 한다. 그때에야 우리는 분별력을 가지고 다른 사람들의 평가에서 자유로워질 수 있다. 다른 사람들의 의견을 들을 수는 있지만, 사람들의 의견에 좌지우지되지 않는다.

하나님 나라는 진정한 평화를 찾을 수 있는 유일한 장소이다. 그래서 어거스틴은 이렇게 말했다. "주님 안에서 안식하기 전까지 우리 마음은 결코 안식할 수 없나이다." 우리가 세상의 '트로피'를 많이 받았더라도 우리는 결코 평안 가운데 안식을 누릴 수 없다. 왜냐하면, 우리의 성공과 성취는 일시적인 것이기 때문이다. 하지만 가장 중요한 분이신 사랑의 아버지께서 우리의 성취나 형편과 상관없이, 여전히 우리를 사랑하신다고 말씀하신다. 우리가 측량할 수 없을 만큼 가치 있는 존재라고 말씀하신다.

우리의 잘못된 사고방식이 하나님 나라의 새로운 사고방식으로 교체될 때, 우리는 게임을 하되 이기려고만 하지 않고, 사랑하되 돌려받으려고 하지 않고, 기도하되 스스로 독실하다고 느끼기 위해서 하지 않고, 섬기되 감사하다는 말을 들으려고 하지 않는다.

우리의 가치는 이미 정해졌다. 우리의 가치는 변하지 않고 안정적이다. 다른 사람들이 뭐라고 하든지 상관없이 우리는 사랑스럽고, 가치있는 존재들이다. 그러한 사고방식과 가르침이 우리 가슴속 깊이 스며들면 우리는 자유로운 사람들이 된다. 성 프란시스의 기도는 하나님 나라의 마음을 잘 나타낸다.

주여, 위로받기보다는 위로하고,

이해받기보다는 이해하며,

사랑을 받기보다는 사랑하게 해 주소서.

그런 사람들이야 말로 '부족함이 없는 사람들'이다. 그들은 하나님 나라의 강력한 기초에 근거하여 살기 때문에 위로받을 필요도 없고, 이해받을 필요도 없으며, 사랑받을 필요도 없다. 왜냐하면 그들은 이미 하나님께 다 받았기 때문이다. 대신에 그들은 다른 사람을 위로하고, 이해하고, 사랑하는 삶을 살 수 있다. 역설적이지만, 다른 사람을 위로하고 이해하고 사랑하며 사는 법을 배운 사람들이 가장 행복한 사람들이다.

 하나님 나라의 새로운 의식구조가 자신의 마음에 자리 잡기 시작한다는 느낌을 받은 적이 있는가? 그랬다면 당신의 행동은 어떻게 변화되었는가?

여전히 배우고 있는 세 가지

그 대학교 채플에서 집회를 인도하고 난 뒤에 계속해서 내게 가르침과 깨달음을 주는 세 가지 일들이 있었다. 첫째로, 그 집회를 다녀온 몇 달 뒤에 한 학생에게 편지를 받았다. 그 학생은 내가 집회를 인도하기 전까지 어두운 생각과 악몽으로 수개월을 고생했다고 한다. 그런데 하나님께서 내 설교를 통해 역사하셨다는 것이다. 성령님께서 그 학생의 마음을 만지시고 자신이 얼마나 가치있고 무조건적으로 사랑받는 존재인지를 깨닫게 되었다고 한다.

나는 그 편지에서 마음의 동기가 순수하지 않고 허영을 가진 사람도 하나님이 사용하신다는 사실을 배웠다.

둘째로, 그 집회가 끝난 지 2년이 지났을 때, 내 설교가 채플 설교 가운데 최고 30개의 설교를 뽑는 '베스트 채플 설교'에 뽑혀서 학교 웹사이트에 올랐다는 소식을 들었다. 그 소식을 듣고 물론 아주 기뻤지만, 한편으로 내가 허영에서 완전히 자유롭지 못하다는 사실도 깨달았다.

셋째로, 그 대단했던 기립 박수와 베스트 채플 설교에 뽑혔음에도 불구하고, 아직까지 그 학교에서 다시 초청받지 못했다. 안타깝게도, 나는 여전히 그런 것에 연연해하고 있다. 한편으로는 다시 한 번 그 학교에 가서 내 마음의 태도가 변화되었는지, 강단에 서서 다른 어떤 목적이 아닌 학생들이 선하고 아름다운 하나님께만 집중할 수 있도록 말씀을 전할 수 있는지 확인하고 싶은 마음도 있다. 어쨌든, 나는 하나님의 나라가 나에 관한 것이 아니라 예수님에 관한 것임을 잘 안다. 내 가치는 그 학교에 다시 강사로 초대를 받느냐 그렇지 않느냐에 달려 있는 것이 아니라, 내 안에 그리스도가 거하신다는 분명한 정체성과, 나는 하나님 나라에 거한다는 소속감에 달려 있다는 사실을 매우 잘 안다. 내가 그런 진리들에 집중할 때, 나를 잡고 휘두르던 허영은 나를 떠나게 될 것이다.

영혼의 훈련

은밀한 섬김

이번 주간에 해볼 영혼의 훈련은 다른 사람의 짐을 덜어주는 일을 최소한 다섯 가지 하는 것이다. 힘들어하는 사람을 돕는 일이라면 어떤 일이라도 좋다. 예를 들면, 빨래 대신 해주기, 다른 사람의 자동차 기름 채우기, 다른 사람 방 청소하기, 벽지 도배 도와주기, 교통편이 필요한 사람 목적지까지 태워다 주기, 혹은 다른 급한 일들 도와주기 등이다.

그 밖에 할 수 있는 다른 일들.

- 경청하기. 누군가에게 잘 들어주는 사람이 되라.
- 노숙자들을 위한 봉사 기관에서 저녁 시간 자원봉사하기.
- 자녀들의 숙제 도와주기.
- 점심시간에 다른 사람 차를 빌려서 깨끗하게 세차해서 돌려주기
- 도움이 필요한 사람을 보내달라고 하나님께 기도하기.
  하지만 이것은 특별한 주의가 요구된다!

지금 당장 이 다섯 가지의 은밀한 섬김을 실천해 보라. 도움이 필요한 사람들의 필요에 민감하게 친절을 베푸는 것은 정말 아름다운 일이다. 하지만 기억할 것이 하나 있다. 섬김을 은밀하게 실천해야 한다는 것이다.

우리는 자신의 선행을 누가 알아줬으면 하는 마음을 갖고 있다. 하지만 그러한 태도는 친절과 베풂의 의미를 잃어버리게 만든다. 왜냐하면 우리의 동

기가 만일 사람들의 인정을 받는 것이라면 이미 그 상을 받은 것이기 때문이다. 할 수 있다면 최선을 다해서 사람들이 알지 못하게 은밀한 선행을 베풀어 보라. 어쩌면 완벽하게 숨기는 것은 불가능할지도 모른다. 만일 사람들이 물어보면 거짓말은 하지 말아라. 그저 실천할 때 다른 사람들이 알지 않도록 조심해서 행하도록 하자. 때로는 당신의 선행이 부득이 알려질 수도 있다. 그때는 이렇게 말하라. "그냥 돕고 싶어서요. 별거 아닌데요……." 그리고 빨리 일상으로 돌아가라. 한 가지 마지막으로 주의할 점이 있다. 되도록이면 사람들에게 돈을 주지는 마라. 물론 물질적인 도움을 주어야 할 때도 있다. 하지만 이번 훈련은 당신의 시간과 에너지를 헌신해서 은밀한 섬김을 하는 것이 목적이지 돈을 나누어 주는 것이 목적이 아니다. 섬김의 행위가 물질적인 것으로 변질되지 않도록 주의하라. 다른 사람들의 필요를 채울 때 찾아오는 기쁨을 경험하라. 그렇게 함으로 마음에 보이지 않게 숨어 있는 허영의 손잡이를 깨뜨려라.

chapter

9

탐욕을 부리지 않고 사는 법 배우기

영혼의 훈련 : 가진 것을 나누기

| Learning to Live Without Avarice |

5학년 때, 진짜 굉장한 운동화 광고를 보았다. 하얀 바탕에 빨갛고 파란 줄무늬가 있었는데, 그 신발의 모든 게 멋졌다. 광고에서 내가 제일 좋아하는 선수가 그걸 신고 슬로우 모션으로 점프해서 끝도 없이 허공을 달려가는 모습이 그렇게 멋질 수가 없었다.

　이유는 모르겠지만, 그냥 그 신발을 꼭 가져야 할 것만 같았다. 정말 갖고 싶었다. 그러나 안타깝게도 신발의 가격이 우리 부모님이 평소에 사주시는 운동화에 비해 너무 비쌌다. 내가 신은 신발이 닳아 없어지거나, 내가 몇 달 만에 갑자기 커서 새로운 운동화를 구하지 않으면 안 되는 상황을 빼고는 사주실 것 같지 않았다. 그래서 집안일을 평소보다 더 많이 하겠다고 부모님께 제안하자, 그 정도로 갖고 싶다면 한번 고려해 보겠다고 하셨다. 신발을 향한 나의 열정은 결코 사그라지지 않았다. 몇 주가 지난 후 아버지는 진짜로 나를 그 성스러운 신발 매장으로 데려가셨고, 드디어 그 운동화를 샀다. 집으로 가져와서 정말 애지중지 아꼈다. 밖에서 농구할 때 신고 집에 와서는 닦고 또 닦았다. 몇 주 동안은 그 운동화를 매일 아침저녁으로 닦아서 처음 살 때 가져 온 상자 안에 넣고 신발 속에 들어 있던 티슈까지 집어넣어서 보관했다. 사실 그 운동화가 발에 꼭 맞지 않아서 편하지는 않았지만, 그래도 보물처럼 아꼈다. 그 운동화를 신고 운동을 했다고 해서 내가 전보다 더 빨라지거나 운동을 잘한 것은 아니었다. 하지만 나는 여전히 운동화를 사랑했고 몇 달 동안 지극 정성으로 잘 관리했다. 그런데 얼마 지나자 때가 타기 시작했고, 조금씩 닳았다. 그래서 집에 돌아와서도 더 이상 운동화 상자에 집어넣지 않게 되었다. 다른 평범한 신발들처럼 신발장에 던져 넣었다.

신발에 난 조그만 구멍이 점점 커져서 내 발가락이 삐져나올 정도가 되자 결국 쓰레기통에 버렸다. 그 성스러운 운동화를 쓰레기통에 버리던 날의 느낌을 아직도 생생하게 기억한다. 어떻게 그처럼 소중했던 것이 무가치해져 버릴 수 있을까? 늘 생각하고 돌보던 일들과 신발에 투자한 정성들을 생각해 보았다. 한때 그토록 소중히 여기던 것이었지만, 그렇다고 해서 다시 꺼내어 신고 싶지는 않았다.

거짓 가르침 : 물질이 행복을 가져다준다

그 신발이 왜 그토록 갖고 싶었을까? 무엇이 그처럼 그 운동화를 소유하고 싶게 만들었을까? 그때는 잘 몰랐지만, 지금은 아주 잘 알 것 같다. 내가 그토록 갖고 싶었던 것은 신발이 아니었다. 그 신발이 주는 느낌 때문에 그토록 원했던 것이다. 소비자의 대략 90퍼센트가 무의식중에 물건을 구입한다는 통계가 있다. 물건을 살 때 물건의 실제적 기능이 필요해서 구입하는 것이 아니라, 그 물건이 우리에게 이러저러한 유익을 준다는 판매자의 말 때문에 구입한다는 것이다.

우리를 물질만능주의로 이끄는 잘못된 이야기는 이런 식으로 전개된다.

*빈칸에 돈의 액수, 혹은 갖고 싶은 물건을 써넣으라.

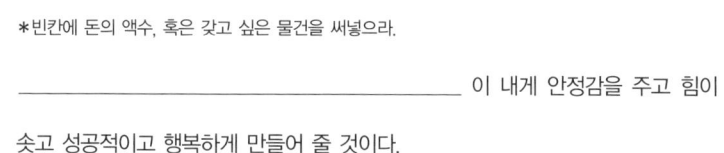 이 내게 안정감을 주고 힘이 솟고 성공적이고 행복하게 만들어 줄 것이다.

여기에 몇 가지가 약속되는지 보라. 안정감, 힘, 성공, 그리고 행복. 어떤 사람은 이렇게 반박할지도 모르겠다. "이봐요, 짐! 내가 지난주에 산 거라고는 휴지밖에 없는데 그 휴지하고 안정감, 힘, 행복이 무슨 상관이 있단 말입니까?" 물론 아무런 상관이 없을 수도 있다. (양말, 우유, 샴푸)같은 생필품의 경우에는 사실 이 잘못된 사고방식의 영향을 받는 것이 아니다. 하지만 어떤 화장지를 구입했는가? 어떤 매장에서? 얼마에 샀는가? 할인 혜택을 받았는가? 어떤 샴푸를 골랐는가? 광고에 나온 것처럼 머릿결이 반짝거리고 탄력 있고 아름다운 여인이 남자들의 시선을 한 몸에 받는 그 제품? 아니면 곁에 서 있는 여자가 넋을 잃고 쳐다볼 정도로 잘생긴 남자가 사용하는 그 데오드란트?

우리는 대부분 생존 때문에 물건을 사는 것이 아니라, 그 물건이 우리에게 주겠다는 약속 때문에 산다. 가정용 알람 시스템과 항균성 비누를 구입하는 이유가 혹시 광고가 말하는 것처럼 그것들 없으면 우리가 대단한 위험에 빠질 것처럼 생각되기 때문은 아닌가? 유명 디자이너가 만들었다는 옷, 침대 커버, 자동차를 구입하는 이유는 그것들이 성공을 대변하기 때문 아닌가? 우리는 우리가 구입하는 거의 모든 물건들이 우리를 행복하고 성공했다는 느낌을 갖게 해줄 것이라고 믿는다.

어떤 면에서는 그 말도 맞다. 그 운동화가 나를 행복하게 만들어준 것은 사실이다. 매일 아침 상자를 열 때마다 내 얼굴 표정이 환해졌다. 그러나 그것은 신발의 가죽이나 고무나, 색감 때문에 기분이 좋아진 것은 아니다. 신발이 갖는 의미, 신발이 내게 해줄 수 있는 그 무엇 때문에 기분이 좋아졌던 것이다. 신발이 가지고 있던 말할 수 없는 신비감이 내 무의식 속에 감추어진 욕구와 잘 맞아떨어졌다.

게다가 그 운동화는 탁월함, 수준, 그리고 멋진 이미지를 가진 상표를 단 제품이었다. 광고에는 그 신발이 빛이 나다 못해 거의 신성해 보이기까지 했다. 마치 다른 세계에서 온 것처럼 말이다. 내가 제일 좋아하는 선수가 그 신발을 신고 인간이 뛸 수 있는 가장 높은 것보다도 더 높이 점프를 했다. 내가 그 운동화를 가지면 나도 위대하고, 멋있게 될 수 있을 것만 같았다. 내가 우상처럼 여기던 그 선수처럼 더 높게, 더 멀리 뛸 수 있을 것 같았다. 그때는 내 마음에 그런 생각이 있었다는 것을 몰랐다. 그냥 단지 그 어떤 것보다도 그 신발을 갖고 싶었고, 그토록 원하는 것을 가지려고 열심히 일했을 뿐이다. 그리고 드디어 그것이 내 손에 들어왔을 때 정말 기분이 좋았다. 적어도 얼마 동안은 그랬다.

깊게 뿌리박힌 사고방식

우리의 생각은 많은 이야기로 각인되어 있다. 이러한 각인의 과정은 매우 일찍 시작되어 우리 삶의 여정 내내 지속된다. 특별히 기쁘거나 슬픈 감정을 동반한 특별한 경험들은 어떠한 생각을 더욱 깊이 우리 마음에 각인해 놓는다. 내 운동화에 얽힌 경험은 기분 좋은 경험이었다. 그 경험은 물질이 나를 행복하게 할 수 있다는 잘못된 생각을 갖게 했다. 나는 평생 그 잘못된 생각과 씨름해야 했다. 어린 시절에 받아들인 그 생각의 틀을 가지고 세상을 이해하기 시작했다. 그 잘못된 사고방식에 의존해서 산 물건은 그 운동화뿐이 아니었다.

물건을 구입하거나, 돈이나 물질을 다루는 방식은 우리의 어린 시절 물질에 관련된 어떤 경험과 밀접한 관계가 있다. 미국에서 인기 있는 재무관리사 수즈 오만은 자신이 어렸을 적에 아버지 회사에 불이 났는데, 아버지가 불타는 건물 안으로 달려가 불에 달궈져 뜨거운 금고를 맨손으로 들고 뛰어나오던 장면을 생생하게 기억한다고 말한다. 그녀의 아버지는 화상 때문에 그을린 손을 움켜쥐고 땅에 엎드려 뒹굴며 괴로워했다고 한다.

바로 그 순간이 그녀를 영원히 변화시켰다고 한다. 너무 어려서 무슨 일이 있었는지 다 이해할 수는 없었지만, 한 가지 분명한 생각이 깊이 각인되었다. 돈이라는 것은 불타는 건물로 뛰어들어가 목숨을 걸고 가지고 나올 정도로 귀한 것이다. 그러므로 돈을 절대로 함부로 여겨서는 안 된다. 그녀는 자신이 돈을 관리하는 사람이 된 이유를 그때의 경험 때문이라고 했다. "그때부터 돈을 버는 것, 그것도 아주 많이 버는 것이 내 직업을 선택한 동기가 되었을 뿐 아니라, 최고 우선순위가 되었다."라고 말한다.

수즈 오만의 사고방식은 고통스러운 경험을 통해 형성되었다. 내 경우는 긍정적인 경험을 통해 만들어졌다. 내가 운동화를 갖게 되었을 때, 기분을 좋게 하는 호르몬인 도파민이 머릿속으로 빨려 들어오는 기분이었다. 그 정도로 기분이 좋았다. 그때부터 몇 주 동안은 그 신발 때문에 기분이 좋았다. 그때 다음과 같은 생각이 내 의식에 깊숙이 자리를 잡았다. 멋진 물건을 사는 것은 정말 재미있어! 감정은 시간이 지날수록 약해지지만, 그 사고방식은 남았다. 그리고 내 몸과 마음의 일부가 되었다.

우리를 움직이는 사고방식, 즉 이야기는 무의식 가운데 발전한다. 맨손으로 불붙은 금고를 들고 나오는 아버지를 지켜본 것처럼 충격적인 사건이나 아주 중요한 순간이 물질이나 돈에 대한 우리의 사고방식을 만든다. 이 잘못된 사고방식의 핵심-돈을 절약하든지 펑펑 써버리든지-은 앞에서 다룬 잘못된 사고방식, 즉 "어차피 인생에 넌 혼자야-구두쇠처럼 모으든지 탕자처럼 쓰든지-네 마음대로 해"라는 것과 닮았다. 가진 것이 없으면 무시당할지도 모른다거나 우리의 미래를 보호하기 위해서는 돈을 모아야 한다는 두려움에 의해 삶이 조정되는 것이다.

 돈이나 부의 영역에서 자신의 사고방식을 형성하는 데 직접적인 영향을 준 어린 시절의 사건이 있다면 이야기해 보라.

탐욕이란 무엇인가

예수님은 허영을 다른 사람들에게 좋게 보이고자 하는 욕심이라고 가르치셨다. 마찬가지로 산상설교에서 인간의 악한 성품 중 하나인 탐욕에 대해 말씀하셨다. 탐욕은 돈이나 물질에 대한 지나친 욕심을 말한다. 탐욕은 욕심과는 성격이 조금 다르다. 우리는 관심, 음식, 쾌락 등 많은 것에 욕심을 부린다. 욕심은 필요한 것보다 더 많이 원하는 것이다. 탐욕은 욕심 가운데서도 특별히 돈과 물질에 대한 욕심이다. 놀랍게도 인색함과 사치는 그 뿌리가 같은 탐욕이다. 겉으로 드러나는 것은 달라도 그 둘은 같은 믿음을 가지고 있다. (사용하든지, 모으든지 간에) 돈이 사람을 행복하게 해준다.

에피투미아나 허영과 마찬가지로 탐욕은 채워지지 않는 욕망이다. 한 번 뿌리를 내리면 항상 더 많이 원하게 만든다. 세상에서 가장 부자였던 존 록펠러(John D. Rockefeller)가 한번은 기자에게 자신은 행복하지도 않고 만족스럽지도 않다고 말했다고 한다. 그래서 그 기자가 돈을 얼마만큼 더 가지면 행복해질 것 같으냐고 물었더니, 록펠러가 다음과 같은 유명한 말을 남겼다고 한다. "지금보다 조금만 더." 두려움은 언제나 우리가 가진 돈보다 앞서가기 때문에, 우리에게는 결코 만족함이 없다. 기억할 것은 우리가 가진 잘못된 생각은 항상 '나는 혼자다'라는 두려움에 그 뿌리를 두고 있다는 것이다. 하나님 나라 밖에 거하는 사람에게 자기 인생은 스스로 책임져야 한다. 그렇기 때문에 자기가 가진 소유를 의지할 수밖에 없다.

혼자라는 외로움과 두려움 속에 있는 사람에게 탐욕은 이렇게 속삭인다. "돈이 너를 행복하게 만들고, 안전하게 지켜줄 거야. 네게 돈이 많으면 다른 사람들이 너에게 관심을 갖게 될 것이고, 돈은 네게 힘도 가져다 줄 거야." 언제나 그렇듯이, 이것은 부분적으로는 맞다. 은행에 돈을 많이 가지고 있으면 마음이 든든하다.

돈이 많으면 갚을 돈들도 다 청산할 수 있고, 인생을 즐길 수 있게 해주고, 삶에 여유를 가져다 준다(휴가, 물질적 필요를 채움).

그리고 진짜로 좋은 _____ (신발, 자동차, 집, 훌륭한 음식)이 너를 기분 좋게 해줄 거야.

그렇기 때문에 '돈이 나를 행복하게 해준다' 는 신념이 적어도 부분적으로는 진실이다. 뭔가 특별한 것을 샀을 때 기분이 아주 좋아진다는 것은 다 아는 사실이다. 사람들에게 크리스마스 때 받은 선물 중 가장 좋아하는 것이 무엇이냐고 물으면, 그 선물을 생각하면서 표정이 밝아지는 것을 볼 수 있다. 얼굴에 기쁜 표정이 역력하다. 처음으로 자동차를 장만했을 때의 기분은 어떠했는가? 자유! 재미! 물질적인 것들이 우리에게 행복과 기쁨의 감정을 가져다 주기도 한다.

하지만, 별로 오래지 않아 처음에 가졌던 그 기쁨이 점점 사라진다. 장난감이 방구석으로 치워지고, 내가 지금 갖고 있는 자동차에 비하면 처음에 샀던 차는 별로인 것 같고, 지금 살고 있는 집도 이웃집과 비교하면 별로인 것 같고……. 시간이 지날수록 욕심이 끝없이 더 생긴다. 오늘 사는 많은 물건들이 내일은 쓰레기장으로 갈 것들이다. 우리는 돈과 소유가 우리를 안전하고 행복하게 만들어 줄 것이라는 거짓말을 구입하는 것이다. 하지만 얼마 지나지 않아 우리를 실망시킨다. 하나님 나라 밖에는 돈과 물질이 우리의 필요를 채우는 유일한 대안이다. 그러나 감사하게도, 우리는 하나님 나라 밖에 있는 사람들이 아니라 안에 거하는 사람들이다.

예수님의 가르침 : 보물, 눈, 그리고 주인

하나님 나라의 경제 원리는 세상의 경제 원리와 대조적이다. 예수님은 우리가 가진 잘못된 가르침, 즉 세상의 경제 원리를 하나님 나라의 경제 원리로 바꾸시기 위해 세 가지 비유를 사용하셨다. 두 가지 보물, 두 가지 관점, 그리고 두 종류의 주인.

1. 두 종류의 보물

> 너희를 위하여 보물을 땅에 쌓아 두지 말라 거기는 좀과 동록이 해하며 도둑이 구멍을 뚫고 도둑질하느니라 오직 너희를 위하여 보물을 하늘에 쌓아 두라 거기는 좀이나 동록이 해하지 못하며 도둑이 구멍을 뚫지도 못하고 도둑질도 못하느니라 네 보물 있는 그 곳에는 네 마음도 있느니라 (마 6:19-21).

예수님은 두 가지의 보물들이 있다고 가르치신다. 세상의 보물, 하늘의 보물. 세상의 보물은 돈이나 물질로 이루어진다. 도둑이 훔칠 수 있고, 좀이 갉아먹거나 동록이 부식시킬 수 있는 것들이 바로 이 땅에 속한 보물들이다. 그것들은 임시적인 것들이다. 내 어린 시절 운동화는 세상의 보물이었다. 비록 좀이 갉아먹은 것은 아니지만, 신을수록 찢어지고 닳아버렸다. 하늘의 보물은 하나님이 하시는 일들과 관련이 있다. 하나님은 사람들을 도우신다. 그러므로 하늘에 보물을 쌓는 최상의 방법은 마태복음 6장 33절 말씀대로 사는 것이다. "그런즉 너희는 먼저 그의 나라와 그의 의를 구하라 그리하면 이 모든 것을 너희에게 더하시리라." 그의 나라를 먼저 구하는 것은 우리로 하여금 다른 사람들을 사랑하게 만들 것이다(또한 그 사랑 때문에 그 사람들을 돕게 될 것이다).

그렇다면 무엇이 우리의 '보물'일까? 달라스 윌라드는 이렇게 설명한다. "그가 보호하고 간수하고 지키려는 대상이 보물이다." 인간은 누구나 뭔가를 보물처럼 여기게 되어 있다. 예수님은 무엇인가를 소중하게 여기는 것을 하지 말라고 금하신 것이 아니라, 무엇을 소중하게 여길 것인가에 대하여 가르치신다. 자동차는 영원히 우리와 함께 있을 수도 없고 사랑을 돌려줄 수도 없기에 보물로 여겨서는 안 된다. 하지만, 우리의 배우자나 친구를 보물처럼 여기는 것은 아주 좋은 투자다. 배우자나 친구는 영원한 영적 존재고, 우리와 함께 사랑을 나눌 수도 있고, 세상에 축복의 통로로 쓰일 수 있기 때문이다.

우리의 시간과 물질과 감정의 에너지를 이 땅의 보물에 투자할 것인가 아니면 하나님 나라에 쌓을 것인가 선택할 수 있다. 하지만 우리는 대부분 두 가지 모두 포기하지 못한다. 예수님이 우리의 우선순위를 바로 잡을 수 있도록 도우신다. 우리는 매일 우리가 품은 신념에 따라 수많은 선택을 한다. 우리가 예수님의 가르침을 수용하면, 즉 물질에 소유되는 것이 아니라 물질을 소유하면 우리에게 주어진 물적 자원들을 정말 존귀하게 사용할 수 있다.

천국의 보물은 칭찬받을 만한 업적을 통해 쌓는 것이 아니다. 그것은 하나님 나라에 속하며 하나님 나라의 우선순위를 따라 살 때 저절로 쌓인다. 어떤 사람들은 예수님의 가르침을 곡해하여 선행을 많이 하면 하늘나라에서 좋은 집을 갖게 될 것이라고 말한다. 그러나 그것은 전혀 사실이 아니다. 우리의 선행은 하나님께 가까이 나아가게 하고, 그리스도의 성품으로 덧입는 데 도움이 될 뿐이다.

2. 두 종류의 눈

> 눈은 몸의 등불이니 그러므로 네 눈이 성하면 온 몸이 밝을 것이요 눈이 나쁘면 온 몸이 어두울 것이니 그러므로 네게 있는 빛이 어두우면 그 어둠이 얼마나 더하겠느냐(마 6:22-23).

이 구절에서 예수님은 관용적인 표현을 사용하셨기 때문에 오늘날 이해하기가 쉽지 않다. 예수님 당시에 '눈이 나쁜 사람'은 인색하고 시기심이 많고 질투심이 많은 사람을 의미했다. 눈이 성한 사람은 베풀기를 좋아하는 사람을 의미했다. 만일 오늘날 예수님이 말씀하셨으면 다음과 같은 비유로 하셨을 것이다. "네가 인색하게 두 손을 꽉 쥐면 네 영혼은 쭈그러들 것이고, 네 두 손을 활짝 펴서 열면 네 영혼이 활기차게 될 것이다." 예수님 말씀의 핵심은 하나님 나라의 경제 원리를 통하여 제자들이 자신의 소유와 물질을 넉넉하게 베풀고 살기를 바라신 것이다. 넉넉함은 하나님 나라에 사는 사람의 좋은 표징이다.

3. 두 종류의 주인

> 한 사람이 두 주인을 섬기지 못할 것이니 혹 이를 미워하고 저를 사랑하거나 혹 이를 중히 여기고 저를 경히 여김이라 너희가 하나님과 재물을 겸하여 섬기지 못하느니라(마 6:24).

마지막 비유에서 예수님은 논리적이나 쉽지 않은 진리를 가르쳐주신다. 그것은 우리가 이 땅의 보물과 하나님 나라를 동시에 섬길 수 없다는 것이다. 맘몬은 부나 부를 상징하는 모든 것의 통칭이다. 예수님은 맘몬이 하나님의 경쟁자라고 말씀하신다. 학자들은 맘몬이라는 표현이 히브리 문화에서 부정적으로 사용된 적이 없다고 한다. 그러므로 부는 하나님의 축복의 표징이라고 믿었던 당시의 청중들에게 예수님의 말씀은 가히 충격적이었을 것이다. 왜 예수님은 그토록 담대하게 부를 신적인 존재에 비교하셨을까?

돈과 부는 여러 가지 면에서 신적인 존재다. 첫째로, 돈의 수명은 우리의 인생살이보다 길다. 어쩌면 돈은 거의 영구적이다. 둘째로, 돈의 영향력은 상당히 크다. 누구나 돈을 경외한다. 사람들이 부자는 싫어하지만, 부자들이 가진 돈을 싫어하지는 않는다. "돈이 말하고 사람들은 귀 기울인다. 셋째로, 부는 우리가 하나님께 원하는 것을 줄 수 있는 척한다. 안정감과 평안함과 행복을 돈이 대신 줄 수 있다고 믿게 만든다. 이것이 바로 우리가 돈을 섬길 경향이 높다고 말하는 이유다.

하지만 돈과 부와 물질적 소유가 진짜 중요한 이슈는 아니다. 중요한 것은 우리의 마음 자세다. 매우 가난한 사람도 돈을 섬길 수 있고, 부자도 하나님 나라의 태도를 가질 수 있다. 겉으로 드러나는 것이(부유함 또는 가난함) 중요한 것이 아니다. 보이지 않는 내면의 태도, 즉 우리의 마음이 어디에 집중하고 있는가 하는 것이 진짜 중요하다. 예수님이 돈과 하나님을 비교한 것은 우리 마음속에서 돈과 하나님이 경쟁하기 때문이다.

돈과 하나님을 동시에 섬기는 것은 불가능하다. 왜냐하면 그 둘은 관심사가 서로 정반대이기 때문이다. 하나님은 우리가 맘몬을 거부하고 행복과 평안을 주시는 하나님을 믿고 따르기를 원하신다. 맘몬 역시 우리가 하나님을 부인하고 부를 통하여 행복을 추구할 것을 원한다. 우리는 동쪽과 서쪽을 동시에 갈수 없다. 위와 아래를 한꺼번에 쳐다볼 수 없듯이, 하나님과 맘몬을 동시에 섬길 수 없다. 그 둘은 완전 반대이기 때문이다.

우리가 투자하는 두 종류의 보물(하늘의 보물과 이 땅의 보물)이 있고, 두 종류의 눈(베푸는 마음과 인색함)이 있고, 우리가 섬기는 두 신적인 존재(하나님과 맘몬)들이 있다. 이 땅의 보물들은 일시적이다. 그러나 하늘의 보물은 영원하다. 지혜로운 선택은 뻔하다. 인색한 사람들은 자기중심적이고 기쁨을 누리지 못한다. 넉넉하게 베푸는 사람들은 베풀고 나누기 때문에 기쁨을 경험한다. 베푸는 것이 지혜로운 선택이다. 마지막으로 맘몬은 평화와 행복을 줄 수 있다고 말하지만 실패한다. 하나님이 약속하신 평화와 행복은 언제나 우리에게 주어진다. 누구에게 우리의 충성을 바칠 것인가? 사랑 많고 베푸시며 영원하신 아버지에게 충성해야 한다. 예수님이 우리를 부끄럽게 만드시려는 것이 아니라, 다만 우리에게 좋은 투자에 관해 조언하시는 것이다. 왜냐하면 주님은 하나님 나라의 속성을 잘 알고 계시기 때문이다.

 이 본문이 말하는 바에 대하여 이전에는 어떻게 이해하고 있었는지 나누어보자.

탐욕의 치유

예수님은 하나님 나라가 어떻게 움직이는지 잘 아셨다. 하나님 나라는 이 땅의 경제원리와 전혀 반대의 원리로 움직인다. 우리는 다음과 같은 하나님 나라의 원리를 품고 살아간다. "하나님께서 내게 채우시고 나를 보호하신다. 그러므로 나는 먼저 그의 나라를 구하고 내게 허락하신 자원들을 하나님의 일에 투자할 수 있다." 하나님 나라는 우리에게 돈에 대한 새로운 관점을 갖게 한다. 하나님은 우리의 최선을 알고 계시고 다함이 없는 자원을 공급하시는 분이다. 하나님은 우리가 구하는 것에 부족함이 없으시다.

하나님은 우리의 필요를 어떻게 채우시는가? 하늘에서 돈을 뚝 떨어뜨려주시거나 은행구좌로 입금시켜 주시지는 않는다. 하나님은 사람들을 통하여 돈과 자원을 움직이신다. 항상 그렇다. 그것이 바로 하나님 나라의 경제원리다. 하나님께서 사람들을 통하여 돈을 사용하실 때, 주님은 가져가셨던 그것을 돌려주신다. 이것이 또 다른 하나님 나라 경제원리의 중요한 열쇠다.

하나님 나라의 원리에 의해서 누군가에게 준 돈은 결코 잃어버린 돈이 아니다. 한 번은 차 수리비가 모자라다는 어떤 신자에게 300달러를 빌려준 적이 있었다. 그렇게 잘 알고 지내던 사람은 아니었다. 그 사람은 돈이 필요했고, 나는 도울 수 있는 여유가 있었다. 내게 꼭 갚겠다고 약속했지만, 그 약속을 지키지 않았다. 3년이 지난 후 내가 친구에게 이렇게 물었다. "내가 그 사람에게 전화를 걸어서 돈을 갚으라고 해 볼까?" 내 친구가 물었다. "짐, 그 돈이 그립나?" 나는 아니라고 대답했다. 이 사건은 내게 하나님은 누군가를 돕기 위해 다른 사람의 돈을 사용하시기도 한다는 것을 깨달았다. 그리고 지혜롭고 분별력있게 줄 수만 있다면 그 돈은 결코 잃어버린 돈이 아니라는 사실을 배웠다. 나는 300달러를 잃어버린 것이 아니다. 누군가에게 베푼 것이다. 그리고 하나님은 그것을 심으셨기 때문에 나는 절대로 잃어버린 것이 아니다.

내 친구가 내게 했던 말을 다시 묵상하면서 지난 3년 동안 우리 딸아이 때문에 갑작스럽게 돈이 필요했던 때가 있었는데, 그때가 생각났다. 병원비로 500달러를 내야 했는데, 돈이 없었다. 그러다가 병원비를 정산하는 바로 그 날, 익명으로 된 편지 한통을 받았다. 편지에는 "당신을 위해 기도하다가 어쩌면 이것이 필요할지도 모른다는 생각이 들었습니다." 그 편지 속에는 500

달러짜리 수표가 함께 들어 있었다. 나는 모자란 병원비를 걱정할 틈도 없었다. 하나님께서 당신의 필요를 위해서 우리 돈을 사용하시면, 반드시 갚으신다. 바로 이것이 하나님 나라의 경제원칙이다.

이 주제에 대하여 너무나도 잘못된 가르침들이 많기 때문에 다시 한 번 강조해야 할 필요를 느낀다. 하나님 나라의 경제원리는 투자전략이 절대 아니다! 한 번은 밤늦게 기독교방송에서 어떤 설교자가 이렇게 말하는 것을 들었다. "혹시 시청자들 중에 우리 사역을 위해 오늘 천 달러를 보내주시면, 하나님께서 만 달러로 갚아주실 것입니다." 그리고 나서 어떤 부부가 자신들이 갖고 있던 마지막 돈을 다 긁어서 그 사역에 헌금했더니 나중에 엄청난 부자가 되었다는 간증을 했다. 그것은 돈에 대한 예수님의 가르침에 위배된다. 그러한 불순한 동기(더 많은 돈이 생기기를 바라는 마음으로 헌금하는 행위)로 헌금을 하는 것은 탐욕의 노예가 되어 잘못된 방법으로 헌금하는 것이다. 천국 백성은 탐욕에서 자유로워야 한다. 예수님의 이름을 팔고, 사람들의 두려움과 욕망을 이용해서 그들이 열심히 일해서 번 돈을 자신들의 개인적인 이익을 챙기려고 헌금하게 만드는 사람들이 있다는 것은 참 부끄러운 일이다.

일단 하나님 나라의 경제원리를 이해하고 나면 예수님의 가르침을 더 쉽게 이해할 수 있을 것이다. 이 땅의 보물은 썩는다. 하늘나라의 보물(하나님께서 하고 계신 일에 동참하는 일)은 영원한 이자와 함께 축적된다. 인색한 사람들은 하나님 나라의 경제원리를 이해하지 못하고 사람들에게 나누고 베풀면 손해라고 생각하고 나누는 것을 두려워한다. 맘몬은 우리가 섬길 대상이 아니다. 맘몬은 우리가 투자한 것을 돌려주지 않을 뿐 아니라, 가진 것을 모두 빼앗고 우리를 노예로 전락시켜 버린다. 하나님은 우리가 다른 사람들보다 돈을 더 사랑하는 집착에서 우리를 자유롭게 해방시키신다. 우리가 투자한 것을 돌려받지 못하게 될까 봐 염려하는 대신에 제자들은 '하나님 나라를 위한 환수'에 관심을 갖는다. (이 표현은 기독교인이면서 사업가인 내 친구 트레보가 만들어 낸 말이다.) 하나님이 하시는 일에 투자하면 하나님 나라가 확장되는 것이 그 투자의 환수다. 신발, 자동차, 주식에 투자하는 것은 하나님 나라를 위한 환수를 보장받지 못한다.

하지만, 이러한 하나님 나라의 경제원리들은 실천하기가 어렵다. 맘몬은 그 촉수를 사방에 뻗쳐서 우리 삶의 모든 영역에 교묘하게 들어와 우리를 끌어들인다.

종교와 상업, 하나님과 우상

최근에 신경학자들이 신앙을 가진 사람들에게 기도나 예배, 홀로 있음의 시간들을 통해 하나님을 가까이 경험했던 순간을 기억해 내보라고 한 후 그들의 뇌를 관찰한 적이 있다고 한다. 그리고 다시 똑같은 사람들을 유리벽 뒤쪽에서 향이나, 성상 등의 사람들이 하나님을 경험할 수 있게 도와주는 종교적인 이미지들을 보여주었다고 한다. 사람들이 하나님을 경험했다고 느끼는 순간 그들의 뇌의 똑같은 부분(caudate nucleus, 미상핵이라고 불림)이 활동한다는 사실이 밝혀졌다. 이 미상핵이라고 불리는 부분은 물론 뇌 속에 따로 있는 '하나님 영역'은 아니다. 그저 사람들이 신적인 경험을 떠올릴 때 반응이 나타나는 뇌의 일부분이다.

그런데 더 재미있는 것은 신경학자들이 비슷한 실험을 다른 사람들에게 해봤는데, 이번에는 물건을 보여주었다고 한다. 잘 나가는 브랜드의 물건들을 보여주면서 그 사람들의 뇌를 관찰했더니 뇌의 똑같은 부분이 밝아지는 것이 발견되었다고 한다.

신경학자들은 어떤 특정 상표의 물건들을 구입했을 때의 감정과 깊은 종교적인 체험을 했을 때의 감정이 거의 같은 반응을 가져온다는 사실을 발견했다.

마틴 린즈스트롬(Martin Lindstrom)은 이렇게 말했다.

> 사람들이 아주 잘나가는 브랜드–아이팟, 할리 데이비슨, 페라리 등과 같은–의 이미지를 연상했을 때 그들의 뇌에서 종교적인 이미지를 봤을 때와 똑같은 패턴이 발견되었다. 요점은 사람들의 뇌 변화를 관찰했을 때 종교적인 아이콘이나 이미지에 반응하는 것이나 강한 브랜드에 끌리는 반응 사이에 별 차이가 없다는 사실이다.

이것이 바로 예수님이 맘몬을 하나님의 경쟁 신이라고 부르신 이유다. 또한 내가 왜 그토록 광고 속 운동화를 신고 싶었는지를 잘 설명해 준다.

오늘날 미국 문화 속에서는 맘몬의 유혹을 피하기가 쉽지 않다. 광고 회사들은 사람들의 두려움과 욕망을 어떻게 이용해야 할지를 너무 잘 안다. 우리가 60살이 될 무렵이면, 2백만 편이 넘는 광고를 접하게 되는데, 이것은 아무것도 안하고 하루 여덟 시간씩 꼬박 일주일 동안 광고를 봐도 6년을 봐야

다 볼 수 있는 양이라고 한다. 광고 회사들이 사람들의 욕망에 도전하는 한편, 광고 메시지를 통해서 자사 물건을 사도록 소비자들의 두려움을 자극한다. 린즈스트롬은 이렇게 설명한다.

> 실제적으로 내가 생각할 수 있는 모든 브랜드가 직간접적으로 소비자들의 두려움을 자극하고, 그 두려움을 이용한다. 우울증을 막기 위해 약을 구입하고, 비만을 예방하려고 살 빼는 약을 먹으며, 헬스클럽 멤버십을 구입하고, 나이 들어 보이는 것이 두려워서 주름 펴는 크림을 구입하고, 심지어는 하드 드라이브를 사이버 테러로부터 예방하기 위해서 소프트웨어를 구입한다. 내 예상으로는 얼마 지나지 않아 미래의 광고 전략들은 더욱 소비자들의 두려움을 공략할 것이고, 결과적으로 자신들의 물건을 구입하지 않으면 안전을 보장받지 못하거나, 덜 행복하고 덜 자유롭고, 자기 삶의 주도권을 갖지 못할 것이라는 느낌이 들게 만들 것이다.

이것이 바로 하나님 나라에 거하는 것만이 탐욕을 치유하고 맘몬의 유혹을 이겨낼 유일한 길이다. 우리가 누구인지(그리스도가 거하는 사람), 어디에 소속되어 있는지(강력하고 안전한 하나님 나라)를 분명하게 알기 때문에 두려움에 맞설 수 있다.

 어떤 특별한 물건을 구입했을 때와 종교적인 경험이 주는 희열이 같다는 말에 어느 정도 공감할 수 있는가?

제자들은 꼭 가난하게 살아야 하는가?

예수님은 부자 청년에게 거듭나 영생을 얻기 위해서는 모든 소유를 팔아 가난한 사람들에게 나누어 주고 예수님을 따라야 한다고 말씀하셨다(눅 18:18-23). 많은 사람들이 이것을 예수님을 따르는 모든 사람들에게 요구하신 것이라고 생각한다. 나는 하나님이 우리가 가난하게 살거나 거지처럼 사는 것을 원하지 않는다고 믿는다. 복음서를 살펴보면 어느 누구에게도 그렇게 명령하신 적이 없다.

나는 하나님께서 우리가 우리 자신과 가족들을 위해 기본적으로 필요한 물질을 가지는 것을 허락하신다고 믿는다. 이것은 우리가 살 집, 음식, 옷, 보험, 심지어는 여가를 위한 돈도 포함된다고 생각한다. 나는 하나님 나라와 우리의 편안한 생활을 위해서 우리가 가진 돈을 사용하는 것이 서로 상반하지 않는다고 생각한다. 오히려 가난이, 당신이 진짜 가난을 경험해 봤다면, 영적이지 않다고 생각한다. 가난은 영적이지 못할 뿐 아니라 오히려 악에 더 가깝다.

하지만 어디까지가 '꼭 필요한 적정량'의 물질인지를 고민할 필요가 있다. 그렇게 하기 전에 알아야 할 것이 있다. 세계 인구의 92퍼센트가 자동차를 가질 형편이 안 된다. 하지만 서구문화에서 자동차는 더 이상 사치가 아니라 생활을 위해 반드시 필요한 필수품이다. 그렇다면 집, 의료보험, 저축통장, 은퇴연금은 어떤가? 많은 사람들이 그 또한 필요한 물질이라고 하겠지만, 이 세상의 대부분의 사람들은 그것들 없이도 살아가고 있다는 사실을 기억해야 한다. 하지만 우리는 먼저, 이러한 질문을 하고 정확하게 답을 하기 위해서는 하나님 나라의 원리를 적용해야 한다.

그 다음 단계의 질문, 우리가 무엇까지는 가져도 되고, 얼마를 나누어 주고 베풀어야 하는가의 질문은 더욱 어려운 질문이다. 한 가지 분명한 것은 우리가 실제로 필요한 것보다 더 많이 가지고 있으며, 이 세상 대부분의 사람들은 필요한 것들조차 없이 살고 있다는 사실이다. 하나님 나라에 오래 거하면 거할수록 세상의 필요에 눈을 뜨게 된다. 하나님 나라의 경제원리에 입각해서 보면, 우리 자신이 더욱 즐거운 마음으로 나누고 베풀 수 있다는 사실도 발견하게 된다.

단순함의 자유와 자족의 기쁨

인색함이나 무책임은 하나님 나라의 해결 방법이 아니다. 하나님 나라의 해결책은 단순성(simplicity)이다. 단순성은 우리가 무엇을 구입할 것인지 결정하는 데 영향을 끼치는 내면의 태도다. 리처드 포스터(Richard Foster)는 단순성을 '외적 생활로 나타나는 내적 실재' 라고 정의했다. 첫째로 중요한 것은 내적인 실재다. 그 내적인 실재에는 부에 대해 올바로 생각하는 것, 부는 하나님이 공급하시는 것임을 아는 것, 그리고 부가 하나님 자리를 대신해서는 안 되는 것이 포함된다. 만일 우리가 그것들을 내적으로 제대로 알고 있지 못하면, 단순성을 추구하는 우리의 노력이 자칫 율법주의로 치달을 위험도 있다. 일단 우리가 내적 실재에 대하여 제대로 이해하면 외적 실재, 즉 생활 속 선택들에 영향을 끼칠 수 있다.

어떤 차를 타고 다녀야 하는가, 혹은 어떤 종류의 집을 소유해야 하는가에 대하여 율법적인 태도를 갖기 보다는, 어떤 규모가 큰 것(혹은 작은 것도 마찬가지)을 구입할 때 아래의 질문들을 스스로에게 해보는 것이 좋은 방법이다.

- 이것이 내게 정말로 필요한가?
- 이것이 내게 하나님 나라의 기쁨을 맛보게 할까?(잠시 왔다 가는 행복이 아닐까?)
- 이것을 구입하는 데 얼마까지 쓰면 천국 보물에 투자하는 것과 비교해서 마음이 자유로울 수 있을까?

이것이 우리의 돈을 사용하는 하나님 나라의 방법이다. 나는 누가 6천 원짜리 커피를 마시거나, 재규어를 운전하고 다니거나, 혹은 캐리비안에서 휴가를 보내는 것을 가지고 죄책감이 들게 만드는 일에는 관심이 없다. 대신, 나는 하나님 나라의 관점에서 성령의 인도하심을 따라 다른 사람들을 돕고 섬길 수 있도록, 그 사람들이 가진 물적 자원으로 좋은 선택을 할 수 있게 하는 일에 관심이 많다.

사도 바울은 돈이 악의 뿌리라고 말하지 않았다. 그는 돈을 사랑하는 것이 악의 뿌리라고 말했다. 돈을 사랑하는 것은 사람을 올무에 떨어뜨린다. 바울은 이렇게 조언한다.

그러나 자족하는 마음이 있으면 경건은 큰 이익이 되느니라 우리가 세상에 아무 것도 가지고 온 것이 없으매 또한 아무 것도 가지고 가지 못하리니 우리가 먹을 것과 입을 것이 있은즉 **족한 줄로 알 것이니라** 부하려 하는 자들은 시험과 올무와 여러 가지 어리석고 해로운 욕심에 떨어지나니 곧 사람으로 파멸과 멸망에 빠지게 하는 것이라 **돈을 사랑함**이 일만 악의 뿌리가 되나니 이것을 탐내는 자들은 미혹을 받아 믿음에서 떠나 많은 근심으로써 자기를 찔렀도다 (딤전 6:6-10, 강조체 첨가).

바울은 필요한 것들을 공급받는 것에 족한 줄 알아야 한다고 주장한다. 그 이상을 넘어가면 우리는 하나님이 아닌 맘몬을 섬기려는 유혹에 빠진다.

 단순성 면에서 당신은 어느 정도 수준인지 평가해 보라.

율법이 아니라 삶의 방식

우리는 끊임없이 율법을 만들어 내려는 유혹을 받는다. 기독교인은 모든 것을 가난한 사람들에게 나누어 주어야 한다. 예수님을 사랑한다면 고급 승용차를 타서는 안 된다. 가난한 사람들이 있는 한 예수 믿는 사람이 보석으로 자신을 치장하는 것은 명백한 죄악이다. 우리가 이처럼 율법 만들기를 좋아하는 까닭은 그 법들이 우리의 안전을 보장하고, 다른 사람들을 판단할 기준을 제공하고, 율법에 비추어 내 자신이 스스로 만족스러운 느낌을 주기 때문이다. 예수님께서 부자 청년에게 모든 재물을 팔아 나누어 주라고 말씀하셨지만(눅 8:22), 또 다른 구절에 보면 예수님의 발에 값비싼 향유를 부은 여인에 대하여 이렇게 말씀하신다.

> 제자들이 보고 분개하여 이르되 무슨 의도로 이것을 허비하느냐 이것을 비싼 값에 팔아 가난한 자들에게 줄 수 있었겠도다 하거늘 예수께서 아시고 그들에게 이르시되 너희가 어찌하여 이 여자를 괴롭게 하느냐 그가 내게 좋은 일을 하였느니라(마 26:8-10).

우리는 예수님의 가르침을 우주적인 법칙으로 적용하려는 유혹에 빠진다.

- 어떤 경우에도, 절대로 받아치면 안 되고 다른 쪽 뺨도 돌려 대야 한다. 심지어는 다른 사람이 맞고 있는 것을 봐도 도와주면 안 된다.
- 설령 그것이 관계를 깨뜨린다 할지라도 항상 진실만을 말해야 한다.
- 다른 사람들이 너의 기도하는 모습을 절대로 봐서는 안 된다. 예수님이 금하셨다!
- 모든 것을 다 나누어 주고, 가난하게 살아라. 그것이 예수님의 명령이다.

하나님 나라에 사는 것은 지혜가 필요하다. 그것은 예수님의 가르침이 모든 상황에 적용해야 하는 법칙이 아니라는 것도 포함한다. (물론 하나님을 사랑하고 자신을 사랑하고 이웃을 사랑하는 대사명은 예외다.) 예수님의 가르침은 법이라기보다는 하나님 나라를 살아가는 데 필요한 지혜와 통찰이다. 우리는 돈을 사용하는 방법, 우리의 소유에 대하여 어떻게 생각하는지, 그리고 소유에 대하여 하나님의 관점을 갖는 법 등에 대한 세밀한 고민이 필요하다.

그렇다면, 내가 지금도 멋진 운동화를 구입하고 싶을까? 아마도 그럴 것이다. 하지만 그러한 결정을 내리는 과정을 이제는 지금껏 내가 배우고 알게 된 하나님과 함께 하는 삶의 렌즈를 통해 볼 것이다. 하지만 내가 11살이었을 때처럼 그런 사소한 것들을 사랑하고 집착하거나 감정을 투자하지 않을 것이다. 그리고 그런 물건을 사기 전에 다음과 같은 질문에 먼저 답하려고 할 것이다. "내게 정말 필요한 물건인가? 그것들이 내게 진정한 만족을 주지 못할 것이라는 것을 알고 있는가? 하나님 나라에 투자할 여유가 없을 정도로 과하게 소비하는 것은 아닌가?"

오늘날 나는 하나님의 돈을(나는 청지기일 뿐이다) 내게 필요하지 않은 것에 사용하지 않는다. 하지만 그렇다고 내가 절대로 그러지 않으리라는 보장도 없다. 그래도 이전보다는 더 확실하게 안다. 나는 하나님의 자녀고, 율법 아래에 거하는 것이 아니라 그분의 풍성한 나라에 거하고 있다는 것을 확실히 안다.

영혼의 훈련

가진 것을 나누기

사람들은 대개 사순절 기간을 몇 주 동안 자기가 아끼는 것을 '포기'하는 기간으로 여긴다(그래서 커피, 초콜릿, TV 시청을 포기한다). 이번 주에는 당신의 소유를 나누어 주는 훈련을 해보기 바란다. 자신이 아끼지만, 다른 사람들에게 더 필요할 물건 다섯 가지를 골라서 나누어주라. 쓸모없는 물건이 아니라 상태가 좋은 물건이어야 한다. 다른 누군가에게 정말 도움이 될 만한 물건이어야 한다.

가능하다면 물건을 자신이 평소 알고 지내는 사람에게 나누어 주라. 내가 생각하는 나눔은 다음과 같다. 당신에게 세 대의 기타가 있다고 하자. 그리고 아는 사람 중에 한 사람이 기타를 배우고 싶은데 기타가 없다. 그 사람에게 기타 한 대를 나눠 주자. 당신이 가진 좋은 것 중에 친구가 갖고 싶은 것이 있다면, 그것을 나눠 줌으로서 축복의 통로가 되라.

나도 이 훈련을 한해 사순절 때 해본 적이 있다. 40일 동안 매일 하나씩 쓸 만한 물건을 필요한 사람들에게 나누어 주었다. 예를 들면, 나에게 아주 유명한 소설책 한 권이 새 책으로 있었는데, 어떤 친구가 그 작가를 너무 좋아했다. 그런데 그 친구는 그 책을 갖고 있지 않았다. 그래서 그 책을 선물로 줬다. 그녀는 아주 그 선물을 좋아했다. 또 한 번은 내게 아주 좋은 신발이 한 켤레 있었는데, 거의 신지 않은 새 신발이었다. 그래서 먼지를 털어내고 상이군인들이 운영하는 가게에 가져다주었다. 누군가 그 신발이 필요한 사람이 있을 것이라고 생각했고, 상이군인들도 그 신발을 팔아서 이익을 남길 수 있다면 좋겠다고 생각하니 내 기분도 좋아졌다.

  이 영혼의 훈련을 하는 사람들 중에 돈이 거의 없는 사람도 많이 있을 것이다. 내가 가르치는 학생들 중에는 정말 가난해서 나누어 주기는커녕 가진 게 거의 없는 사람도 있다. 만일 당신이 바로 그런 경우에 해당한다면, 그래도 괜찮다. 꼭 좋은 물건이 아니라도 작은 것들(CD, 책, DVD)이라도 다른 사람에게 필요한 것을 가지고 있을 것이다.

  또 어떤 사람들은 전혀 반대의 문제로 고민할 수도 있다. 창고에 필요하지 않은 물건으로 가득 차서 고민인 사람들도 있다. 그 사람들의 고민은 그 많은 물건들 중에서 쓸 만한 물건을 골라내는 것이다.

  어쨌거나 대부분의 사람들이 아끼는 것을 나누기 힘들어한다. 가진 물건에 대한 애착이 강한 사람들도 있다. 자신이 아끼던 물건이 다른 사람 손에 가는 것을 못 견디는 사람도 있다. 만일 당신이 지금 그런 느낌 때문에 힘들어한다면 이것을 다시 기억하라. "당신은 하나님 나라에 거하고 있으며, 당신을 행복하게 만들어 주는 것은 돈으로 살 수 있는 것이 아니다."

  마지막으로 주의 사항이 하나 더 있다. 물건을 나누어 주고 난 후, 다른 새 물건을 사고 싶은 유혹을 이겨내라!

  목표는 다음 주까지 5가지의 소유로부터 자유롭고 가벼워지는 것이다. 그 물건들이 꼭 필요한 사람의 손에 가게 되어 당신이 누리게 될 축복을 한번 생각해 보라. 그리고 이렇게 기도하라. "하나님, 이 물건을 통해 사람들이 기쁨을 누리도록 꼭 필요한 사람을 찾을 수 있게 도와주십시오." 당신의 나눔과 베풂 위에 하나님의 축복이 함께하시기를 빈다.

chapter
10

염려하지 않고 사는 법 배우기

영혼의 훈련 : 기도

| Learning to Live Without Worry |

우리 딸 메들린(Madeline)은 염색체 이상을 포함한 몇 가지 신체적 결함을 가지고 태어났었다. 그리고 이 세상에서 짧은 2년의 시간을 뒤로하고 먼저 하늘나라로 갔다. 그 아이가 이 세상에 머물던 2년 동안 내 생애 그 어떤 때보다 가장 많은 시간들을 염려하는 데 사용했던 것 같다. 부모로서 우리는 자녀들을 돌봐야 할 의무가 있다. 그렇기때문에 자녀들의 건강을 염려하는 것은 자연스러운 일이다. 내 생각에는 이 세상에 존재하는 염려의 대부분은 자녀를 향한 부모의 염려가 아닌가 싶다.

메들린을 키우면서 내 아내 메간과 나는 우리가 해결할 수 없는 일들 때문에 항상 염려와 걱정에 치여서 살았다. 메들린은 음식을 삼킬 수가 없어서 위장으로 연결된 호스를 통해 먹여야 했다. 시시각각 메들린의 체온을 점검해야 했으며, 또한 정기적으로 맥박을 확인해야 했다. 매주 각각 다른 병원

의사들에게 데려가서 진료를 받아야 했고, 갈 때마다 혹시 획기적인 약이 개발되거나 딸아이를 치료할 수 있는 방법이 생기지 않을까 기대감을 갖기도 했지만, 번번이 낙심해서 집으로 돌아오곤 했다. 겉으로는 낙관적인 척했지만, 속으로는 조용히 염려하고 있었다. 메들린이 하늘나라로 먼저 가자 상실감과 슬픔에 빠졌다. 그럼에도 불구하고 우리 부부에게 유일한 위안거리가 있었다면 그것은 바로 메들린의 건강에 대하여 더 이상 염려하지 않아도 된다는 것이었다.

우리 아들 제이콥은 지금 십대다. 이제 제법 청소년 티를 벗고 어른이 되는 중이다. 또 녀석은 나름대로 나와 내 아내의 신뢰를 많이 얻어 더 이상 부모의 간섭과 감시 없이 자유롭게 외출할 수 있는 나이가 되었다. 하지만 우리는 곧 새로운 걱정거리들이 생겼다. 애들한테 무슨 일이라도 생기면 어쩌지? 안전하겠지? 만일 누가 아들 차를 들이받기라도 하면 어쩌지? 우리 애가 잘못된 결정을 내려서 고통을 겪으면 어떻게 하지? 우리 인생에는 수많은 "만약에……어떡하지?"의 상황들이 있는데, 그 상황들을 너무 깊게 묵상하다 보면 그런 상황들에 짓눌리는 것 같은 경험을 하게 된다.

우리 딸 호프(Hope)는 이제 아홉 살인데, 그 애 때문에도 많은 걱정을 한다. 무엇보다 납치되면 어쩌나 하는 걱정을 한다. 그건 생각만 해도 몸서리쳐진다. 하지만 가끔 딸아이가 다니는 학교 주변을 배회하는 정신이 이상한 사람에 대한 이야기를 듣게 되면 걱정을 안 할 수 없다. 다른 부모들도 그렇겠지만 부모로서의 일상적인 걱정거리들도 있다. 건강하게 잘 자라겠지? 애가 살아가면서 특별히 어려운 일은 겪지 않겠지? 나는 우리 아이에게 좋은 아빠일까? 커 가면서 좋은 결정들을 내리겠지?

　자녀가 없다고 해서 걱정이 없는 건 아니다. 내 사랑하는 사람들과 친구들에 대한 새로운 염려들이 있다. 예를 들면 나이 드신 부모님이 또 다른 걱정거리다. 게다가 거의 매달 친한 사람이 갑자기 몹쓸 병에 걸렸다거나, 실직을 했다거나, 사랑하는 사람이 먼저 하늘나라로 갔다거나 하는 소식을 듣는다. 신문지상에는 화재, 살인, 납치와 강도사건 같은 끔찍한 소식들로 가득 차 있다. 인간의 일생 동안 염려는 피할 수 없는 것 같다. 그런데 문득 드는 생각이 우리 문화는 염려에 대하여 더 심각한 상태가 아닌가 싶다. 우리는 너무도 많은 두려운 일들에 노출되어 있기 때문에 걱정을 하지 않고 산다는 것은 거의 불가능한 것 같다.

두려움의 문화

　신문과 잡지를 더 많이 팔고, 저녁 뉴스 시청률을 높이는 최상의 방법은 무엇일까? 사람들의 공포와 두려움을 이용하는 것이다. 물론 언론의 기본적인 책임은 무시하지 않은 한도 내에서 그렇게 할 것이다. 뉴스 보도가 어떤 식인지 잘 알 것이다. "여러분 팔뚝의 작은 반점이 어쩌면 시한폭탄일 수도 있습니다. 오늘 밤 10시 뉴스에서 자세하게 보도해 드리겠습니다." 혹은 "본 방송의 독점취재 결과에 의하면, 물을 너무 많이 마시면 응급실로 실려갈 수도 있다고 합니다." 그런 방송을 듣는 순간 우리는 바로 겁에 질린다. 이를테면 낚인 것이다.

미디어가 사람들의 두려움을 이용하는 이유는 시청률을 높이기 위해서다. 스캇 베이더-사예(Scott Bader-Saye)는 이것을 '이익을 위한 두려움'이라고 부른다. 언론사 사장들이나, 광고주들, 그리고 정치인들은 종종 사람들을 조종하고 움직이기 위하여 두려움이라는 감정을 이용한다. 배리 글래스너(Barry Glassner)는 이 부분에 대하여 더 노골적으로 표현한다. "텔레비전 뉴스 프로그램들은 근거 없는 공포에 의존해서 프로그램의 수명을 연장해 나간다. 지방 방송국의 프로듀서들은 '내용이 끔찍할수록 뜬다'는 신조를 갖고 있다. 그래서 뉴스의 대부분은 마약, 범죄, 끔찍한 재난에 관한 내용들로 채워진다." 그리고 글래스너는 다음과 같이 덧붙였다. "1990년부터 98년 사이에 실제로 미국 전역의 살인 사건 발생률은 20% 하락했다. 하지만 주요 방송사가 내보낸 살인 사건의 보도 횟수는 600% 증가했다."

신문이나 방송을 안 본다고 해도 사실 우리는 너무 많은 걱정거리들에 파묻혀 산다. 과연 우리가 예수님께서 "염려하지 말라"(마 6:25)고 명령하신 대로 살 수 있을까?

 미디어의 영향력에 맞서기 위해 무엇을 할 수 있을까?

염려의 정의

염려의 원인에 대하여 살펴보기 전에, 주의 깊은 것과 염려하는 것의 차이를 먼저 구분해야 할 것 같다. 두 개의 개념이 비슷한 것 같지만, 염려는 조심스러운 것 혹은 주의 깊은 것과는 확실히 다르다. 물론 우리가 항상 주의를 기울여야 할 일들이 여러 가지 있다. 문단속 잘하기, 돈을 지혜롭게 사용하기, 미끄러운 도로 위를 조심스럽게 운전하기 등등……. 하지만 그런 것은 '염려'라고 부르지 않는다. 염려는 대개 우리가 계획을 세우고, 준비하고 합당하게 일을 처리한 후에도 여전히 남아 있는 걱정을 의미한다. 우리가 어떤 일에 대하여 계속해서 지속적으로 마음 졸인다면, 염려의 세계로 이미 넘어간 것이다.

염려는 '부적절한 두려움에 근거한 균형 잡히지 않은 걱정이다.' 어느 정도의 걱정, 주의 깊음 그리고 조심스러움은 필요하다. 하지만 염려는 그 정도가 걱정과 조심스러움의 수준을 넘어서 우리가 어쩔 수 없는 것까지 두려워하는 상태다. 염려는 불안으로 이어진다. 염려하지 않는데 불안해지는 것은 불가능하다. 우리가 이유 없이 불안감을 느낀다면 틀림없이 그것은 조심스러워 하거나 긴장한 탓이 아니라 우리가 염려하고 있기 때문이다.

물론 염려해야 할 일들은 여전히 염려해야 한다. 예를 들면, 안전벨트를 착용하면 사고를 당해도 생명을 건질 수 있다. 그리고 지혜로운 사람들이라면 예방 차원에서 꼭 안전벨트를 한다. 손을 정기적으로 씻는 것과 햇볕이 뜨거운 날 외출할 때 선크림을 바르는 것이나, 길을 건너기 전 양쪽을 모두 주의 깊게 살피는 것과 같은 일들은 꼭 해야 하는 것들이다. 그러나 예수님께서 산상수훈에서 가르치시고자 한 것은 위험을 피하는 법을 배우는 것이 아니다. 주님은 염려라는 것이 얼마나 헛되고 하나님 나라의 삶에 위배가 되는지를 설명하신 것이다. 우리가 책임감을 넘어 불안한 상태까지 가고 있다면 우리는 하나님과 하나님의 공급하심으로부터 등을 돌리는 것이다. 그럼에도 불구하고 우리가 지속적으로 염려하는 까닭은 염려가 우리에게 도움이 된다는 거짓 가르침에 속고 있기 때문이다.

 염려하는 것과 조심하는 것의 차이는 무엇인가? 예를 들어보자.

잘못된 가르침 : 염려는 고통을 막아준다

염려는 하나님과의 관계를 해친다. 염려는 육체의 평안을 깨뜨리고 기쁨을 앗아간다. 염려가 우리에게 주는 유익은 없다. 그런데 왜 염려하는 걸까? 우리 인생에 더해 주는 것은 없으면서도 빼앗아가는 것은 더 많은 염려를 왜 지속하는 걸까? 잘못된 이야기(가르침)는 이렇게 우리를 유혹한다. "어떤 일에 대하여 충분히 염려하다 보면, 더 나쁜 상황을 막아준다."

우리가 어떤 일을 할 때 생각하지 못한 문제가 발생을 해도, 우리 능력으로 처리할 수 만 있다면 대개 염려하지 않는다. 그러다가 뭔가 잘못되면, "내가 조금만 더 조심했더라면 이 지경까지는 오지 않았을 텐데!"라고 생각한다. 그러다 또 다른 문제에 직면했을 때는 이전처럼 쉽게 지나치는 것이 아니라 밤낮으로 고민하고 염려하기 시작한다. 그러나 결국 자신의 염려가 기우였다는 것을 알게 된다. 그렇다고 이 경험 때문에 "아이쿠, 뭐 하러 이런 쓸데없는 일로 염려를 했지? 시간만 낭비했네!"라며 덜 염려하게 되는 것이 아니라 이전보다 더 염려에 빠지게 된다. 왜 그럴까? 자기중심적인 생각이 그 사건을 다른 식으로 해석하게 만들기 때문이다. "그나마 내가 염려했기 때문에 그런 일이 생기지 않은 거야. 다음에는 더 염려해야 더 큰 위험을 막을 수 있을 거야."

바보 같은 소리로 들릴지 모르지만, 사실 이런 의식이 많은 사람들의 마음속에 지워지지 않고 깊이 각인되어 있다. 그런데 우리가 염려를 했음에도 불구하고 어떤 안 좋은 일이 생기면, 그 사건은 의외로 쉽게 지나친다. 사실 바로 그때가 기존에 우리의 의식구조를 지배하던 생각의 틀이 잘못되었다는 것을 깨달을 수 있는 좋은 기회일 수도 있다. 그런데 우리는 기존하는 생각의 틀이 깨져서 변하지 않도록, 그러한 좋은 사고 전환의 기회를 그냥 흘려보내고 만다. 그리고 우리가 염려했을 때 안 좋은 일이 발생하지 않으면 자기 생각의 틀을 더욱 강화시키는 경향이 있다. 그리고 어느 순간부터 염려가 우리를 위험으로부터 지켜주는 아주 중요한 전략이라는 잘못된 확신에 사로잡힌다. 우리가 입으로는 염려하지 않고 살고 싶다고 하지만, 염려하지 않는 인생은 상상조차 할 수 없다. 그런 까닭에 예수님께서 친히 "염려하지 말라"고 명령하실 때, 우리로 하여금 스스로를 통제하려고 하는 감정으로부터 자유로워지라고 말씀하시는 것이다. 그리고 예수님도 그렇게 사셨다!

 염려를 하면 자신의 삶을 좀 더 효과적으로 통제할 수 있다는 생각에 동의하는가?

예수님의 가르침 : 염려하지 말아야 할 일들

허영에 대하여 말씀하신 다음(마 6:19-24), 예수님은 염려에 대하여 두 가지 예를 드신다.

> 그러므로 내가 너희에게 이르노니 목숨을 위하여 무엇을 먹을까 무엇을 마실까 몸을 위하여 무엇을 입을까 염려하지 말라 목숨이 음식보다 중하지 아니하며 몸이 의복보다 중하지 아니하냐 공중의 새를 보라 심지도 않고 거두지도 않고 창고에 모아들이지도 아니하되 너희 하늘 아버지께서 기르시나니 너희는 이것들보다 귀하지 아니하냐 너희 중에 누가 염려함으로 그 키를 한 자라도 더할 수 있겠느냐 또 너희가 어찌 의복을 위하여 염려하느냐 들의 백합화가 어떻게 자라는가 생각하여 보라 수고도 아니하고 길쌈도 아니하느니라 그러나 내가 너희에게 말하노니 솔로몬의 모든 영광으로도 입은 것이 이 꽃 하나만 같지 못하였느니라 오늘 있다가 내일 아궁이에 던져지는 들풀도 하나님이 이렇게 입히시거든 하물며 너희일까보냐 믿음이 작은 자들아 그러므로 염려하여 이르기를 무엇을 먹을까 무엇을 마실까 무엇을 입을까 하지 말라 이는 다 이방인들이 구하는 것이라 너희 하늘 아버지께서 이 모든 것이 너희에게 있어야 할 줄을 아시느니라(마 6:25-32).

예수님은 우리가 먹을 것과 입을 것에 대해 염려하지 말아야 한다고 말씀하신다. 그 두 가지는 누구나 염려하며 사는 것들이다. 예수님은 바로 그 두 가지가 인간에게 가장 필수적인 것들이라는 사실을 잘 아셨다.

많은 사람들이 예수님의 가르침을 "먹을 것과 입을 것에 대하여서는 절대로 염려하지 말고 믿음을 가져라. 하나님께서 다 채워주실 것이다."라는 의미로 말씀하셨다고 오해한다. 하나님께서 채우신다는 것이 단순하게 우리가 아무것도 하지 않아도 우리 입속에 먹을 것이 뚝 떨어지게 해주신다거나, 우리 옷장을 값비싼 옷들로 직접 채우시겠다는 뜻이 아니다. 오히려 우리 주변에는 믿음이 좋은 사람들이 매일 끼니를 굶고 있는 경우도 많다. 예수님께서는 당시 그 설교를 듣는 사람들, 즉 가난하고 배고픈 사람들이 믿음이 부족하기 때문에 하나님을 더욱 의지해야 한다고 책망하신 것이 아니다. 가난 때문에 절망에 처한 사람들에게 믿음이 없기 때문에 그렇게 된 것이라고 믿음을 키우라고 말하는 것은 매우 잔인하고 근본적으로 잘못된 행동이다.

그렇다면 예수님께서 말씀하시고자 하는 바는 무엇일까?

이 책의 앞부분에서 예수님은 "너희가……라고 들었으나, 나는……말한다."라고 말씀하실 때마다 그것은 유대인들이 가지고 있던 기존의 지배적인 사고방식에 대한 전면적인 반박이라고 했다. 주님이 이 본문에서는 그런 표현을 사용하시지는 않았지만, 다시 한 번 기존의 가르침을 뒤집는 가르침을 제시하신다. 당시의 랍비들은 주로 염려 없이 살아가는 짐승들을 빵을 얻기 위해 땀 흘려야 하는 인간들의 삶의 역경과 대조하는 데 사용했다. 예수님은 새들을 예로 들어 심지도 않고 거두지도 않아도 공급받는 것에 대하여 말씀하신다. 요점은 염려하지 말라는 것이다.

신약학자인 데일 C. 알리슨(Dale C. Allison)과 W. D. 데이비스(W. D. Davies)는

이렇게 설명한다. "예수님이 의도적으로 오래된 주제를 기가 막히게 비틀어서 이야기하신 데는 이유가 있다. 그것은 청자의 관심을 끌어서 경계를 늦추게 하시기 위함이었다."

꽃에 대한 가르침도 마찬가지다. 구약성경에 꽃이나 풀이 언급된 부분들은 대개 인생이 얼마나 연약하고 유한한가를 보여주기 위함이었다.

> 말하는 자의 소리여 이르되 외치라 대답하되 내가 무엇이라 외치리이까 하니 이르되 모든 육체는 풀이요 그의 모든 아름다움은 들의 꽃과 같으니 풀은 마르고 꽃이 시듦은 여호와의 기운이 그 위에 붊이라 이 백성은 실로 풀이로다
> (사 40:6-7).

따라서 예수님께서 꽃에 대하여 언급하셨을 때, 사람들은 주님이 "꽃이 오늘 피었다가 내일 지는 것처럼 너희들의 인생도 그렇게 덧없는 것이다."라고 말씀하실 줄 알았다. 하지만, 예수님은 "만일 하나님께서 그렇게 작고 하찮은 꽃을 아름답게 만드시기 위해 고생을 마다하시지 않았다면, 하나님의 형상대로 지음 받은 사람들을 위해서는 그보다 더한 것도 해주실 것이다."라고 가르치신 것이다.

어쩌면 예수님의 말씀을 들을 때, 우리가 아무것도 하지 않아도 하나님께서 우리의 필요를 채우실 것이라는 뜻이라고 생각할지 모른다. 그러나 알다시피 새들은 게으른 존재들이 아니다. 새들은 상당히 부지런하게 일한다. 마냥 둥지에 앉아 하나님이 먹을 것을 가져다주시기만 기다리지 않는다. 먹고

살기 위해 아주 역동적으로 움직인다. 하지만 새들은 그 일을 염려 없이 한다. 예수님의 핵심은 분명하다. 너는 새보다 훨씬 더 가치가 있다. 예수님 당시에는 돈 몇 푼만 있으면 새를 몇 마리 살 수 있었다. 하지만 사람은 돈으로 가치를 따질 수 없다. 그것이 주님이 말씀하시려는 것이다.

예수님은 산상설교 앞부분에서 제자들에게 "우리에게 일용할 양식을 주옵시고"라고 기도하라고 가르치셨다. 우리가 하나님께로 가서 우리의 일용할 것들을 위해 기도하면 주님께서 채우실 것이라고 믿을 수 있다. 지금 예수님의 논지는 작은 것에서 시작해서 큰 것으로 옮기신다. 만일 별 가치도 없고 심지도 않고 거두지도 않는 새들도 필요를 공급받는다면, 하물며 존귀하고 값을 따질 수도 없는 당신의 자녀들이 열심히 일하는데 아버지가 당연히 공급하시지 않겠느냐는 것이다.

예수님은 지금 우리에게 심오한 질문을 하신다. 하나님께서 가장 작고 가치도 없는 피조물을 돌보신다면, 당신의 가장 소중하고 중요한 피조물인 너를 돌보시지 않겠느냐? 우리가 염려를 버리고 신뢰로 갈 수 있도록 돕는 아주 합리적인 질문이다. 염려는 내가 가지고 있는 제한된 자원들에 집중하게 만든다. 신뢰는 하나님의 풍성한 자원에 관심을 갖도록 만든다. 이것이 염려가 하나님 나라에 존재할 수 없는 이유다. 염려는 내가 내 삶의 왕좌에 앉아 있을 때 발생한다. 하지만, 신뢰는 우리가 하나님 나라에 거하고, 우리 삶의 보좌에 하나님이 앉아 계실 때 생긴다. 그것이 바로 하나님 나라를 먼저 구하는 것이 염려의 문제를 해결하는 열쇠인 이유다.

예수님께서 "너희가 그것들보다 가치가 더하지 않겠느냐?"라고 말씀하신 이유가 무엇이라고 생각하는가?

먼저 그의 나라를 구하라

마태복음 6장 33절은 산상설교 전체의 핵심 구절이다. "그런즉 너희는 먼저 그의 나라와 그의 의를 구하라 그리하면 이 모든 것을 너희에게 더하시리라." 만일 우리가 이 말씀을 제대로 이해하고 적용하기만 한다면, 그 앞뒤에 나오는 모든 가르침들은 저절로 이루어질 것이다. 하나님의 나라를 먼저 구하라는 이 원리는 우리가 지금까지 이 책에서 다루었던 문제들(분열, 분노, 정욕, 거짓, 보복, 허영, 그리고 탐욕)과 11장에서 다루게 될 다른 사람을 판단하는 문제처럼 인간이 경험하는 모든 고통의 문제들을 해결할 수 있는 비법이다.

먼저 하나님 나라를 구한다는 것은 무슨 뜻일까? 그것은 하나님 나라의 실재와 원칙들을 우리의 제일 으뜸가는 우선순위에 둔다는 것이다. 그것이 우리가 열심히 일하지 않아도 된다는 것을 의미하지 않는다. 또한 그것이 우리가 아무것도 신경 쓰지 않고 우리에게 맡겨진 삶과 소유에 대하여 무책임하게 행동해도 된다는 것을 의미하지 않는다. 지속적으로 하나님을 바라보고, 우리의 일상 가운데 어떻게 역사하시는지를 기대해야 한다. 하나님 나라를 먼저 구한다는 것은 우리가 처한 문제와 역경을 염려하는 자세로 대하는 것이 아니라, 하나님께서 그 속에서 역사하실 것이라고 신뢰하며 대한다는 것이다.

우리의 충성심을 시험할 많은 좋은 것들이 있다. 예를 들면, 가난한 사람들을 돌봐야 하는가? 그렇다. 하지만 우리는 하나님의 나라를 먼저 구해야 한다. 기도해야 하는가? 그렇다. 하지만 먼저 우리는 그의 나라를 구해야 한다. 불의와 싸워야 하는가? 그렇다. 하지만 먼저 그의 나라를 구해야 한다. 성령 안에서 걸어야 하는가? 그렇다. 하지만 먼저 그의 나라를 구해야 한다. 교회에 가고, 성경을 읽고, 전도를 해야 하는가? 그렇다. 그러나 먼저 하나님의 나라를 구해야 한다.

우리는 때로 우리의 모든 관심을 원인, 훈련, 혹은 심지어 하나님의 명령처럼 예수님의 제자로서 사는 데 가장 중요한 요소들에만 초점을 맞춘다. 그것들은 물론 예수님의 제자에게는 필수적인 요소들이다. 하지만 가장 중요한 것은 하나님 나라를 먼저 구하라는 것이다. 그때 비로소 다른 모든 것들도 있어야 할 곳에 있게 된다는 말이다. 내가 기도하고, 가난한 사람들을 돌보고, 부정과 싸우며, 교회에 출석하는 것은 나의 관심이 기도와, 빈곤, 정의 혹은 예배이기 때문이 아니라, 하나님께서 일하시고 계신 것들이 내 최고 관심사이기 때문이다. 내가 하나님과 그의 나라에 관심을 가질 때, 필요할 때마다 하나님 나라의 일들에 대하여 자연스럽게 참여하게 되는 것이다. 그 순간 내가 어떤 것이든 그것을 하나님 나라보다 우선순위에 둘 때, 그것이 아무리 좋은 것이라 할지라도, 그것은 우상이 되고 만다.

이것이 바로 예수님이 "먼저 그의 나라를 구하라"고 분명하게 경고하신 까닭이다. 하나님의 나라는 결코 문제가 없는 곳이다. 개교회들과 사역들은 생겼다가 사라진다. 심지어 우리의 삶도 아주 일시적이다. 교회들은 하나님 나라와 연결이 되어 있을 때만 유용하다. 우리가 하나님 나라의 원칙에 거하는 삶을 살 때 우리의 인생이 강할 뿐 아니라 활기찬 인생이 된다. 승리와 패배가 우리의 정체성을 결정하지 않는다. 우리가 누구며(그리스도가 거하시는), 또한 우리가 어디에 거하는가(하나님 나라)가 우리의 삶을 정의한다.

우리가 재물을 먼저 섬기면서 하나님을 동시에 섬기지 못하는 것처럼, 염려는 우리가 하나님의 나라를 먼저 구하지 못하게 한다. 그 둘은 함께 공존할 수 없다. 앨리슨(Allison)과 데이비스(Davies)가 지적한 것처럼, "염려는 어리석은 일이며, 하나님을 중심에서 밀어내는 일을 제외하고는 아무 것도 이루지 못한다." 이것이 바로 염려에 대하여 예수님께서 이 핵심 구절을 끼워 넣으신 이유다. 염려하는 한, 우리는 하나님 나라를 먼저 구할 수 없다. 반대로 하나님 나라를 먼저 구한다면 우리는 염려를 생각할 수조차 없다. 하나님 나라의 채우심에 대한 확신이 사도 바울로 하여금 다음과 같은 위로의 말을 기록할 수 있게 했다.

> 아무 것도 염려하지 말고 다만 모든 일에 기도와 간구로, 너희 구할 것을 감사함으로 하나님께 아뢰라 그리하면 모든 지각에 뛰어난 하나님의 평강이 그리스도 예수 안에서 너희 마음과 생각을 지키시리라(빌 4:6-7).

사도 바울은 예수님의 가르침을 다시 강조한다. "염려하지 말라." 바울은 우리가 염려하는 대신 기도해야 한다고 말한다.

하나님은 우리를 돌보기 위한 독특한 방편으로 기도를 선택하셨다. 우리의 염려를 기도로 바꾸라고 초청하신다. 기도하면 우리의 문제를 하나님의 손에 맡기는 것이다. 이것이 문제를 다루어야 하는 우리의 책임을 없애지는 않지만, 적어도 문제를 하나님의 나라라고 하는 더 큰 맥락에서 다루게 한다. 그리고 그것은 하나님이 우리의 필요를 채우시기 위해 하나님 나라의 자원을 동원하시도록 한다. 바울은 우리가 그렇게 할 때 우리의 이해를 뛰어넘는 평강을 발견하게 될 것이라고 말한다.

한 번에 하루씩

이 설교의 마지막 부분에서 예수님은 내일 일을 염려하지 말라고 하신다. "그러므로 내일 일을 위하여 염려하지 말라 내일 일은 내일이 염려할 것이요 한 날의 괴로움은 그 날로 족하니라"(마 6:34). 예수님은 우리가 자기 삶의 문제로 염려한다는 사실을 알고 계셨다. 더 많이 갖기 위해 염려하고, 남들에게 우리의 모습이 어떻게 비칠까 하는 문제로 염려한다는 사실을 아신 것이다. 또한 우리가 미래에 대해 걱정한다는 사실을 알고, 알아듣기 쉽게 재미있는 방법으로 가르치셨다. 아마도 주님의 많은 비유들이 청중을 웃게 한 이유가 그것 때문일 것이다. "아직도 벌어지지 않은 내일 일로 걱정하지 말라. 내일은 내일대로 충분히 많은 문제가 있을 것이다. 대신 오늘은 오늘 일만 걱정해도 충분하다!"

예수님은 하나님 나라가 현재 시제에만 적용된다고 말씀하신다. 우리는 바로 오늘 주어진 하나님의 나라를 살 수 있다. 내일은 살 수 없다. 그래서 내일을 걱정하는 것은 불필요한 시간 낭비다. 우리가 바로 오늘 하나님을 의지하는 것처럼, 내일은 또 그때 가서 의지하면 된다. 우리는 지금 내일을 사는 것이 아니다. 오늘이라는 현재를 살고 있다.

하나님은 우리가 어떻게 오늘의 문제들에 반응해야 할지를 가르쳐주신다. 한 번에 하나씩 대해야 한다는 것이다. 공장에서 과자를 포장하는 장면을 한 번 떠올려 보라. 컨베이어 벨트가 돌아가며 과자가 다가오면 박스에 과자를 넣고 봉한다. 처음에는 잘하다가, 갑자기 컨베이어 벨트 속도가 빨라지면 포장 속도가 뒤쳐질 수밖에 없다. 오늘의 문제 위에 내일의 문제들을 추가함으로서 마치 컨베이어 벨트의 속도가 빨라질 때 페이스를 잃고 일의 진행 속도를 맞출 수 없는 것처럼, 밀린 일 위에 새로운 일만 부가시키는 꼴이다. 우리는 그때부터 염려병이라는 것 때문에 고통 받는다.

하나님은 나와 함께 일하시며, 우리가 따라갈 수 있을 만큼의 속도로만 움직인다. 하나님은 내가 처리할 수 있을 만큼의 분량을 너무나도 잘 아시고, 거기에 맞게 일을 시키신다. 내일 일을 오늘 일에 추가해서 걱정하는 것은 사실상 불가능한 일이지만, 오늘날 수많은 사람들이 그렇게 한다. 오늘은 우리가 바로 어제 걱정했던 내일이다. 그리고 그것은 우리를 고통스럽게 하는 것 외에 아무 도움도 되지 않았다.

궁극적으로, 염려는 비생산적이다. 우리 염려의 대부분은 하나님 나라를 경험하기 이전에 배웠던 나쁜 습관에서 기인한다. 하나님 나라를 아직 몰랐을 때, 번번이 실망하면서도 우리는 돈이나 다른 사람들의 인정 같은 것들을 의지했다. 예수님은 염려에 빠질 유혹 앞에 선 우리에게 하나님께서 우리가 하는 모든 일 가운데 함께 하신다는 사실을 일깨워 주신다. 그리고 바로 그것이 미래와 현재를 대하는 올바른 태도다. 내 초점은 반드시 현재의 순간에 맞추어져야 한다. 하지만 하나님 나라에 거하는 사람으로서 미래에 대하여 생각한다는 것은 소망을 품고 자신감을 가지고 계획을 세우며 기도에 의존한다는 뜻이다. 이 자신감의 바탕에는 우리가 과거에 받았던 축복이 깔려 있다.

완벽하게 안전한 곳

나는 이 제자도 시리즈를 공부하는 사람들에게 다음의 두 가지 질문을 한다. 당신은 누구이며, 당신의 현재 위치는 어디인가? 반복 학습이 아주 중요하다고 믿기 때문에 나는 종종 그 질문을 반복한다. 내가 기대하는 반응들은 이런 것들이다. "나는 하나님의 자녀다. 그리스도께서 내 안에 거하시기 때문에 누구도 내 안에 있는 하나님 나라를 흔들 수 없다." 누구든지 그 두 가지 사실을 깨닫기만 하면, 그 사람을 괴롭히던 것이 사라질 것이다. 특히 염려의 문제에 대해서는 더욱 그렇다. 사도바울이 직면했던 고난과, 그가 고난의 때에 어떤 것에 초점을 맞추었는가를 생각해 보라.

> 우리가 이 보배를 질그릇에 가졌으니 이는 심히 큰 능력은 하나님께 있고 우리에게 있지 아니함을 알게 하려 함이라 우리가 사방으로 우겨쌈을 당하여도 싸이지 아니하며 답답한 일을 당하여도 낙심하지 아니하며 박해를 받아도 버린 바 되지 아니하며 거꾸러뜨림을 당하여도 망하지 아니하고(고후 4:7-9).

우리 안에 가진 보배는 그리스도시다. 그리고 우리의 육신은 질그릇에 불과하다. 우리 안에는 그리스도가 거하신다. 그러므로 우리에게 능력 주시는 그리스도 안에서 모든 일을 할 수 있다.

우리는 결코 흔들리지 않는 하나님 나라에 살고 있기 때문에 시험을 당해도 결코 쓰러지지 않는다. 그래서 나는 우리가 살고 있는 이 세상이 완벽하게 안전하다고 믿는다. "안전하다고? 제정신으로 하는 말인가? 이 세상은 두렵고 위험천만하다고!"라고 생각하는 사람도 있을 것이다. 우리가 하나님 나라에 거하지 않고, 우리 자신이 우리 삶의 왕 노릇할 때는 그 말이 맞다. 하지만 하나님 나라에 거하고 있다면 더 이상 위험은 없다.

'위험하지 않다고? 암에 걸릴 수도 있고, 버스에 치일 수도 있고, 직장을 잃을 수도 사랑하는 사람을 잃을 수도 있는데 이 세상이 위험하지 않다고?' 다시 한 번 분명하게 말하지만, 그런 것들은 하나님 나라에 거하는 우리를 해롭게 할 수 없다. 만일 우리가 죽게 된다면, 우리는 하나님의 영광에 한 발자국 더 가까이 가는 것이다. 우리가 일자리를 잃게 되면, 그 일로 하나님을 더 신뢰하는 법을 배울 수 있다. 우리가 사랑했던 사람을 잃는다 해도 그것이 끝이 아니라, 곧 우리는 영원한 만남을 기약할 수 있다.

우리가 하나님 나라에 거하며, 선하고 아름다운 하나님과 교제하고 사는 한, 아무것도 두려워할 필요가 없다. 심지어는 두려움 그 자체도 있을 수 없다. 왜냐하면 생명이나 죽음도 우리를 하나님의 사랑에서 끊을 수 없기 때문이다. 우리가 이 사실을 확신할 때 염려에서 자유로워질 수 있고, 비로소 기쁨에 가득 차고, 자신감 넘치는 인생을 살 수 있다.

영혼의 훈련

기도

이 장에는 바울이 기도와 염려를 어떻게 연결시키는지를 잘 보여주는 구절이 있다.

> 아무 것도 염려하지 말고 다만 모든 일에 기도와 간구로, 너희 구할 것을 감사함으로 하나님께 아뢰라 그리하면 모든 지각에 뛰어난 하나님의 평강이 그리스도 예수 안에서 너희 마음과 생각을 지키시리라(빌 4:6-7).

일단 우리가 주어진 상황 속에서 할 수 있는 최선을 다한 후에는, 하나님께 문제를 맡기고 그 순간부터 더 이상 염려하지 말아야 한다. C. S. 루이스는 이에 대해, 정원에 잡초가 있다면 그것을 뽑아야지 기도만 한다고 해결되지 않는다고 말했다. 하지만 우리의 직접적인 노력으로 해결할 수 없는 상황이라면, 즉 사랑하는 사람이 아프다거나 경제적으로 힘들어진다면 우리의 문제를 하나님 손에 맡겨야 한다. 우리의 염려를 기도로 바꾸는 실제적인 방법을 소개하겠다.

 염려를 기도로 바꾸는 방법

- 매일 아침 10분에서 15분 정도의 시간을 정하라.
- 지금 자신을 염려하게 만드는 모든 것을 한번 떠올려 보라.
- 떠오른 생각들을 일기장이나 노트에 적어 보라.

- 당신이 해결할 수 있는 상황이 있다면 그것들을 각 항목 옆에 적어라.
- 당신이 할 수 있는 일들을 어떻게 할 것인지 기록하라.
- 그리고 남아 있는 모든 일들은 하나님 손에 맡기라.
- 하나님께 간구하는 기도를 글로 적어라. 구체적으로 적어야 한다.

기도는 매우 구체적이어야 한다. 왜 그럴까? 우리의 기도가 때로는 너무 모호한 내용이라서 하나님께서 응답해 주셨는데도 막연하게 모르고 지나칠 때가 많기 때문이다. 하나님은 구체적인 기도에 구체적으로 응답하신다. 때로는 하나님께서 당신이 기대하던 응답보다 더 좋은 방법으로 응답하실 것이라는 확신을 가져도 된다. 그런 다음 하나님께서 어떻게 하시는지 기다리며 지켜보라.

기도는 여러 가지 다양한 방법으로 우리의 염려 문제를 다루도록 도와준다.

첫째로, 문제가 크든 작든 간에 어떤 상황 가운데서도 하나님 나라의 공급하심이 있다는 사실을 깨닫게 한다.

둘째, 우리는 세상을 하나님의 관점으로 볼 수 있다. 따라서 우리의 문제도 새로운 관점에서 바라보고 해결할 수 있는 능력이 생긴다. 내가 기도의 제목들을 기록하는 영혼의 훈련을 통해 발견한 사실은, 기록하면서 내가 가진 염려에 대하여 다른 관점으로 깊이 생각해볼 기회가 생긴다는 것이다. 과연 염려들이 하나님 나라의 확장에 도움이 되는 것인가 아니면 세상의 거짓 가르침에 근거를 둔 것인가?

이것이 바로 내가 기도 일기를 기록하는 이유다. 기록을 하면서 정기적으로 염려를 기도로 전환시킨다. 그리고 하나님과 함께 염려를 새롭게 구성한다.

그렇게 함으로 내 기도가 조금은 덜 이기적일 수 있다. 하나님께 기도문을 적으면서 "하나님 내게 엄청난 금액의 돈을 좀 주십시오." 혹은 "하나님 내 원수가 고통을 받게 해 주십시오."라고 기록할 수는 없기 때문이다. 혹시 그렇게 적어 내려간다 할지라도, 문장의 중간에 멈추고 내 스스로 얼마나 우스운 존재인지를 깨닫게 된다.

사실 그런 바람들이 전혀 없는 것은 아니지만, 그런 것들이 궁극적으로 내 염려를 해결해 주거나 필요를 채우지 못한다. 게다가 그런 것들이 하나님 나라를 구하는 것은 확실히 아닌 게 분명하기 때문이다. 기도는 완전한 공짜 선물이다. 하나님께서는 우리에게 그러한 특권을 주실 의무가 없으시다. 하나님께서 이 선물을 우리에게 허락하신 이유는 하나님께서 우리를 얼마나 사랑하고 얼마나 아끼시는지 깨닫게 하시고, 우리가 기도하고 간구하는 것을 통하여 성장하고 성숙할 수 있도록 도와주시기 위함이다.

내 마음속에서 하나님 나라를 구하는 마음이 깊을수록, 내 기도 생활의 초점은 나 자신이 아닌 다른 사람들이 잘되는 것에 맞추게 된다.

바라기는, 당신이 기도할 때 지금 여기에 임하시는 하나님 나라의 힘과 능력을 경험하며, 기도할 때마다 당신의 염려가 사라지기를 소망한다.

chapter
11
다른 사람을 판단하지 않고 사는 법 배우기

영혼의 훈련 : 험담하지 않고 하루 보내기

| Learning to Live Without Judging others |

하루는
내 친구 마크가 최근에 자신의 마음을 무겁게 하는 일이 있다며 나와 상의하고 싶다고 찾아왔다.

"내 친구 중에 자기가 그리스도인이라고 하는데 삶은 전혀 그렇지 않은 사람이 하나 있어." 마크가 말했다.

"어째서?" 내가 물었다.

"무엇보다 자기 여자 친구한테 정말 못해. 무시하고, 때로는 못되게 굴더라고. 나도 몇 번 그 친구가 못되게 구는 걸 봤어. 자기 하고 싶은 대로만 하고, 여자 친구가 원하는 건 절대 안 해주고. 그래도 진지하게 사귀는 것 같기는 해. 올 여름에는 프러포즈할 계획이라고 하더군. 근데 정말 걱정이 돼. 그래서 직접 대놓고 충고 좀 해주려고 해. 내가 한두 가지 방법을 생각하고 있는데, 자네 의견을 한번 들어보고 싶어서. 어떤 게 최선의 방법인지 말이야."

"그 두 가지 방법이라는 게 어떤 것인데?" 내가 물었다.

"첫째 방법은 그 친구 집으로 찾아가서 일대일로 얘기하는 거지. 그 친구가 자기 여자 친구에게 함부로 굴고 못되게 할 때마다 리스트를 적어 놨어. 그래서 그걸 보여주면서 얘기해 보려고 해. 둘째 방법은 다른 친구를 데려가서 그 친구가 얼마나 못되게 구는지 한번 보게 해주려고. 성경에 시시비비를 가릴 때는 증인을 한 명 데리고 가라고 쓰여 있다던데. 아무튼 어떤 방법이 좋을 것 같아?"

"둘 다 안 좋아." 내가 말했다.

"둘 다 안 좋다고? 왜?" 그가 물었다.

"내가 두 가지 질문을 하지. 첫째로, 누가 자네한테 그런 식으로 따져서 자네의 문제를 직면한 적이 있었나? 아니, 좀더 직선적으로 얘기하지. 자네는 누군가에게 그런 식으로 정죄 당해 본 적이 있나?"

"물론이지!" 마크가 대답했다. "한 번은 나랑 같은 성경공부 모임에 있던 친구가 나를 찾아왔어. 내가 주말에 클럽에 놀러가는 걸 좋아한다는 말을 듣고 나한테 따지러 왔었지. 내가 구원의 확신이 있기나 한 건지 의심스럽다고 하더군."

그래서 내가 물었다. "그런 식으로 접근하니까 도움이 좀 되던가?"

"아니." 마크가 퉁명스럽게 대답했다. "사실 창피하고 화도 좀 나더군. 그 날 이후로 그 성경공부 모임에 가지 않았어. 그런데 내게 전화를 걸어 안부를 묻는 사람이 아무도 없더군."

"그렇다면, 지금 자네가 사용하려던 방법으로 누군가 자네에게 충고를 해주려고 했는데, 결국 자네는 상처만 받고, 성경공부 모임도 못 가게 되었단 말이지?" 내가 물었다.

"그렇지." 그가 대답했다. 그리고 잠시 침묵이 흐른 뒤에 이렇게 말했다. "자네가 무슨 말을 하려는지 이제 알겠네. 결국 이런 접근은 좋지 않다는 거지?"

"자네 친구와 그의 여자친구를, 또 두 사람의 미래와 결혼을 염려하는 자네의 마음은 참 귀하네. 난 자네가 아주 좋은 마음씨를 가졌다고 생각해. 그리고 자네 친구라는 사람도 도움이 필요한 것 같아. 자네의 질문에 대답하자면, 그 방법이 자네가 원하는 결과를 가져올지 아닐지는 잘 모르겠네. 하지만 누군가를 도와주려고 하는 거라면 그것보다 더 나은 하나님 나라의 원리에 입각한 방법이 있을 거야. 예수님의 산상설교 마지막 부분에 보면 사람들을 지적하고 바로잡는 옳은 방법과 그렇지 않은 방법이 설명되어 있다네."

나는 이렇게 제안했다. "만일 자네가 원한다면, 그 말씀을 같이 공부해서 자네의 친구를 돕는 더 나은 방법을 찾아볼 수도 있을 것 같네만."

마크가 내 제안에 동의했다. 그날부터 며칠 동안 하나님 나라의 방법으로 지적하고 바로잡는 것에 대하여 토론했다. 예수님의 가르침을 살펴보기 전에, 내 친구가 남을 비판하고 정죄하게 만드는 우리의 사고방식이 어떤 것인지 깨달으면 좋겠다고 생각했다.

우리가 자신의 동기를 깨닫기만 한다면, 다른 사람을 도울 수 있는 최선의 방법을 찾을 수 있다.

비판과 평가의 차이점

이 책을 읽는 사람이라면 살면서 적어도 한 번 이상 다른 사람에게 비판을 받거나 부당하게 비난을 받은 적이 있을 것이다. 대부분은 그것이 얼마나 사람의 기분을 상하게 하며, 또한 그러한 비난은 상처와 분노 외에는 어떤 좋은 결과도 가져오지 않는다는 것을 잘 안다. 다른 사람을 비판하는 문제에 대하여 깊이 들어가기 전에, 누군가의 행동과 성과에 대하여 비판하는 것과 평가하는 것의 차이가 무엇인지를 먼저 구분하고 싶다.

다른 사람들의 행동을 평가하는 것은 살아가면서 필요한 부분이다. 좋은 부모라면 누구나 자녀들의 행동을 평가하고 필요하다면 바로잡아 주어야 할 책임이 있다. 나는 교수로서 학생들의 페이퍼와 시험, 출석과 성과를 평가하고 채점해서 기말에 학점을 주어야 한다. 감정과 평가와 누군가의 성취도에 대하여 채점을 하는 것은 비판과는 다른 일이다.

비판은 다른 사람과 유대관계를 맺지 않은 상태에서 부정적인 평가를 내리는 것이다. 다른 사람들을 비판할 때 우리는 도움이 필요한 친구를 돌보는 마음으로 하지 않는다. 그 사람들의 성격이나 행동을 비판적으로 평가하고는 그걸로 끝이다. 나는 비평을 마다하지 않지만 비판은 분명하게 싫어한다. 그 둘의 차이점은 평가하는 사람의 마음 자세에서 비롯한다. 예를 들어보자. 탐이라는 사람이 자기 친구에게 찾아가서 자신에게 찾아오는 유혹에 대하여 고백하고 도움을 청했다고 하자. 그 친구가 탐에게 도와주겠다고 심지어는 기도하겠다고 했다. 자신의 문제를 좀더 자세히 나눈 후에 탐이 친구에게 물었다. "이게 내 인생에 심각한 문제가 될 거라고 생각하나?" 친구가 말한다. "그래. 내 생각에 지금 자네에겐 문제가 있어. 하지만 자네는 극복할 수 있고, 내가 곁에서 함께 해주겠네."

그 친구는 지금 탐을 비판하는 것인가? 어떤 면에서 보면 지금 친구는 탐을 지적하고 있다. 왜냐하면 그 친구는 탐에게 문제가 있다고 말했기 때문이다. 하지만 비판하는 것은 분명히 아니다. 왜냐하면 그 문제를 해결하기 위해 자신이 함께 하겠다고 약속했기 때문이다.

이것은 중요한 포인트다. 왜냐하면 우리가 '평가'나 '비평' 혹은 '진실만을 말한다'고 하는 것들이 대부분 비판이기 때문이다. 누군가의 잘못을 바로잡는 것은 건강하고 삶의 질을 높이는 행위임은 분명하다. 하지만 비판은 절대 그렇지 않다. 하나님 나라에 거하는 사람으로서 남을 비판하는 일을 그만두기 원한다면 다른 사람들을 비판하는 것이 왜 그토록 사람들에게 흥미로운지를 이해해야 한다.

잘못된 가르침

남을 비판하는 두 가지 중요한 이유가 있다. 그 사람을 바로잡기 위해서거나 아니면 우리 자신이 더 낫다는 생각을 갖기 위해서다. (대개의 경우 이 두 가지가 동시에 작용한다.) 비록 우리가 좋은 의도로 그런다고 하지만, 남을 비판할 때 사실 비판을 받는 사람보다 자기 중심적일 때가 많다. 우리가 진정으로 상대방을 위한다면, 다른 접근 방법을 찾아야 한다. 그렇다면 왜 그렇게 속히 남을 비판하는지 이유를 알아보자.

정죄의 기술. 우리는 누군가 실수하는 모습이나 범죄의 현장이나 또는 잘못된 행위를 하다가 들키는 사람을 보면 자동적으로 그 사람을 바로잡을 수 있는 방법을 찾는다. 그것이 바로 정죄의 기술이다. 우리는 말로 공격을 하면 그 사람이 바로잡힐 것이라고 생각하고, 실제로 그 방법이 통하는 것처럼 보인다. 우리는 이렇게 합리화한다. "내가 누구누구에게 얘기를 잘하면, 분명히 바뀔 거야." 어쩌면 그것은 우리의 무기 창고에 있는 매우 강력한 무기다. 우리가 비판하거나 정죄하면 상대방은 순간 주눅이 들거나, 화가 나거나, 혹은 울어버린다. 아주 가끔씩은 그 사람에게 약간의 변화가 생기기도 한다. 그래서 사람들은 비판을 받으면 사람이 변한다는 잘못된 생각에 더욱 힘을 싣게 된다.

한번 그런 식으로 비판이 통하는 것을 경험하면 다른 사람의 잘못을 바로잡는 방법으로 정죄의 힘을 확신하며 사용하려고 한다. 바로 그런 식으로 비판이 전 세계적으로 중요한 해결 방법으로 자리매김하게 되었다. 수많은 부모, 교육자, 코치, 직장 상사들이 자신의 권위 아래에 있는 사람들을 바로잡고 변화시키고자 이 방법을 정기적으로 사용한다. 많은 사람들이 다른 사람들을 변화시키는 데 이것이 유일한 방법이라고 믿는다.

또 다른 한편으로는 어떤 사람들은 소심해서, 혹은 기독교인은 비판적인 모습을 보이면 안 된다는 입장 때문에 아무런 말도 하지 않는 경우가 있다. 이처럼 다른 사람들의 어긋난 행동에 대처하는 두 가지 상반된 반응이 있다.

공격하든가 혹은 아무것도 하지 않든가.

어떤 경우에는 비판이 통하는 것 같아 보이지만, 다음 네 가지 이유 때문에 실패할 확률이 더 높다.

첫째로, 그것은 사랑의 마음에서 비롯한 방법이 아니다. 비판은 상대방을 향한 사랑의 마음이 표현되지 않는다. 테레사 수녀는 다음과 같은 유명한 말을 남겼다. "당신이 누군가를 비판하면, 그 사람을 사랑할 시간이 없습니다." 이것이 바로 사람들이 다른 사람들의 비판을 견디지 못하는 이유다. 사람들은 본능적으로 자신들이 사랑받고 있지 않다는 사실을 알아차린다. 만일 우리가 융단폭격을 가하듯이 공격적인 말로 다른 사람들을 비판하고 공격한 후 그냥 떠나버리면 그들도 자신들이 사랑받은 것이 아니라는 것을 안다.

둘째로, 아무리 우리가 옳다 할지라도, 다른 사람을 비판하는 것은 필요한 과정을 생략하고 지름길로 가로질러 가는 효과가 난다. 누군가 실수를 했을 때 가장 먼저 해야 할 일은 실수를 한 당사자 스스로가 자신의 실수를 인정하고 문제를 인식하는 것이다. 그런데 우리가 남을 비판할 때는 상대가 실수를 인정하도록 강요한다. 가끔은 이 방법이 통하기도 한다(예, 극단적인 간섭). 하지만 대부분의 인간관계에서 그런 방법은 잘 받아들여지지 않는다. 비판 받는 사람 입장에서는 공격당한다는 느낌을 받는다. 그렇게 되면 상대방은 자연스럽게 방어적인 태도를 취하면서 역공격을 하게 된다.

셋째로, 비판은 건설적이지 않고 파괴적이다. 마치 집을 부수지만 다시 짓지 못하는 것과 같다. 우리가 비판하는 사람들도 나름대로의 여러 가지 사연을 가지고 살고 있다. 또한 그들의 삶은 수많은 다른 가치관에 지배를 받는다. 정죄의 기술이 실패하는 이유는 변화의 열쇠가 사람의 변화 과정을 제대로 아는 것이라는 사실을 간과하기 때문이다. 변화한다는 것은 새로운 의식, 즉 이야기를 바꾸는 것을 포함한다. 변화는 영적인 훈련을 동반하며, 공동체와 하나님의 도우심이 반드시 함께 있어야만 한다. 변화의 과정은 길고도 험난하다. 그리고 종종 다른 사람들의 도움을 필요로 한다.

넷째로, 우리의 비판이 틀릴 수도 있기 때문이다(사실 우리의 비판은 자주 틀린다). 여기 한 오래된 격언이 우리에게 위대한 진리를 말해 준다. "그 사람의 신발을 신고 십리를 걸어보기 전에는 그 사람을 비판하지 말라"(그 사람의 입장을 제대로 알지 못하면서 비판하지 말라는 말. put yourself in other shoes 라는 표현은 입장을 바꾸어서 생각해 보라는 영어의 관용적 표현-역자 주). 상대방이 겪고 있을 어려움에 대한 우리 지식에는 한계가 있다. 그들이 어떻게 느낄지, 과거에 무슨 일이 있었는지, 혹은 어떠한 어려움을 겪고 있는지 우리는 잘 모른다.

한번은 어떤 자매가 내 가치관으로 볼 때 아주 말도 안 되는 말과 도를 넘는 행동을 해서 경멸스럽게 느껴지기까지 한 적이 있었다. 아무 말도 안했지만 속으로는 부글부글 끓었다. 그래서 나는 그 자매를 꼼짝 못하게 하려고 조용히 준비했다. 실제로 그렇게 하지 않았던 것을 정말 기쁘게 생각한다. 몇 년 뒤 그 자매와 가까워지게 되었다. 그러면서 그녀의 아픈 과거와 현재 겪고 있는 우울증과 외로움 때문에 전쟁에 가까운 고통 속에 있다는 걸 알게 되었다. 그 자매에 관하여 알게 된 후, 내 판단이 얼마나 틀렸는가를 다시 알게 되었다.

알렉산드리아의 필로(Philo of Alexandria)는 다음과 같이 말했다. "만나는 모든 사람에게 친절하십시오. 그들도 치열한 전투 가운데 있기 때문입니다." 정말 맞는 말이라고 생각한다. 이 말을 기억할 수 있다면, 다른 사람들을 덜 비판하게 되고, 좀 더 긍휼을 베풀 수 있을 것이다. 정죄의 기술은 사랑의 표현이 아니기 때문에 실패한다. 상대방이 변화의 필요성을 스스로 느끼지 않기 때문에 실패한다. 정죄의 기술은 상대방이 변화를 향해 발전할 수 있도록 돕지도 못할 뿐만 아니라, 완전히 틀린 비판일 수 있기 때문에 실패한다.

자신에 대한 기분이 나아짐. 우리가 쉽게 다른 사람들을 비판하려는 둘째 이유는 남을 비판하면 스스로 기분이 좋아지기 때문이다. 자기 기분이 좋지 않을 때, 기분을 좋게 하려는 노력 중 하나가 다른 사람을 쓰러뜨리는 일이다. 남을 비판할 때 우리 스스로가 그 사람보다 낫다고 여긴다. 이것이 사람들이 남 말하기 좋아하는 이유다. 다른 사람을 험담함으로써 우리는 험담의 대상보다 자신이 나은 사람이라는 우월감에 빠진다. 그들의 잘못과 실수들이 드러나면 그 약점과 실수에 집중하여 자신의 실수와 약점이 드러나는 것을 피할 수 있다. 사실은 그들의 실수를 과장하면 우리 자신의 실수는 있었는지조차 기억하지 않게 된다. 험담은 정말 달콤하다. 그래서 험담하는 동안 입맛을 다시는 것 같지만, 결국에는 우리가 우리 자신을 씹고 있다는 사실을 발견한다. 사실은 우리가 공격하고 험담하는 대상이 아니라, 비판하는 자신을 갉아먹는 것이다.

남을 비판할 때는 자신을 도덕적으로 높은 위치에 올려놓고, 비판의 대상은 끌어내린다. 우리가 누군가를 비판할 때는 자신을 그들과 똑같이 고통 받는 사람으로 여기지 않고, 뛰어난 성인처럼 행세한다. 비판한다는 것은 우리는 옳고 다른 사람은 틀리다는 의미를 내포한다. 그리고 이것이 우리를 기분 좋게 한다. 잠시 동안이지만 자신의 실수를 잊고 다른 사람들의 실수와 잘못에만 집중한다. 우리가 대상을 앞에 두고 비판을 하거나, 그 사람이 없을 때 비판하거나 결과는 같다. 비판하는 대상보다 자신이 우월하다고 느낀다. 바로 이것이 비판을 받는 대상이 비참하게 느끼고, 그래서 대부분의 경우 자신의 약점을 결코 인정하지 않으려고 하는 이유다. 또한 이것이 우리가 하나님 나라에 살아감으로써 다른 사람들을 비판하지 않는 법을 배우는 이유이기도 하다.

 잘못된 평가에 근거하여 다른 사람을 비판하거나 비판 받은 적이 있는가? 있다면 이야기해 보라.

예수님의 가르침 : 정죄의 들보

예수님은 다른 사람을 변화시키는 방법에 대하여 전혀 다른 가르침을 제시하신다. 근엄한 경고와 재미있는 유머를 통하여 남을 비판하는 일을 철저하게 거부하신다.

> 비판을 받지 아니하려거든 비판하지 말라 너희가 비판하는 그 비판으로 너희가 비판을 받을 것이요 너희가 헤아리는 그 헤아림으로 너희가 헤아림을 받

을 것이니라 어찌하여 형제의 눈 속에 있는 티는 보고 네 눈 속에 있는 들보는 깨닫지 못하느냐 보라 네 눈 속에 들보가 있는데 어찌하여 형제에게 말하기를 나로 네 눈 속에 있는 티를 빼게 하라 하겠느냐 외식하는 자여 먼저 네 눈 속에서 들보를 빼어라 그 후에야 밝히 보고 형제의 눈 속에서 티를 빼리라(마 7:1-5).

예수님은 "비판을 받지 않으려거든 비판하지 말라"는 말씀으로 시작하신다. 어떤 면에서 보면, 우리가 남을 비판할 때, 우리를 향한 하나님의 은혜가 거두어질 것이라는 의미처럼 들린다. 하지만 지금 예수님이 말씀하시는 건 그런 뜻이 아니다. 예수님은 요점을 설명하시기 위해 계량컵의 이미지를 사용하셨다("다른 사람을 측정하는 것으로 네가 측정 받을 것이다"). 다시 말하면, 지금 다른 사람을 판단하는 기준대로 살 준비가 되지 않았으면 다른 사람을 판단하지 말라는 것이다. 하나님이 우리를 측정하시겠다는 말은 아니지만, 우리가 다른 사람을 판단하는 그 철저한 기준 그대로 우리가 판단을 받게 될 것이라는 말이다. 우리가 남을 비판할 때, 그 사람도 우리를 비판하며 이렇게 말할 것이다. "당신이 나를 비판한다고? 당신도 성인은 아니잖아!" 물론 그 사람 말이 틀린 것은 아니다. 우리의 비판이 아무리 정확하다 해도, 우리 자신도 그 비판의 내용으로부터 자유로울 수 없다.

예수님의 첫번째 포인트는 분명하다. 남을 비판하면 똑같은 비판을 받을 준비를 하라는 것이다. 그리고 나서 예수님은 비판하는 것에 대하여 아주 재미있는 농담을 하신다. 즉, 우리가 남을 비판할 때 드러내는 위선에 대하여 지적하신다. 자신의 눈에는 큰 들보가 매달려 있는 여자가 어떤 남자의 눈에 들어간 작은 티끌을 빼내려고 하는 모습을 상상해 보라. 예수님의 설교를 듣고 있던 청중들은 분명 그 황당한 상황을 생각하며 큰 소리로 웃었을 것이다.

대부분의 경우 사람들이 들보를 자신들의 죄라고 해석한다. 마치 예수님께서 "네가 누구라고 나를 비판하는 거냐? 너는 네 이웃보다 더 큰 죄인이다."라고 말씀하신 것이라고 생각한다. 하지만 그런 해석은 논리적으로 무리가 있다. 예수님께서 정말로 우리가 가진 죄의 문제를 먼저 해결하면 다른 사람을 정죄할 수 있는 자격을 갖게 된다고 말씀하신 걸까? 만일 그렇다면 들보를 우리 자신의 죄라고 볼 때, 우리 자신의 죄를 먼저 해결하고 나면 좀 더 효과적으로 비판하고 정죄할 수 있다는 말이 된다. 하지만 이것은 가르치심의 취지에 어긋나는 해석이다. 그렇다면 들보가 의미하는 것은 무엇일까?

여기서 들보는 우리 자신의 죄가 아니라 비판하는 행위를 의미한다. 남을 비판하는 것이 그 사람에게 절대로 도움이 되지 않는다는 말이다. 아무리 의도가 좋다고 할지라도 방법이 잘못되었다는 말이다. 비판하는 것은 결코 그 사람이 가지고 있는 문제를 해결하도록 하지 못한다. 오히려 비판받는 사람이 더 잘 볼 수도 있는 길을 못 보도록 시선을 가리는 결과를 가져온다.

> ⚙ 당신이 남을 비판한 그 기준으로 비판을 받거나, 또는 남에게 비판 받은 그 기준으로 상대를 비판한 경험이 있다면 예를 들어보라.

돼지에게 던져진 진주 : 왜 정죄가 도움이 되지 않는가

마태복음 7장 1절부터 5절, 그리고 나머지 세 부분의 본문에 대한 내 해석이 대부분의 사람들의 해석과 다르다는 것을 알고 있다. 어떤 사람들은 내게 이렇게 말하기도 했다. "당신의 해석에 동의할 수는 있지만, 지금까지 내가 배운 것과는 완전히 다릅니다. 왜 지금까지 그렇게 잘못 알고 있었을까요?" 여러 가지 이유가 있을 것이다. 하지만 가장 중요한 이유는 지금 우리가 다른 언어로 쓰인 고전문학을 해석하고 있다는 사실이다. 이번 장에서 공부하고 있는 모든 성경 본문들이 남을 비판하는 것에 관련된 내용이다. 하지만 다른 사람들은 그 본문들이 서로 다른 주제에 관한 것이라고 생각한다. 내가 틀릴 수도 있겠지만, 그 본문들을 열린 마음을 가지고 서로 연관성이 있다는 가정 하에 다시 읽어보기 바란다.

많은 사람들이 마태복음 7장 6절을 바로 그 앞부분과 따로 떨어진 구절이라고 생각한다. "거룩한 것을 개에게 주지 말며 너희 진주를 돼지 앞에 던지지 말라 그들이 그것을 발로 밟고 돌이켜 너희를 찢어 상하게 할까 염려하라."

이 구절을 인용하는 사람들은 거의 대부분이, 그 가치를 알지 못하는 사람에게는 소중한 것을 주지 말라는 의미로 전달한다. "너희 진주를 돼지 앞에 던지지 말라"는 의미는 "당신의 지혜와 탁월함을 깨닫지도 못하는 바보 같은 영혼에게 허비하지 말라"는 뜻이라고 말한다. 몇몇 신약학자들도 이 해석에 힘을 실어준다. 여러 가지 주장을 하지만, 나는 결코 그 해석에 동의할 수 없다.

어떤 학자들은 너무 심각하게 받아들여서도 안 되지만 너무 안일하게 받아들이지도 말라고 말씀하신 것으로 믿기도 한다. 우리는 분별력을 가져야 한다. 만일 그들이 주장하는 것이 옳다면, 마태복음 7장 6절은 그 앞부분에 나오는 1절부터 5절까지의 내용과 전혀 다른 내용이 된다. 다시 말하면, "남을 비판하지 말라. 하지만 가치도 없는 사람들에게 시간을 허비하지 말라."라고 해석하는 것이다. 나는 단순하지만 이전과는 다른 새로운 해석을 더 좋아한다.

예수님께서 돼지에게 진주를 주지 말아야 한다고 말씀하신 것은 돼지들이 가치없는 존재라는 말이 아니라, 돼지들이 진주를 소화시킬 수 없다는 뜻으로 말씀하신 것이다. 돼지들은 진주를 먹지 않을 것이다! 만일 농부가 며칠 동안 연속으로 그렇게 돼지에게 진주를 던져 주면, 돼지들은 배가 고파서 농부에게 달려들 것이다. 돼지들이 진주는 먹지 못하지만, 사람은 먹을 수 있다!

돼지들이 진주를 소화시킬 수 없듯이, 사람들은 정죄 받는 것이나 자신을 향한 비판을 소화시키지 못한다. 그들의 필요를 채우지 못하는 것이다. 소화가 되지 않는다는 말이다. 아무리 비판의 내용이 옳다 해도 방법이 옳지 않다. 그들은 우리의 비판을 마치 돼지가 진주를 받듯이 받아들일 것이다. 따라서 공격적으로 변할 것이다. 바로 이것이 비판이 작용하는 방법이다. 비판하는 사람이 긍휼도 없고 상대방에 대한 이해도 없으면서 거들먹거리기만 한다. 그러면 아무도 좋아하지 않고, 좋게 반응하지도 않는다.

내가 다시 돌릴 수만 있었으면 하는 일이 하나 있는데, 그것은 내 아들에게 본의 아닌 비판으로 상처를 줬던 일이다. 제이콥이 열 세 살이었고, 야구에 푹 빠져 있었다. 바로 그 전년도에 제이콥이 속한 팀의 감독이 제이콥을 가장 잘 던지는 투수로 선발을 했고, 게다가 시즌 마지막 경기 때는 홈런도 2방이나 쳤다. 하지만 그 다음 해에 여러 가지 이유로 성적이 아주 부진했다. 실책도 많았고, 투수를 할 때는 볼넷으로 타자를 내보내는 일이 많아졌다. 슬럼프에 빠진 것이다. 경기마다 더욱 상황이 악화됐다. 감독은 제이콥을 하위 타선으로 내려보냈고, 이것이 제이콥을 더 조바심나게 했다.

아주 형편없는 경기를 치른 어느 날, 제이콥이 실책으로 볼을 놓쳤음에도 불구하고 멍청히 서 있는데 다른 선수가 볼을 쫓아간 일이 있었다. 나는 몹시 화가 났다. 제이콥은 이미 경기를 포기한 듯 보였고, 노력조차 하지 않았다. 집으로 돌아오는 차안에서 우린 둘 다 아무 말도 하지 않았다. 평소처럼 제이콥이 잠시 아이스크림 가게에 들렀다 가자고 했는데, 이번에는 안 된다고 했다.

"왜 안돼요?" 제이콥이 물었다. "오늘 경기가 형편없어서요?"

"아니." 약간은 움찔하면서 내가 대답했다. 하지만 그 애 말이 맞았다.

"그럼 왜요?"

"그건 네가 아이스크림 먹을 자격이 없기 때문이야. 넌 노력조차 하지 않았어. 연습도 열심히 하지 않고. 내 생각에 넌 가끔 너무 게으른 것 같아. 타격 연습을 해야 할 때 비디오 게임이나 하고 있지를 않나. 야구 선수로서 자질이 없는 것 같아."

나는 아들에게 진주를 던졌다. 폭탄을 떨어뜨렸고 심하게 비판적인 언어들로 아들의 영혼을 깨뜨린 것이다.

　얼핏 보니 아들의 뺨에 눈물이 흐르고 있었다. 내 마음도 무거웠다. 하지만 나는 여전히 화가 난 상태였다. 그래서 아무 말도 하지 않았다. 앞에서 언급했듯이 분노는 2차적인 감정이다. 두려움이 분노하게 만든다. 나를 자랑스럽게 만들었고 아들이 사랑했던 야구를 더 이상 못하게 될지 모른다는 두려움이 나를 화나게 만들었다. 나는 아들이 '정신을 차리도록' 해주거나, 혹은 다시 '불을 지피는' 좋은 뜻으로 그랬을 뿐이라고 스스로를 달랬다.

　제이콥은 내가 던진 내 지혜의 진주들을 소화시킬 수가 없었다. 그것들은 아무런 도움이 되지 못했다. 감사하게도 다음 날 내가 정신을 차리고 아들에게 용서를 구했다. 안타까운 것은 많은 부모들이 자녀들에게 먼저 사과하지 못한다는 것이다. 그리고 시간이 흐를수록 아이들은 쓴 뿌리가 생긴다. 바울은 이렇게 기록했다. "아비들아 너희 자녀를 노엽게 하지 말지니 낙심할까 함이라"(골 3:21). 많은 아이들이 부모를 향해 분노를 키우는데 이상할 것이 없다. 많은 부모들이 권위적이고 불공평한 제약을 많이 하고, 자녀들이 진지하게 여기는 것들을 우습게 생각하고, 친구들에 대하여 모욕적인 언행들을 일삼는다. 우리 자녀들이 자신들을 정죄하거나 비판하지 않는 친구들이나 가족들을 선호하는 것은 놀랄 만한 일이 아니다.

　정죄의 기술은 많은 가정들에 만연하고 있다. 때문에 많은 사람들이 가족 모임에 가는 것을 견디지 못한다. 내가 주례를 맡은 많은 결혼식에서도 이러한 현상을 반복해서 보게 된다. 누가 오면 누가 안 온다고 하더라. 혹은 누구를 안 볼수 있도록 다른 테이블에 자리를 잡아주면 가겠다. 정죄의 기술은 돼지에게 던져진 진주와 같다. 실패할 뿐만 아니라 인간관계를 깨뜨린다.

 비판은 소화가 안 된다는 말에 동의하는가? 왜 그렇게 생각하는가?

비판하지 말라, 구하고 기도하라

지금까지 예수님은 남을 비판하지 말아야 할 충분한 이유를 설명하셨다. 첫째로, 그것은 분노만 자극하고 보복성 비판을 야기할 뿐이다. 둘째로, 우리 눈에 들보와 마찬가지로, 정죄하는 것은 다른 사람을 돕지 못하게 방해만 될 뿐이다. 셋째로, 그것은 소화가 되지 않기 때문에 영양분도 될 수 없다. 우리가 남을 비판하는 일을 섬김으로 바꾼다면 다른 사람을 도울 수 있는 위치에 설 수 있다. 우리가 그 중요한 첫째 단계에 이를 수 있다면, 누군가를 도울 수 있는 옳은 방법은 무엇일까? 그 해답이 다음 몇 구절에 나온다.

> 구하라 그리하면 너희에게 주실 것이요 찾으라 그리하면 찾아낼 것이요 문을 두드리라 그리하면 너희에게 열릴 것이니 구하는 이마다 받을 것이요 찾는 이는 찾아낼 것이요 두드리는 이에게는 열릴 것이니라 너희 중에 누가 아들이 떡을 달라 하는데 돌을 주며 생선을 달라 하는데 뱀을 줄 사람이 있겠느냐 너희가 악한 자라도 좋은 것으로 자식에게 줄 줄 알거든 하물며 하늘에 계신 너희 아버지께서 구하는 자에게 좋은 것으로 주시지 않겠느냐(마 7:7-11).

대부분의 사람들이 이 부분을 마치 앞에 나오는 구절들과 아무런 상관이 없는 부분이라고 생각한다. 마치 예수님께서 갑자기 주제를 비판하는 것에서 기도로 바꾸신 것처럼 생각하기 쉽다. 물론 이 부분이 기도에 관한 것이기는 하지만, 예수님이 갑자기 주제를 바꾸신 것은 아니라고 생각한다. 여전히 주제는 다른 사람들을 돕는 것에 관한 것이다. 어떻게 하는 것이 다른 사람들을 돕는 것이 아닌가를 설명하신 후에, 주님께서 어떻게 하면 다른 사람에게 유익을 끼칠 수 있는지를 가르쳐 주신다. 기도가 바로 그 첫 단계라는 것이다.

먼저 우리 눈 속의 들보를 빼내야 한다. 그것은 바로 우리의 비판하는 태도 혹은 정죄의 기술을 사용하려는 노력을 포기하는 것이다. 우리는 하나님이 아니다. 우리의 비판은 자주 틀린다. 사람들을 돕는 데 실패한다. 우리는 스스로를 살펴야 하고, 그리고 우리 눈에 기둥이 있다면 성령님의 도우심과 동료 그리스도인들의 도움을 받아 그것부터 다루기 시작해야 한다. 그러고 나서 도움이 필요한 사람에게 우리가 어떻게 도와줄 수 있을지를 물어야 한다. 물론 누군가를 돕는 최선의 방법은 다음의 세 단어에서 찾을 수 있다. 구하라, 찾으라, 그리고 두드리라. 여기서 우리는, 지금 예수님께서 기도에 대하여 말씀하시고 계시지만, 다른 사람을 돕기 위해서 기도할 때 어떻게 할 것인지를 설명하신다는 사실을 기억해야 한다. 각 단어를 살펴보면서 어떻게 해야 실제적으로 다른 사람들을 도울 수 있을지 알아보자.

구하라. 다른 사람을 돕기 위해 우리가 할 수 있는 첫번째 일은 그들을 위해 기도하는 것이다. 누군가를 위해 기도할 때 우리 마음은 그 사람의 평안에 관심을 갖게 된다. 기도할 때 그 사람을 위해 긍휼의 마음이 생기지 않을 수 없다. 기도는 또한 우리가 그 사람이 현재 처한 상황을 잘 판단할 수 있도록 해준다. 많은 경우 내가 어떤 사람을 위해 기도할 때 성령님께서 내 생각을 부드럽게 바로잡아 주시는 것을 느낄 수 있다. 예를 들면, 내가 어떤 사람의 특정한 약점을 생각한다고 하자. 그래서 그 사람이 그것을 극복할 수 있도록 기도해야 할 필요를 느꼈다고 가정하자. 상당히 자주 그 사람 속에 있는 깊은 상처가 그러한 행동을 하게 만든 것이 아닌가 생각하도록 성령님께서 인도해 주신다. 이런 생각이 들면 내 기도는 그 사람의 행동에 초점이 맞춰지는 것이 아니라, 그 사람의 상처로 초점이 바뀐다. 그리고 나는 성령님께 그 사람의 행동의 변화가 아니라 그 사람의 상처가 치유되기를 위해 기도하기 시작한다.

기도는 최소한 다음의 세 가지 면에서 하나님께서 우리에게 허락하신 놀라운 선물이다. 무엇보다 첫째로, 기도를 통해 우리는 하나님을 그 상황으로 초대한다. 누군가를 도우려는 노력 속에 우리는 혼자가 아니라, 하나님과 함께 동역한다. 둘째로, 기도하면 긍휼의 마음이 더 생기고, 비판의 마음이 줄어든다. 셋째로, 기도하면 하나님이 주시는 지혜를 얻게 된다. 우리가 갖고 있지는 않았지만, 기도하면 하나님께서 이전에 없었던 관점을 갖게 해주시고 인도하신다. 맨슨(T. W. Manson)은 다음과 같이 설명한다. "남을 비판하는 일은 전적으로 하나님의 소관이다. 왜냐하면 오직 주님만이 사람의 마음속 비밀을 아시기 때문이다." 다른 사람을 위해 기도하는 동안 나는 어떠한 상황에 대하여 전혀 새로운 시각을 얻게 되는 경우가 많다. 이것이 예수님께서 우리에게 기도로 시작하라고 말씀하신 이유다.

그 사람을 위해 한참을 기도한 후에야, 우리가 염려하고 있는 것에 대하여 그 사람에게 이야기할 수 있는 자격이 비로소 생긴다. 내가 하나님 나라에 굳게 서 있고, 사람들을 위해 기도했을 때 내가 하는 말에 귀를 기울이고 잘 듣는다는 사실을 깨달았다. 하지만 그렇게 이야기하는 것은 상대방을 위해 아주 오랜 시간 기도한 다음이어야만 한다.

구하라 그리고 두드리라. 예수님은 그렇게 상대를 위해 충분히 기도한 다음에 우리가 구하고 두드려야 한다고 말씀하신다. 이 단어들은 다음의 두 가지 이유 때문에 지속성과 끈기를 의미하는 말이다. 첫째로, 우리는 기도할 때 지속성이 있어야 한다. 둘째로, 우리가 소통하고자 하는 대상과 함께 서 있어야 할 필요가 있다. 남을 비판하는 것은 그 사람에게서 멀리 떨어져서 수류탄을 던지는 것과 마찬가지다. 하나님의 나라에서 우리는 다른 사람과 연합한다. 내 형제의 고통은 내 고통이기도 하다. 그러므로 우리는 그 사람을 위한 지속적인 기도와 그 사람이 혼자가 아니라는 사실을 알려줌으로써 우리의 사랑을 보여주어야 한다. 격려하는 카드나 이메일을 통해서, 혹은 전화를 거는 것도 좋은 방법이다.

우리와 우리의 친구들이 직면한 문제들은 하루아침에 사라지지 않는다. 대부분의 문제들은 단 한 번의 기도로 극복되지 않는다. 그것은 하나님이 능력이 없으시거나, 기도가 효력이 없어서가 아니라, 변화라는 것이 원래 서서히 일어나기 때문이다. 예수님은 우리에게 끈기와 지속적인 강청기도의 태도가 필요하다고 말씀하신다. 우리의 강청기도는 믿음이 없다는 증거가 아니라, 우리의 사랑과 헌신의 표시다. 예수님은 우리 하나님이 심지어 자녀를 위한 부모의 사랑보다 훨씬 더 좋으신 분이라고 말씀하신다. 하나님은 정말 좋으신 분이시다. 하나님은 우리에게 좋은 선물을 주시기 원하신다. 그리고 우리 자신과 우리가 사랑하는 사람들을 위해서 포기하지 않는 의지와 부지런함을 가지고 기도하기를 원하신다.

 구하고, 찾고, 두드리라는 말씀에 대한 이런 해석이 당신에게 의미가 있는가? 왜 그런지 설명해보라.

남을 비판하는 것에 대한 마지막 조언

예수님은 이 설교를 주님이 하신 말씀 중 가장 유명한 것 가운데 하나로 끝을 맺으신다. "그러므로 무엇이든지 남에게 대접을 받고자 하는 대로 너희도 남을 대접하라 이것이 율법이요 선지자니라"(마 7:12).

이 산상설교를 읽는 대부분의 사람들은 이 설교가 예수님이 하신 좋은 말들을 무작위로 모아둔 어록정도로 생각한다. 하지만 지금까지 살펴봤듯이, 예수님이 하신 말씀의 순서가 매우 중요하고, 이 황금률 또한 예수님의 가르침에서 그 순서가 매우 중요한 구절이다. 황금률은 정죄의 기술에 대한 토론에서 위대한 피날레다. 그리고 주님의 마지막 조언은 우리가 대접받고 싶은 대로 남을 대접하라는 말씀이다. 이것이 남을 비판하는 사람들에 대한 주님의 가장 직접적인 반론이다. 왜냐하면 예수님은 누구나 남에게 비판받는 것을 싫어한다는 사실을 상기시키기 때문이다.

　내가 누군가를 바로잡아야 할 상황에 직면하게 되면, 내 스스로에게 이렇게 묻는다. "나라면 상대방이 내게 어떻게 해주기를 원할까?" 이 질문은 자연스럽게 비판하려고 하는 나의 태도를 일단 중단시킨다. 왜냐하면 나 자신도 남들이 나를 비판하는 것을 좋아하지 않기 때문이다. 우리가 이 황금률을 지킨다면, 절대 남을 비판하지 않게 된다. 존 웨슬리는 이렇게 말한 적이 있다. "남이 당신에게 하지 않았으면 하는 일을 절대로 다른 사람에게도 하지 말라. 즉, 당신의 이웃을 절대로 비판하지 말라……절대로 그 자리에 없는 사람의 잘못을 이야기하지 말라." 우리가 그들을 돕고, 기도하고, 그 사람을 도울 방법을 찾고, 함께 있으려고 한다면, 우리는 절대로 그들을 비판하지 않을 것이다.

새로운 방법, 더 나은 접근

　나는 이 장을 시작할 때 자신의 친구의 나쁜 행동을 바로잡기 위해 내게 도움을 요청한 마크의 이야기로 시작했다. 나는 그에게 성경을 꺼내어 보라고 했다. 우리는 함께 남을 비판하는 것에 대하여 예수님께서 뭐라고 가르치셨는지를 공부했다(마 7:1-6). 비판이 어떻게 상대방의 분노를 일으키며, 거의 대부분 변화를 일으키는 데 실패하는지에 대하여 살펴보았다. 우리는 또 구하고 찾고 두드리는 것에 대하여 함께 공부했다(마 7:7-11). 그리고 이것이 변화가 필요한 사람들을 돕기 위한 예수님의 방법이라는 것을 설명해 주었다(마 7:12). 마크는 자신이 찾아낸 친구의 잘못들을 적은 목록을 가지고 친구와 담판을 짓고 비판을 통해 친구를 변화시킬 준비를 하고 있었다. 하지만 나는 그 방법이 통하지 않을 것이라고 설득했고, 오히려 우정을 해칠 수 있다고 경고했다. 어쩌면 회복이 불가능할 정도로 심하게 관계가 나빠질 수도 있다고 말했다.

"그럼 내가 뭘 어떻게 해야 하지?" 마크가 물었다.

"그 친구를 위해 일주일 동안 기도를 하게. 친구의 상황이나, 친구를 어떻게 변화시킬 것인가를 위해 기도하지 말고, 그냥 그 친구를 위해서만 기도하게. 그 친구의 안녕을 위해서, 하나님과 그 친구와의 관계를 위해서만 기도하게."

"좋아, 그러고 나서는?"

"그 다음 주에 나랑 한 번 더 만나야지. 같은 시간 같은 식당에서." 내가 대답했다.

"하지만 내가 준비한 목록은? 그리고 담판 짓는 것은 어떻게 하고?" 그가 물었다.

"아직은 아냐. 목록은 일단 서랍에 넣어 둬. 일단 일주일 동안은 친구를 위해서 기도만 하라고. 그러고 나서 다음 단계로 넘어가게 될 거야." 내가 대답했다.

일주일 뒤에 점심을 함께 하기 위해 만났다. 마크가 일주일 사이에 많이 달라져 있음을 느꼈다. 더 이상 불안해 보이지 않았다. 아주 평화로워 보였다. 나는 마크에게 한 주간 친구를 위해 기도했느냐고 물었다. 그는 기도했다고 답했다. "그 친구를 위해서 기도했더니 모든 게 달라졌다네, 짐. 그 친구를 향한 긍휼의 마음이 훨씬 더 많이 생겼고, 그 친구를 공격해야겠다는 마음은 이제 거의 사라졌다네. 하지만 여전히 그 친구에게 해주고 싶은 말이 있어. 이제 다음은 어떻게 해야 하나?"

"지난번에 얘기했던 예수님의 방법 기억나나?" 내가 물었다.

"그럼. 구하는 것이 먼저였지. 내가 뭘 해야 할지 알 것 같네."

그 다음 주에도 우리는 다시 만났다. 마크는 그 친구랑 이야기가 아주 잘 되었다며 흥분해서 얘기해 주었다. 마크의 이야기는 예수님의 가르침에 대한 내 생각이 옳았다는 것을 다시 한 번 분명하게 확인해 주었다. 그는 자신의 친구를 지지하는 태도를 견지했고, 친구는 자신의 마음을 열고 과거에 대하여 이야기해 주었다고 한다. 마크의 친구는 폭력적이고 학대하는 아버지 밑에서 자랐다는 걸 알게 되었다. 그리고 친구는 자신도 아버지의 전철을 밟게 될까 봐 두렵다고 말했다. 그리고 마크에게 자신의 마음을 열도록 도와주어서 고맙다고 인사하며, 자신이 변화할 수 있도록 계속 도와 달라고 부탁했다.

"내 방식이 아닌 예수님의 방식을 따르기 참 잘했다고 생각해. 감사하네." 마크가 말했다. "아무리 그리스도의 사랑 안에서 했다고 해도, 만일 내가 목록을 주면서 공격하고 비판했더라면 아주 반발이 컸을 거야. 나는 그 친구의 아버지에 대하여 전혀 몰랐다네. 이제는 그 친구와 그 친구의 고통을 더 잘 이해할 수 있을 것 같아."

하지만 모든 상황이 이번처럼 다 잘 풀리지는 않을 것이다. 우리가 예수님의 방법을 취했음에도 불구하고 변화를 위한 시도가 성공을 거두지 못할 수도 있다. 어떤 사람들은 변화할 준비가 안 된 상태다.

내가 말하려고 할 때에 마음의 문이 안에서 잠긴 경우도 있다. 어쨌든 간에, 다른 사람을 돕는 예수님의 방법은 최상의 방법이다. 남을 비판하려는 유혹은 크다. 하지만 길게 봤을 때 전혀 도움이 되지 않는다. 가장 좋은 방법은 기도하고, 우리가 돕고 싶은 사람과 함께하는 것이다. 다시 말하면, 우리가 대접을 받고 싶은 대로 대접하는 것이다. 역사상 그 어떤 선생도 예수님의 탁월함을 능가할 수 없다.

앞에서 나는 내 아들 제이콥에게 비판의 진주를 던지고 얼마나 후회를 했는지 언급했다. 우리는 과거를 되돌릴 수 없다. 하지만, 이전의 잘못을 바로잡을 수는 있다. 비록 그날 밤 많이 화가 났지만, 집에 도착하여 샤워를 하고 커피를 마시며 기도했다. 기도하는 동안 성령께서 누군가를 바로잡기 위해서 어떻게 해야 하는지를 생각나게 하셨다. 그리고 만일 내가 아들의 입장이었다면 어떻게 대접 받기를 원했을지 곰곰이 생각해 보았다. 잠이 들기 전에 해답이 떠오르기 시작했다.

제이콥의 방으로 가서 앉아서 함께 이야기를 나누었다. 나는 사과를 했고, 아들은 내 사과를 받아들였다. 그리고 내가 말했다. "그래, 이번 시즌에 대해 어떻게 생각하니?" 아들 녀석은 자신이 얼마나 힘들었으며 얼마나 두려웠는지에 대해 말했다. 나는 그것이 자기 뜻대로 되지 않을 때 느껴지는 정상적인 감정이라고 말했다. 하지만 우리가 함께 할 수 있는 일에 대하여도 이야기를 나누었다. 그것은 무엇보다 연습을 열심히 하는 것이었다. 내가 아들에게 말했다. "아빠가 항상 너와 함께 있다는 걸 알아줬으면 한다. 뭐든지 원하는 게 있으면 아빠가 해줄게." 아들은 자기가 수비 연습을 할 수 있도록 내가 땅볼로 계속 공을 쳐주면 좋겠고, 또한 타격 연습을 할 수 있도록 공을 던져주면 좋겠다고 했다. 그 다음 몇 달 동안 우리는 함께 여름 태양 아래서 열심히 연습을 했다. 아들은 천천히 슬럼프에서 빠져나오기 시작했고, 자신감도 늘었다. 경기가 다시 재미있어지기 시작했다.

이 사건을 통해 많은 것을 배웠다. 만일 정말 누군가가 변화하는 것을 보기 원한다면, 우리는 그들과 함께하고 변화의 과정에 동참해야 한다. 우리의 시간과 에너지를 투자해야 한다. 나는 우리에게 기도의 특권과 하나님 나라의 자원이 주어졌다는 사실이 너무나도 감사했다. 제이콥의 문제가 해결되지 않았다 할지라도 여전히 내게 큰 축복이었다. 우리는 성공하는 인생을 위해서는 엄청난 노력을 필요로 한다는 사실을 배웠다. 그리고 그 과정을 통해 아들과 나는 더욱 가까워졌다. 예수님의 명령에 우리의 인생을 세워 나가는 것은 때로는 어렵지만, 분명 든든한 반석 위에 세우는 것이다.

 잘못된 행동을 바로잡기 위한 예수님의 방법에 대해 어떻게 생각하는가? 비판보다 나은 효과가 있다고 보는가? 왜 그런가?

험담하지 않고 하루 보내기

제자도 시리즈를 통하여 우리는 다음의 기본적인 원칙들을 고수했다.

"할 수 없는 일을 하지 말고, 할 수 있는 일을 하라. 변화를 위해 지금 자신이 있는 곳에서부터 시작하고, 실패로 끝날 것이 빤한 불가능한 일이 아니라, 작은 일, 할 수 있는 일부터 시작하라."

이 원칙을 마음에 품고, 이번 주간에는 우리의 삶 속에서 종종 '용인되는 죄'로, 우리가 비교적 관대하게 여기는 죄를 훈련으로 극복하려고 한다. 그 죄는 바로 험담이다.

어쩌면 비판의 가장 흔한 형태가 험담일 것이다. 나는 험담을 다음과 같이 정의한다. (1)부정적으로 말하는 것, (2)그 자리에 없는 사람에 대하여 말하는 것. 이 두 가지가 험담의 기본적인 요소다. 만일 당신이 긍정적인 말을 하거나("브래드가 직장에서 승진했대. 그는 정말 열심히 일하는 사람이야."), 혹은 누군가가 있는 자리에서 말한다면("브래드가 승진한 소식 들었어? 브래드, 얘기 좀 해 봐. 내가 얘기할까?) 그것은 험담이 아니다.

이번 주에는 하루에서 사흘 정도 험담을 하지 않고 지내보라. 단 하루도 험담하지 않고 사는 것은 쉽지 않은 일이다. 하지만 당사자가 없는 곳에서는 그 사람에 대한 부정적인 말을 3일 동안 하지 말라.

존 웨슬리는 3명에서 5명의 예수님 제자로 구성된 소그룹을 만들었다. 그리고 '밴드'라고 이름 지었다. 그 밴드를 위해서 웨슬리는 다음과 같이 말했다. "다른 사람의 실수를 그 사람 없는데서 이야기하지 않기. 그리고 누가 그렇게 하면 말리기." 첫번째 부분(함께 있지 않은 사람의 잘못을 언급하는 것)이 바로 내가 말하는 험담에 해당한다. 하지만 나는 두번째 부분(다른 사람이 험담하는 것을 중단시키기)이 더 마음에 든다. 두번째 부분도 훈련해 보기를 권한다. 누군가 다른 사람을 험담하는 자리에 함께 있다면, 이렇게 말해서 험담을 막아 보자. "여기에 없는 사람에 대해서는 말하지 않는 것이 좋을 것 같습니다."

자칫하면 험담하는 사람에게 자신의 의를 드러내는 것처럼 비칠 수 있다. 특별히 당신도 가끔 험담하는 사람이라는 것을 그가 안다면 더욱 그럴 수 있다. 만일 그것이 너무 불편하다면, (1) 다른 사람들이 험담할 때 그 자리를 떠나라. (2) 험담에 동참하지 말고, 가능한 빨리 이야기의 주제를 바꿔라. 나는 통제하면 자제하게 만든다는 사실을 배웠다. 다른 말로 하면, 누군가 험담할 때 우리가 거부하는 것을 보면, 험담이 나쁜 일이라는 것을 상기시켜 바로 멈추도록 도울 수 있다. 매트 존슨(Matt Johnson)이라는 내 친구가 이 방법이 도움이 되었다고 말했다. 그는 험담이 더 커지기 전에 화제를 바꾸어 비판당하는 사람의 장점에 대하여 말한다고 한다. "탐에 대해선 여러분만큼 잘 알지는 못하지만, 상당히 너그러운 사람인 것 같더군요." 매트에 따르면, 그렇게 하면 대개 대화의 분위기가 바뀌고, 험담이 사라진다고 한다.

시간이 지남에 따라 더욱 분명하게 깨달은 사실은 험담이 파괴적이라는 것이다. 때로는 그것이 아주 심각한 죄로 느껴지지 않아서 우리는 가끔 그것을 용납하는 경향이 있다. 우리는 심지어 그것을 평가, 나눔, 상황에 대한 토론 등의 다른 이름으로 부르며 스스로를 합리화시킨다.

그러나 그 사람이 없는 곳에서 그에 대한 진리를 말해야 할 상황이 생긴다는 것도 분명한 사실이다. 예를 들면, 나는 어떤 사람에 대한 추천이나 문의를 자주 받는다. 그럴 때에는 내가 정직해야 할 의무가 있다. 어떤 사람이 믿을 만한 사람인가에 대하여 누군가 물어 왔는데, 실상 그렇지 못하다면 진실을 말해 주어야 한다. 물론 그것은 험담이 아니다.

그러한 경고에도 불구하고 험담을 하는 대부분의 사람들은 험담의 뜻을 정확하게 알고 있다. 심지어는 내가 "어떤 사람에 대하여 정직할 뿐"이라고 에둘러 이야기하려고 노력하지만, 내 마음속 깊은 곳에 내가 누군가를 깎아내리고 있다는 사실을 잘 안다.

험담을 하지 않겠다고 거부하는 것과, 험담만은 침묵할 수 있도록 하나님께서 도우실 거라고 하나님을 신뢰하는 행위는 우리가 남을 도울 수 있는 최고의 사랑의 선물이다. 다시 한 번 강조하지만, 우리가 할 수 있는 것부터 시작하고, 우리에게 불가능한 일은 하지 말아야 한다.

영성 생활의 진보는 이렇게 이루어진다. 나는 당신이 험담하지 않고 하루를 살 수 있으리라고 믿는다. 그리고 그렇게 할 때, 당신이 더 이상 남에 대하여 험담하지 않고도 살수 있다는 것을 스스로 깨닫게 될 것이다.

chapter
12
날마다 하나님 나라를 경험하며 살기

영혼의 훈련 : 하루를 경건하게 사는 법

| Living in the Kingdom Day by Day |

눈 내리는 날

모닥불 앞에 앉아 있으면 아주 편안한 느낌이 든다. 이 글을 쓰는 지금 밖에는 엄청난 눈이 내리고, 나는 잘 타오르는 벽난로 앞에 앉아 있다. 따뜻한 불 옆에 앉아 있으면 영혼까지 깊어지는 것 같다. 오랜 세월 동안 불을 지피고 그것을 지키는 일은 영성 생활을 설명하기에 아주 좋은 비유였다. 퀘이커 교수이자 작가인 토마스 켈리(Thomas Kelly)는 『내면의 성전에 타오르는 불꽃』이라는 제목으로 기도 생활에 대하여 책을 썼다. 마담 귀용(Madame Guyon)과 존 웨슬리도 역시 하나님과 인간의 동역에 대하여 이야기할 때 불에 대한 비유를 사용했다. 우리가 어떻게 환경을 조성하며 준비해야 하는지에 대하여 이야기하며, 오직 하나님 한 분만이 우리 영혼에 불을 일으키실 수 있다고 말했다.

내게 불을 피우고 지키는 이미지는 하나님과 생명력 있는 영적 교제를 누리는 것에 대한 완벽한 설명이다. 과거에는 어머니나 아버지가 아침에 일어나면 해야 하는 가장 첫번째 일이 난로에 불을 피우는 일이었다. 그리고 하루 종일 누구든지 불이 꺼지지 않도록 새 장작을 계속 집어넣어서 불이 잘 타도록 해야만 했다. 잘 돌보지 않으면 불이 꺼지곤 했다. 그것이 우리의 경건 생활과 꼭 같다. 그것은 내 개인적인 경건 생활의 모습과도 똑같다. 아침 일찍 일어나 최소한 30분 정도는 개인 기도를 위해 시간을 따로 떼어 놓는다. 이것이 매일 아침마다 내가 영혼의 불을 피우는 방법이다. 경배, 감사, 묵상, 찬양, 내려놓음을 통하여 나는 나를 위해 자신을 희생하셨던 하나님과 소통한다. 그리고 주님의 인도와 뜻을 따르기 위해 나를 내려놓는다.

그러나 그것으로 끝이 아니다. 벽난로 속의 불처럼, 종일 땔감을 더해 줘야 한다. 그것을 위해 나는 매시간 혹은 두 시간에 한 번씩 하던 일을 멈추고 잠깐 기도를 하거나, 성경을 읽거나, 토마스 아 켐피스(Thomas a Kempis)가 쓴 『그리스도를 본받아』The Imitation of Christ』 같은 경건서적을 읽는다. 이것이 타고 있는 영혼의 불이 활활 잘 타도록 하기 위해 장작을 집어넣는 일이다. 저녁이 되어 잠자리에 들기 전에 신앙서적을 읽거나, 하루를 돌아보며 잠시 동안 기도를 통해 나를 점검하거나, 성찰하는 시간을 갖고 난 후에 편안하게 잠자리에 든다.

이렇게 하는 이유는 하나님이 나를 더 사랑하시거나 체벌을 피하거나, 혹은 내 종교적 열심으로 주변 사람들을 놀래주려고 그러한 훈련들을 하는 게 아니다. 내가 그런 일들을 하는 이유는 내 안의 불이 지속적으로 타오르도록 하기 위해서다. 내가 영적으로 연약하기 때문에 그런 일들을 한다. 그러한 영적인 활동이 없이는 효율적이고 기쁨이 넘치는 그리스도인의 삶을 영위할 수 없기 때문이다. 또한 매주 정기적인 예배와 교제, 그리고 나의 영혼을 살찌우게 할 다른 영적인 훈련들이 필요하다. 내가 이러한 일들을 무시하면 내 영혼이 위축되는 것을 느낀다. 예수님의 제자로 살아가기 위해 이런 것들 외에 다른 방법이 없다는 것을 잘 안다.

두 가지의 잘못된 가르침들

1. 중요한 것은 예수님을 믿는 것이지, 주님과 지속적인 관계를 갖는 것은 그다지 필요하지 않다.

그리스도인이 된 지 얼마 지나지 않아, 나는 기독교 영성 훈련 분야에서 탁월한 영적인 지도자이며 작가인 리처드 포스터에게 영성 훈련을 받았다. 리처드 포스터는 내게 개인 기도의 시간을 갖는 법, 경건의 독서 훈련, 말씀 연구하는 법 등을 가르쳐 주었다. 그는 본인이 직접 그렇게 살아가는 모습을 보여주고, 과거의 경건주의 스승들을 소개하며 나에게 많은 것을 가르쳐 주었다. 나는 그들의 모범을 따랐고, 그렇게 삶의 변화와 성령의 능력을 체험했다. 나는 정말 실제적이고 친밀한 하나님과의 교제를 이어갔다. 내가 그리스도인이 된지 얼마 되지 않았기 때문에 나는 모든 그리스도인들이 그렇게 사는 줄로만 알았다.

하지만 내 생각이 틀렸다. 나중에 안 사실이지만, 그리스도와 그의 나라에 가깝게 지내던 사람들은 예외적으로 그렇게 경건을 추구하며 살았지만, 그것이 규범은 아니었다. 어떤 통계의 의하면 겨우 10퍼센트 정도의 그리스도인들만 매일매일 하나님과 적극적인 교제의 시간을 갖고 있다고 한다. 왜 이렇게 되었을까? 많은 이유들이 있겠지만, 이런 문제 뒤에는 신학적인 잘못이 있다고 생각한다. 많은 그리스도인들이 예수님과의 관계는 그다지 중요하지 않다고 배운 것이다. 개인적인 기도, 개인 성경공부, 홀로있음의 훈련, 경건의 독서, 그리고 다른 사람을 섬기는 봉사와 같은 일들은 거의 가르치지 않았고, 그런 것들은 아주 극성이거나 성취 지향적인 소수의 그리스도인들만 하는 것으로 여겨졌다.

2. 좋은 그리스도인이 되는 유일한 길은 모든 규칙을 다 지키는 것이다.

현재의 문제에 대하여 상당한 책임을 져야 할 또 다른 잘못된 가르침이 있다. 어떤 기독교 계열에서는 그리스도인의 생활의 핵심적인 메시지는 모든 율법과 규칙을 지키는 것이라고 가르친다. 그들의 초점은 어떤 훈련들을 해야 하거나 하지 않거나 두 가지다. 하지만 단순히 규칙들을 지킨다고 해서 그리스도인의 생활에 만족이 찾아오는 것은 아니다. 우리의 영혼은 단순히 무엇을 해야 하거나 하지 말아야 한다는 규칙보다 더욱 깊은 것에 굶주려 있다.

위 두 가지의 가르침 모두 잘못된 것들이다. 첫째 가르침은 영성훈련이 불필요하다고 여긴다. 둘째 가르침은 영성훈련을 반드시 시행해야 하는 필수적인 것으로 여긴다. 둘 다 핵심을 놓치고 있다. 바로 관계에 관한 것이다. 예수님의 제자가 되기 위해 진짜 중요한 것은 그분과의 관계다. 이것은 그분과의 관계를 키워갈 수 있는 훈련들도 포함한다(첫째 가르침과 정반대). 그러나 진짜 중요한 것은 관계 없는 훈련들이 아니라, 관계 그 자체다(둘째 가르침에 대한 반박). 영적 훈련들은 하나님과의 삶을 살찌게 해주는 지혜로운 훈련들이다. 하지만 그 훈련들 자체가 하나님이 우리를 어떻게 보시는가를 나타내는 영적인 훈장들이 아니다. 예수님의 제자들은 예수님을 닮기 위하여 어떻게 하면 예수님과 함께 머물 수 있는가를 배워간다. 그리고 그것은 예수님 안에 거하는 법을 배움으로서 이루어진다.

예수님의 가르침 : 내 안에 거하라, 그리고 열매를 맺으라

활기찬 그리스도인으로 살아가는 비밀은 예수님 안에 거하는 것이다. 전인적이고 행복한 삶을 위해 예수님께 전적으로 의지하는 법 외에 다른 방법은 없다. 주님은 포도나무와 그 가지의 이미지를 통하여 당신의 제자들이 어떻게 살아야 하는지를 설명하신다.

> 나는 포도나무요 너희는 가지라 그가 내 안에, 내가 그 안에 거하면 사람이 열매를 많이 맺나니 나를 떠나서는 너희가 아무 것도 할 수 없음이라 사람이 내 안에 거하지 아니하면 가지처럼 밖에 버려져 마르나니 사람들이 그것을 모아다가 불에 던져 사르느니라 너희가 내 안에 거하고 내 말이 너희 안에 거하면 무엇이든지 원하는 대로 구하라 그리하면 이루리라 너희가 열매를 많이 맺으면 내 아버지께서 영광을 받으실 것이요 너희는 내 제자가 되리라(요 15:5-8).

포도나무와 가지의 이미지는 예수님께 연결되고 붙어 있어야 할 필요성을 설명한다. 포도나무에 붙어 있지 않는 가지는 생명과 에너지의 근원에서 잘려 본래의 역할인 열매를 맺지 못하게 된다. 마찬가지로, 예수님과 떨어져 사는 그리스도인의 삶은 예수님의 생명과 능력에서 떨어지게 되고, 성령의 열매를 맺지 못한다(사랑과 희락과 화평과 오래 참음과 자비와 양선과 충성과 온유와 절제).

우리 모두는 기쁨이 충만한 삶을 살기 원한다. 내가 아는 사람들 대부분은 자신들이 양선의 열매를 가진 사람들이라고 인정받기 원한다. 또한 화평을 원하지 않는 사람은 거의 없다. 예수님은 말씀하시기를 우리가 주님 안에 거하기만 하면 이런 것들은 저절로 우리 삶과 성품의 일부가 된다고 하신다. 하지만 주님과 떨어져서는 아무것도 할 수 없다. 차라리 잘려진 가지가 열매를 맺을지언정, 우리는 더 이상 열매를 맺지 못한다.

어떻게 예수님 안에 거할 수 있을까? 주님 안에 거한다는 것은 어떤 모습일까? 『선하고 아름다운 하나님』이라는 책에서 나는 이렇게 정의했다. "그리스도 안에 거한다는 것은 예수님 안에 머문다는 것이다. 즉, 우리 밖에 계시지 않고, 우리를 정죄하시지 않으시며, 우리 안에 거하시면서 힘을 주시는 그분만을 온전히 의지한다는 말이다. 우리가 그리스도 안에서, 즉 그 분의 임재 안에서 그리고 우리 안에 있는 주님의 능력 가운데서 자기 정체성을 찾으면 찾을수록 더욱 자연스럽게 그러한 삶을 살게 된다." 그러므로 거한다는 것은 겉으로 드러나는 어떤 규칙들을 지킨다고 해서 이루어지는 것이 아니다. 꽃을 선물한다거나 카드를 보내거나 하는 어떠한 행동을 한다고 해서 내 아내와의 관계가 자연스럽게 유지되는 것이 아니다. 그러한 것들은 내가 아내를 향한 내 사랑을 표현하려는 의도를 가지고 할 때 좋은 것이다. 한편으로는, 관계를 발전시키고 유지한다는 것은 다른 많은 것들을 요구한다. 예를 들면, 아내와 시간을 함께 보내는 것, 아내의 말에 귀를 기울이는 것, 그리고 아내를 돌보는 것 등과 같은 일들이 자연스럽게 요구된다.

예수님 안에 거한다는 것은 예수님과 시간을 함께 보낸다는 것이다. 내 경우에는, 내 생각과 마음을 주님의 임재 가운데 집중할 때 주님과 시간을 함께 보낼 수 있는 것 같다. 시편 16편 8절에는 이렇게 기록되어 있다. "내가 여호와를 항상 내 앞에 모심이여 그가 나의 오른쪽에 계시므로 내가 흔들리지 아니하리로다."

또한 골로새서 3장 1-2절은 이렇게 조언한다. "그러므로 너희가 그리스도와 함께 다시 살리심을 받았으면 위의 것을 찾으라 거기는 그리스도께서 하나님 우편에 앉아 계시느니라 위의 것을 생각하고 땅의 것을 생각하지 말라 (골 3:1-2). 내 문제는 마음이 엄청나게 방황한다는 것이다. 그것이 바로 내 생각을 그리스도가 계신 위의 것에 집중해야 할 이유다.

초점은 규칙들이 아니라, 관계에 맞추어져야 한다. 우리가 규율을 지키는 데만 집중하다 보면 그리스도인으로서의 삶은 심각한 문제에 빠진다. 그리스도 안에서의 정체성에 집중해야 한다. 그리고 그것이 우리의 행동을 결정하는 중요한 요인이 되어야 한다. 그리스도께서 내 안에 머물고 계신다는 사실을 알고 그 현실을 묵상할 때, 그분과의 관계를 키워가고 싶은 열망이 더욱 강해진다. 하지만 그 관계를 세우기 위해 실천해야 할 것들도 있다. 그런 까닭에 하나님과 나의 관계를 계발하는 데 도움이 되는 많은 훈련들(규율들이 아니다)도 실행한다. 우리의 영혼은 관계에 굶주려 있다. 그리고 그 관계는 훈련을 통해 자라간다.

 우리는 어떻게 그리스도 안에 머무는가? 자신의 경험을 나누어보자.

네 가지 이미지, 한 가지 핵심

이번 장은 역사상 가장 탁월한 분이 설교한, 사상 최고의 설교인 산상설교의 마지막 부분에 관한 내용이다. 당신의 제자로 살아가라는 우리를 향한 주님의 분명한 부르심의 메시지에서, 예수님은 한 가지 결론을 이끌어 내시기 위해 네 가지 다른 방법으로 설명하신다. 그 하나의 결론이란, 우리의 삶을 예수님 중심으로 조율할 때 주님의 가르침은 선한 삶을 위한 유일한 길이 된다는 것이다.

1. 선하고 아름다운 삶으로 가는 길은 오직 하나뿐이다.

> 좁은 문으로 들어가라 멸망으로 인도하는 문은 크고 그 길이 넓어 그리로 들어가는 자가 많고 생명으로 인도하는 문은 좁고 길이 협착하여 찾는 자가 적음이라(마 7:13-14).

예수님께서 사용하신 첫번째 이미지는 두 개의 다른 길로 인도하는 두 개의 각각 다른 문(좁은 문과 넓은 문)이다. 넓은 문은 쉬운 길이고, 좁은 문은 험한 길이다. 넓은 문을 통한 길은 멸망으로 인도하고, 좁은 문을 통한 길은 영원한 생명으로 인도한다.

예수님은 분명하게 말씀하시기를 그 좁은 길(예수님의 가르침을 지키는 것)이 힘들지만, 그것이 생명으로 가는 길이라고 하셨다. 제자가 되는 대가와 예수님을 따르는 것이 얼마나 어려운지에 대하여 말씀하셨다. 예수님을 따르는 것이 어려운 것은 사실이지만, 따르지 않음으로 겪는 어려움이 사실 훨씬 더 크다. 그렇다면 왜 우리는 제자가 되지 않는 대가에 대하여는 말하지 않는가? 달라스 윌라드에 의하면, 예수님의 제자가 되지 않은 대가는 생각보다 훨씬 크다.

> 제자가 되지 않음으로 우리가 치러야 할 희생은 지속적인 평안과 사랑으로 점철된 삶, 영원한 하나님의 통치를 최우선으로 하여 매사를 바라보는 믿음, 아무리 절망적인 상황 가운데서라도 쓰러지지 않는 소망, 옳은 것을 하고자 하는 능력과 악의 세력들에게 대적하는 힘, 이 모든 것들이다. 요컨대, 그 대가는 정확히 말해서 예수님께서 우리에게 가져다주시는 풍성한 삶이다(요 10:10).

그리스도의 십자가는 결국 자유를 위한 도구이며, 그 안에서 주님과 함께하는 사람에게는 놀라운 능력이다.

제자도의 대가에 집중하는 대신에, 제자가 되지 않음으로 치러야 할 파산 상태에 대하여서도 강조해야 한다. 예수님은 많은 사람들이 주님의 설교대로 살지 않고 자기중심의 쉬운 길을 택할 것을 잘 알고 계셨다. 비록 그 길이 쉬워 보이고, 그렇기 때문에 많은 사람들이 택하는 길이겠지만, 그 길은 멸망으로 가는 지름길이다.

> 왜 어떤 사람들은 예수님이 명령하신 것들을 실천하는 것이 그리스도인이 되기 위한 필수조건이 아니라고 결론내리는 걸까?

2. 속을 뒤집어 보면 안다.

좁은 길과 넓은 길에 대하여 가르치신 후에, 예수님은 또 다른 대조적인 장면(내면의 성품과 겉으로 드러나는 모습)을 소개하신다.

> 거짓 선지자들을 삼가라 양의 옷을 입고 너희에게 나아오나 속에는 노략질하는 이리라 그들의 열매로 그들을 알지니 가시나무에서 포도를, 또는 엉겅퀴에서 무화과를 따겠느냐 이와 같이 좋은 나무마다 아름다운 열매를 맺고 못된 나무가 나쁜 열매를 맺나니 좋은 나무가 나쁜 열매를 맺을 수 없고 못된 나무가 아름다운 열매를 맺을 수 없느니라 아름다운 열매를 맺지 아니하는 나무마다 찍혀 불에 던져지느니라 이러므로 그들의 열매로 그들을 알리라(마 7:15-20).

초대교회 교부였던 존 크리소스톰은 이 본문을 다음과 같이 해석했다. "거짓 선지자들은 이단을 지칭하는 것이 아니다. 그들은 덕이라는 가면을 쓴 사람들이다. 타락한 삶의 모습을 지칭한다." 그리고 이어서 이렇게 말한다.

"겉으로 드러나는 가면을 보지 말고, 인내로 좁은 길을 따르는 사람들의 행위의 열매를 보라."

나는 그 해석이 옳다고 생각한다. 그리고 바로 그것이 산상설교에 나오는 내용이다. 예수님께서 줄곧 강조하시는 것처럼 진짜 중요한 것은 내면이다. 우리 마음이다. 우리는 절대로 사람을 죽이지 않을 수 있다. 하지만 우리 마음 가운데 엄청난 분노를 품고 살 수 있다. 예수님이 상기시키는 것은, 주님의 제자들이란 단순히 겉모습만 좋아 보이는 사람들이 아니라, 예수님과의 관계를 통해 그리고 하나님 나라와의 관계를 통해 마음이 변화된 사람들이라는 사실이다. 우리가 그 관계를 키워갈 때 그리스도 안에 거하고 자연스럽게 열매를 맺는다. 그리스도 안에 거하지 않고 열매를 맺을 수 있는 방법은 전혀 없다. 이 말씀은 교사이자 작가이고 사역자인 내게, 내가 하는 말보다 더욱 중요한 것은 내면의 성품이라는 사실을 다시 깨우쳐 주신다.

3. 하나님 나라로 가는 길은 오직 하나뿐이다.

다음으로 예수님은 하나님 나라에 들어가는 오직 한 길은 아버지의 '뜻대로 행하는' 것이라고 말씀하신다.

> 나더러 주여 주여 하는 자마다 다 천국에 들어갈 것이 아니요 다만 하늘에 계신 내 아버지의 뜻대로 행하는 자라야 들어가리라 그 날에 많은 사람이 나더러 이르되 주여 주여 우리가 주의 이름으로 선지자 노릇 하며 주의 이름으로 귀신을 쫓아 내며 주의 이름으로 많은 권능을 행하지 아니하였나이까 하리니

그 때에 내가 그들에게 밝히 말하되 내가 너희를 도무지 알지 못하니 불법을 행하는 자들아 내게서 떠나가라 하리라(마 7:21-23).

우리는 "하늘에 계신 내 아버지의 뜻대로 행하는"이라는 표현에 초점을 맞추고, 이 말씀은 하나님께 순종하라는 부르심에 관한 것이라고 여기기 쉽다. 하늘에 계신 아버지에게 순종하는 것이 중심 메시지이긴 하지만, 앞에서 언급한 것처럼, 많은 사람들은 그것을 규칙을 지키는 정도로 여긴다.

이 본문을 해석하는 최선의 방법은 바로 "내가 도무지 너를 알지 못하니"라는 표현에 초점을 맞추는 것이다. 다시 강조하지만, 여기에서 중요한 것은 관계가 있는지 없는지에 관한 것이다. 예수님은 단지 선한 일을 행하는 것이 아니라, 주님과의 관계의 중요성을 강조하신다. 주님이 예를 드시는 일들을 주목하여 보라. 선지자 노릇하고, 귀신을 내어 쫓고, 권능을 행하는 것. 주님은 지금 단순히 교회에 출석하거나 성경을 읽은 정도의 일들을 말씀하시는 것이 아니다. 예수님이 예로 들었던 일들은 모두 사람들로 하여금 그 일을 하는 사람이 진짜 그리스도인이라고 생각하게끔 만드는 일들이다. 하지만 예수님께서 지적하시는 것은 그런 일들을 행하는 것이 가능하다 할지라도 예수님과는 관계가 없을 수도 있다는 것이다. 예수님은 결국 관계가 가장 중요하다고 말씀하신다.

4. 선한 삶으로 가는 길은 오직 하나뿐이다.

산상설교에 대한 심도 깊은 공부가 이제 정말 막바지에 다다랐다. 그리고 이제는 우리 삶에 적용할 때다. 처음 시작했던 곳으로 다시 돌아 왔다. 이 장의 도입 부분에서 삶을 '반석' 위에 세우라는 예수님의 경고를 살펴보았다.

> 그러므로 누구든지 나의 이 말을 듣고 행하는 자는 그 집을 반석 위에 지은 지혜로운 사람 같으리니 비가 내리고 창수가 나고 바람이 불어 그 집에 부딪치되 무너지지 아니하나니 이는 주추를 반석 위에 놓은 까닭이요 나의 이 말을 듣고 행하지 아니하는 자는 그 집을 모래 위에 지은 어리석은 사람 같으리니 비가 내리고 창수가 나고 바람이 불어 그 집에 부딪치매 무너져 그 무너짐이 심하니라(마 7:24-27).

예수님 당시의 사람이라면 누구나 이 장면이 익숙했다. 집의 기초는 창수와 바람을 견뎌낼 수 있도록 집을 지탱하는 것이다. 하지만 예수님은 지금 튼튼한 집을 건축하는 방법에 대하여 강의하시는 것이 아니다. 주님은 지금 당신의 제자가 되지 않는 삶이 어떻게 될 것인가에 대한 충격적인 장면을 소개하시면서 설교의 결론을 맺으신다. 예수님은 이렇게 말씀하신다. "살아가는 데는 두 가지 방법이 있다. 내 제자로 살든지, 아니든지. 내 제자가 된다는 것은 지속적으로 매일 나와 관계를 발전시켜 가는 것이다. 하나님 나라의 원리들을 따르는 사람들은 강하고 무너지지 않을 것이다. 역경이 다가와도 견뎌낼 수 있을 것이다."

지난 3년 동안 나는 마치 오이지처럼 하나님 나라에 푹 젖어 사는 사람들의 공동체에 몸담고 있었다. 한 주 한 주 산상설교를 함께 공부했고, 우리의 삶에 적용하느라 애를 썼다. 우리를 저주하는 사람들을 도리어 축복했고, 분노를 제거하는 방법들을 실험해 봤으며, 매일의 삶 속에서 하나님 나라를 구했다. 우리의 삶 속에 놀라운 일들이 일어나는 것을 목격했다. 그러나 가장 인상 깊었던 것은 삶의 역경을 어떻게 직면해야 하는가에 대하여 배운 일이다.

우리 소그룹의 한 지체는 의사였는데, 의료 과실로 억울하게 고소를 당했다. 매일 그 자매의 성품을 공격하는 변호사의 발언을 견뎌내야 했다. 비록 상처받고 눈물도 많이 흘렸지만, 그녀는 굳건히 서서 하나님 나라의 태도를 가지고 행동했다. 상처를 많이 받았지만 이렇게 얘기했다. "몇 년 전 같았으면 아마 여기까지 오지도 못했을 거예요. 내가 하나님 나라에 거하는 것에 대하여 몰랐을 때라면 아마 이 일로 인해 완전히 무너졌을 겁니다." 예수님의 제자로서 그녀는 결코 이상도 없었고 앞으로도 문제가 없을 그 나라에 계신 선하고 아름다운 하늘 아버지와 교제하고 있었기 때문에 선한 미래를 기대했다. 그녀의 삶에 폭풍이 몰아쳤지만, 튼튼한 기초가 꼭 붙잡아 주었다.

 예수님이 가르치신대로 실천하지 않았기 때문에(진실을 말하는 것, 분노 없이, 염려 없이 사는 것) 자신의 삶이나 주변 사람들의 삶이 힘들어진 적이 있다면 나누어 보자.

우리의 생각을 위의 것에 맞추기

예수님과의 관계를 키우기 위한 유일한 길은 내 생각과 마음을 하나님 나라에 맞추는 것이다. 예수님의 제자에게 가장 기초적인 초석은 매일의 삶 속에서 예수님과 친밀한 관계를 맺는 것이다. 우리의 생각을 위의 것에 맞추고 일상을 보내는 법을 배운다면, 그리스도인의 삶에서 가장 중요한 영적인 훈련들 가운데 하나를 배운 것이다.

우리의 삶을 예수님의 가르침이라는 반석 위에 세우려면, 시간이 우리를 다스리는 것이 아니라, 우리가 시간을 관리할 수 있어야 한다. 우리의 영적인 삶에서 성장이 없는 것에 대한 가장 흔한 핑계는 시간이 없다는 것이다. 우리 대부분은 미리 계획하고 예수님의 제자됨을 중심으로 계획을 세우는 대신, 오히려 우리가 만든 계획에 속수무책으로 휘둘리며 살고 있다.

 어떻게 불이 계속 타도록 할 수 있는가? 영적인 삶을 유지할 수 있는 연료는 무엇인가?

 산상설교에서 가장 도움이 되었던 부분은 무엇인가?

하루를 경건하게 사는 법

영혼의 훈련

이번 주 영혼의 훈련을 위한 도구는 아마 제자도 시리즈 중에서 가장 변혁적인 도구일 것이다. 이것은 내가 매일 주기적으로 내 영혼의 불을 지키기 위해 사용하는 중요한 방법들 중 하나다.

내가 가장 도움이 된다고 생각하는 영적 훈련 방법은 『예수 그리스도를 깊이 체험하기』라는 고전을 쓴 프랑스의 영성 작가 마담 잔느 귀용(Madame Jeanne Guyon, 1648-1717)이 소개한 방법이다. 마담 귀용은 자신의 삶 가운데 엄청난 고통을 경험했으나 오히려 자신에게 커다란 평화를 가져다준 하나님과의 깊은 관계를 경험했다.

마담 귀용은 자신의 딸에게 하루의 삶을 믿음 중심으로 살 수 있는 실천 방법을 소개했다. 그녀는 그 글에 〈하루를 경건하게 보내는 법How to Pass the Day Devotionally〉라는 제목을 붙였다. 그것은 짧고 간단하지만 하루를 살면서 하나님께 나아가기 위해 잠시 멈추는 아주 심오한 방법이다. 그녀가 만든 이 모범을 이번 한 주 동안 최소한 하루만이라도 훈련해 보려고 노력하라. 내 생각에는 이 방법이 독자들에게도 매우 도움이 되리라 생각하고, 매일 실천하고 싶어지리라 생각한다. 그녀의 지침을 소개한 후에, 어떻게 하면 제자도 시리즈에 나온 영적인 훈련들과 조화롭게 실천할 수 있을지 설명해 줄 것이다. 어떻게 이 훈련이 지금까지 이 커리큘럼에서 소개한 다른 훈련들을 종합하는 효과가 있는지 발견할 수 있기를 바란다.

마담 귀용의 〈딸에게 주는 엄마의 조언〉
하루를 경건하게 보내는 법

1. 매일 규칙적인 시간에 잠자리에 들어라. 시간이 정해져 있지 않으면 습관을 들이기 힘들다. 아침에 늦잠을 자지 않으려면 매일 밤 10시 이전에는 잠자리에 들어야 한다.

2. 아침에 눈을 뜨자마자, 너의 생각을 주님께 드려라. 그날의 첫 열매를 하나님께 바쳐라. 또한 아침에 일어나자마자 하나님의 위대하심 앞에 경배하는 마음으로 무릎 꿇는 것을 잊지 말라.

3. 옷을 갖춰 입은 후에 30분 동안 경건의 시간을 가져라. 그 조용한 시간에 그리스도께서 자신을 영원한 아버지께 희생하신 것을 묵상하고, 너 자신을 그분께 드려라. 그리하여 주님께서 기뻐하시는 그 일을 네 안에서 너와 함께 하시도록 하라. 너의 가장 중요한 훈련이 하나님의 뜻에 전적으로 순종하는 것이 되게 하라. 기억하라, 그분을 섬기는 것이 다스리는 것이다.

4. 하루도 빠짐없이 아침마다 토마스 아 켐피스의 『그리스도를 본받아 Thomas a Kempis's The Imitation of Christ』같은 경건 서적을 읽어라. 너무 많이 읽지는 말아라. 하지만 읽을 때는 기쁨으로 읽으며 적용을 목표로 읽어라. 천천히 읽어라.

5. 이러한 경건의 시간을 가질 때, 너의 영적인 생각들이 쉽게 사라지지 않도록 주의하라. 네가 받은 것들을 잃고 싶지 않은 소중한 선물처럼 지키려고 노력하라. 기도 가운에 켜진 불은 하루 종일 잘 지키지 않으면 꺼지고 말 것이다. 빈번한 묵상, 사랑의 기도, 감사와 더불어 네 자신을 하나님께 드리는 헌신이 그 불을 지속시키는 연료다. 하루를 보내면서 네 생각을 내면으로 향하게 하라. 네 영혼의 중심이신 하나님을 그곳에서 만나게 될 것이기 때문이다.

6. 기도를 위해 잠시 멈추는 것 외에도, 여가의 시간이 생길 때마다 성경을 읽어야 한다. 그 훈련이 그리스도인으로 어떻게 살아야 하는지 지침을 줄 것이다. 자주 읽어라. 너의 주요한 공부로 삼아라. 그것이 너의 영혼의 일용할 양식이 되게 하라. 그러면 너는 너의 부르심이 무엇인지, 또한 어떻게 하면 주님의 마음을 아프지 않게 하는지 그 방법을 그리스도로부터 직접 배울 수 있을 것이다. 그러므로 사랑하는 내 딸아, 성경을 적어도 일부분이라도 읽지 않고는 절대로 하루를 보내지 않기를 권한다. 어떤 때는 성경이 펼쳐지는 대로 읽을 수도 있겠지만, 순서대로 읽고, 전에 읽은 그 다음부터 시작하라. 그러면 말씀의 아름다움을 깨닫게 될 것이며 달콤함을 즐길 수 있을 것이다. 겸손한 마음으로 읽어라. 네 영혼을 고취시키고 살찌우고 싶다면 말씀을 열린 마음과 연구하는 태도로 읽어라. 묵상하면서 질문을 하라. 이 성경 말씀에 의하면, 오늘 하나님은 내가 무엇을 하기를 원하시는가?

7. 경건의 시간을 가진 후 나머지 시간을 하루 종일 직장에서 일하거나 친구를

방문할 수도 있다. 하지만 다음 목표를 마음에 품어라. '묵상과 기도를 위한 시간을 따로 떼어 놓지 않고는 결코 하루를 보내지 않으리라.'

8. 잠자리에 들기 전에 하루를 돌아보며 자신을 성찰하고 특별히 생각과 말과 행동을 돌아보고 반성하라. 이것을 할 때 깊은 반성과 뉘우침의 태도를 가지고 하라. 그리고 내일은 어떻게 다르게 살 것인지를 결단하라. 또한 하나님께 도우심을 구하라. 잠이 들 때까지 하나님의 평화로운 임재를 누리라. 이렇게 하면 숙면을 취할 수 있을 것이다. 또 하루를 시작하며 동일한 겸손과 경배 그리고 내려놓음의 마음으로 일어나라. 그리고 다음날에도 이것을 똑같이 되풀이 하라.

 ## 마음 귀용의 방법을 연습하기

☕ 1. 매일 규칙적인 시간(10시라고 하자)에 잠자리에 들어라.

잠자기는 제자도 훈련 시리즈에서 소개한 첫번째 영혼의 훈련 방법이다(『선하고 아름다운 하나님』 참조). 잠에서 완전히 깨어 하나님께 초점을 맞추려면 잘 쉬어야 한다. 우리가 피곤하면 그리스도를 따르는 제자로서 효율적인 삶을 살수 없다. 좋은 하루는 전날 밤에 시작된다.

☕ 2. 아침에 눈을 뜨자마자 너의 생각을 주님께 드려라.

제자의 핵심이 되는 훈련은 하나님에 대한 올바른 가르침을 배우기 위해 우리의 생각이 위의 것에 집중하는 것이다. 하나님께 집중하고 기도를 올리는 것은 하루를 시작하는 아주 좋은 방법이다. 이렇게 기도하라. "이날은 주님께서 저를 위해 지으신 날입니다. 하나님 내가 기뻐하고 즐거워하겠습니다. 저와 함께 하옵소서. 그리고 오늘 내가 하는 모든 일 가운데 주님을 신뢰할 수 있도록 도우소서."

3. 30분 동안 경건의 시간을 가져라.

스케줄에 따라 어떤 사람에게는 이것이 매우 어려운 일일 수도 있다. 어쩌면 이것이 평소보다 30분 일찍 일어나야 한다는 것일 수도 있다. 그렇기 때문에 '적당한 시간에 잠자리에 들어야 한다." 시간적 여유가 15분밖에 안 된다면, 최소한 시작하는 것이 중요하다는 생각을 하라. 그 시간에 무엇을 할 것인가? 마담 귀용은 예수님의 희생을 묵상하고 우리 자신을 하나님께 드리라고 제안한다. 내 경우에는 몇 분 동안 침묵 가운데 묵상하고 그리스도의 수난에 대하여 묵상하는 시간을 갖는다. 그리고 다음과 같이 기도한다. "주님께서 자신을 저를 위해 주신 것처럼, 저도 제 자신을 하나님 당신께 드립니다." 어떤 때는 나는 존 웨슬리의 그 유명한 기도, 〈언약의 기도〉를 올려드린다.

저는 더 이상 제 것이 아니라, 주님의 것입니다.

주님이 원하시는 일에 저를 붙들어 매시고,

주님이 원하시는 사람들에게 저를 붙이소서.

저로 행하게 하소서.

저에게 고난을 주소서.

저를 주님께서 고용하소서.

저를 주님의 처분에 맡깁니다.

주님을 위해서라면 저를 높이시고

주님을 위해서라면 저를 낮추소서.

저를 채우기도 하시고,

비우기도 하소서.

저에게 모든 것을 주기도 하시며,

또한 제게서 모든 것을 가져가기도 하소서.

제 모든 것을 주님의 기쁨을 위해 쓰시도록

기꺼이 그리고 마음 다해 드립니다.

오, 영광스럽고 복되신 하나님,

성부, 성자, 성령이시여,

저는 주님의 것이요, 주님은 저의 것입니다.

그렇게 되게 하소서.

제가 이 땅에서 맺은 이 언약을

하늘에서도 확증하여 주소서.

아멘.

4. 경건 서적을 읽는 시간을 정하라.

마담 귀용은 토마스 아 켐피스의 『그리스도를 본받아』라는 책을 제안

한다. 그 책은 짧은 글들이지만 아주 깊이 있는 글인데, 제한된 시간에 읽기에 아주 좋다. 자신에게 도움이 되는 경건 서적이라면 어떤 것이라도 좋다. 많은 사람들이 오스왈드 챔버스의『주님은 나의 최고봉 Oswald Chambers's classic My Utmost for His Highest』혹은 매일 경건의 시간을 돕는 〈다락방〉이나 〈가이드포스트〉 같은 책자들을 즐겨 읽는다.

5. 기도하면서 하루 종일 하나님께 집중하라.

나는 일과 일 사이에 잠시 멈추고 고요하게 내 생각을 하나님께 돌리기 위하여 몇 분이라도 멈추는 것을 좋아한다. 당신의 염려와 걱정을 하나님께 돌리는 아주 좋은 방법이기도 하다. 마음속에 있는 생각이라면 그게 무엇이든지 기도로 전환하라. 매일 시편 23편의 기도를 올리는 것도 도움이 될 것이다. 이것은 걷거나 운전하면서도 할 수 있다.

6. 성경 읽는 시간을 따로 떼어 두라.

깊이 있는 개인 성경공부 시간을 말하는 것이 아니다. 나는 성경이 내 생각을 씻어내기를 원한다. 최근에 나는 고린도전서를 읽고 있다. 매일 몇 절씩만 읽는다. 나는 주로 이 일을 오전 수업 쉬는 시간에 한다. 일하는 중간 중간 틈틈이 그것을 할 수 있는 시간을 찾아야 한다. 어떤 사람에게는 점심시간 전후나 커피 마시는 시간이 좋을 것이다.

7. 하루를 자기 성찰과 기도로 마무리 하라.

잠들기 전에 그날 하루를 생각해 보라. 그날 하지 말았어야 하는 일이나 다르게 했어야 하는 일이 있었는지 스스로에게 질문해 보라. 이것이 자신을 성찰한다는 의미다. 그 일들을 하나님께 돌리고 그분의 지혜를 구하라. 특별히 자신이 한 일이 죄인지 아닌지 확신이 서지 않을 때는 더욱 그렇게 하라. 잘못한 것이 발견되면 앞으로는 그렇게 하지 않겠다고 결단하고 하나님께 도움을 청하라. 당신이 한 모든 일이 다 부정적이지는 않을 것이다. 사실은 당신이 잘한 일들도 있을 것이다. 그런 일에 대하여서는 하나님께 감사하고 기뻐하는 것을 잊지 말라. 나는 내가 받은 축복을 세면서 잠이 드는 것을 좋아한다. 옛 노래의 가사처럼 "걱정을 하면 잠을 못잔다네/ 양을 세지 말고 받은 복을 세어보세/ 자신이 받은 복을 세다가 잠이 들 것이네."

8. 마지막 경고_ 율법으로 만들지 마라.

마담 귀용이 제안한 그대로 하려고 노력하다가 율법주의에 빠지지 않도록 주의하라. 이 훈련의 정신에 집중하라. 법규로 만들지 마라. 이 훈련을 반드시 매일 해야 한다고 결론짓지 말라. 기억하라, 영적 훈련은 하나님이 나를 사랑하시게 만드는 방법이 아니라, 하나님과 더불어 사는 지혜로운 방법이다.

이 훈련은 내게 엄청난 축복의 경험이 되었다. 그리고 만일 이 훈련이 당신에게도 맞는다면 할 수 있는 한 자주 훈련할 것을 권한다.

| The Good and Beautiful |
L I F E

2006년 가을, 우리는 제임스 브라이언 스미스가 인도하는 "제자 훈련" 이라는 이름의 실험 과정에 참여할 것을 제안 받았다. 스미스 박사가 탁월한 교사며 영성개발에 일가견이 있는 사람이라는 사실은 오래전부터 알고 있었지만, 정작 우리 자신들은 우리들의 삶과 사역에 엄청난 변화를 가져다줄 그 훈련에 참여할 준비가 되지 않았다. 하지만 결과는 놀라웠다. 훈련에 참여한지 얼마 지나지 않아 이 과정을 우리가 섬기는 교회로 가져가서 시행해 보았고, 그 결과는 상당히 놀라웠다. 짐 스미스가 이 책의 첫 장에서 언급했듯이 공동체가 변화를 가져다주는 많은 요소들 중 중요한 열쇠라는 진리를 몸소 경험할 수 있었다.

우리들이 직접 경험해 본 훈련의 결과, 무엇보다 우리의 생각에 깊은 치유가 나타났고 다른 사람들과 개인적이고 깊이 있는 나눔이 가능해졌으며, 예수님을 점점 더 닮아가는 영적인 변화들이 생기기 시작했다. 그러한 체험들을 바탕으로 이 소그룹 토의 지침을 만들게 되었다. 이 지침은 친구나 동료들과의 모임, 가족, 교회 청소년부서, 소그룹, 장년 주일학교 강의, 혹은 독서모임 등 이 책을 교재로 사용하는 사람이면 누구나 사용하기 쉽게 만들었다.

소그룹에는 최소 2명에서 최대 12명까지 참여할 수 있다. 우리 경험으로는 5명에서 6명 사이가 가장 적합한 인원수였다. 그 정도 인원으로 이루어진 소그룹에서는 질문들을 함께 읽고 서로의 생각들과 의견들을 자유롭게 나눌 수 있기 때문이다. 어떤 소모임은 매주 돌아가면서 인도자를 정하는 것이 좋을 수도 있다. 하지만 모임의 인원이 12명 이상이면 정해진 인도자가 꾸준히 이끌어가는 것이 좋다.

만일 당신이 이 책을 교재로 사용하는 소그룹의 인도자라면, 얼마든지 자신만의 창의적인 질문들과 방법들을 사용할 수 있도록 변형해도 괜찮다. 아니면, www.apprenticeofjesus.org 를 방문해서 필요한 자료들을 구할 수 있다. 이 작은 지침들이 성령님의 도구가 되어 당신이 그 선하고 아름다우신 하나님과 더 깊은 사랑에 관계로 들어갈 수 있도록 도움이 되기를 기도한다.

매튜 존슨(Matthew Johnson)과
크리스토퍼 제이슨 폭스(Christopher Jason Fox)

부록

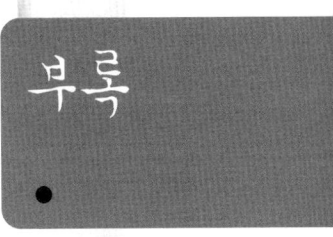

소그룹 토의를 위한 인도자 지침

매튜 존슨과 크리스토퍼 제이슨 폭스 함께 지음

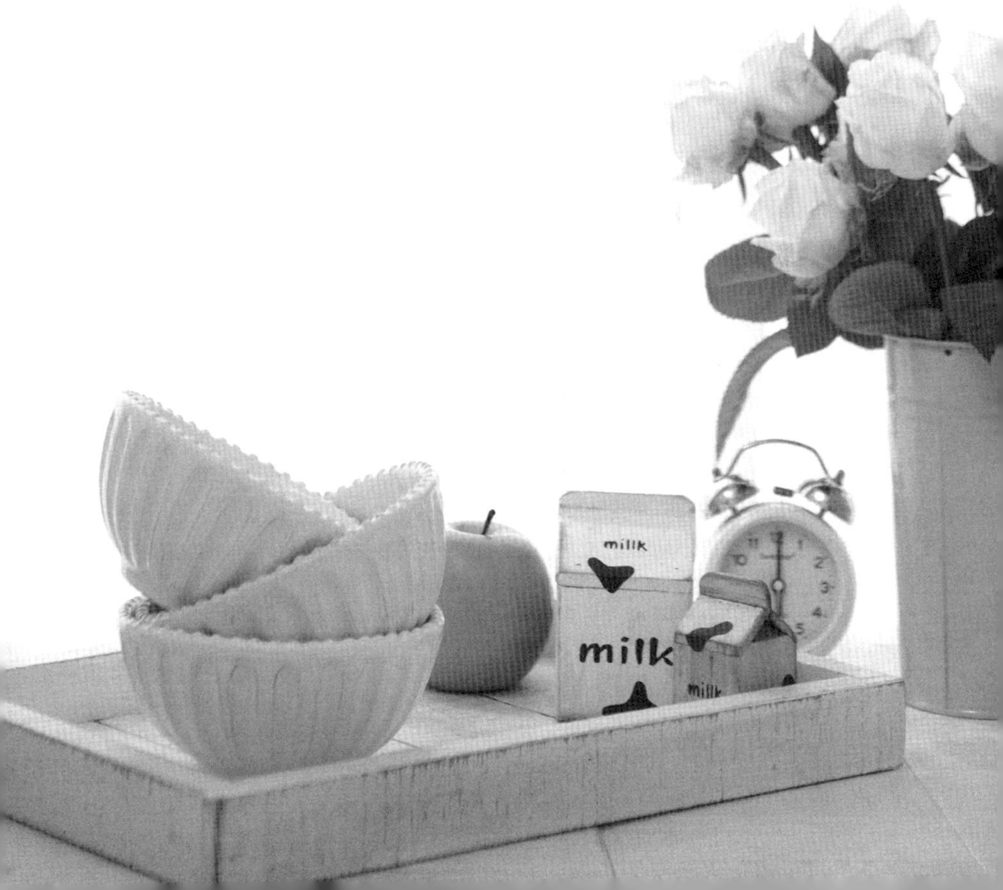

chapter 1
미처 누리지 못한
선하고 아름다운 삶

하나님께 마음 열기 5분

시작하기 전에 5분 정도의 침묵시간을 가진 뒤, 소그룹 토의에 하나님의 임재를 초청하는 짧은 기도를 하라. 왜 5분 동안의 침묵시간이 중요할까?

우리가 살고 있는 이 세상은 온갖 소음과 분주함으로 가득하다. 지금 대화하는 주제가 끝나기도 전에 새로운 주제를 생각하는 것이 현대인들의 특성이다. 이러한 분주함 가운데 우리에게 조용히 말씀하시는 하나님의 음성에 귀 기울이기는 어려운 일이다. 우리의 영적인 여정을 다른 사람들과 나누기 위해 모일 때 주변 사람들의 삶을 통해 하나님의 음성을 듣기 원한다. 짧은 침묵의 시간을 통하여 우리는 다른 사람들과 하나님의 음성에 귀 기울 마음의 준비를 하게 된다. 그러므로 모일 때마다 짧은 침묵시간을 갖는 것이 좋다.

영혼의 훈련 나눔 15-20분

만일 한 그룹에 6명이나 그 이상의 사람들이 참여하면, 그룹을 다시 3명이나 4명으로 나누라. 각자 쓴 편지를 나눌 때 마음에 거리낌이 없는 사람을 중심으로 2통의 편지 중 하나를 나누도록 하라. 자신의 경험을 다 나눈 후에 다음 질문들에 답해 보자.

✹ 그룹 내의 다른 사람들이 읽은 편지 내용을 들으며 깨달은 것이 있다면 무엇인가?

✹ 자신의 편지를 쓰면서 깨달은 것이 있다면 무엇인가?

✹ 이 훈련을 통해 자신이나 하나님에 대하여 배운 점이 있다면 무엇인가?

책 내용 살펴보기 ^{25-45분}

이 장의 가장 중요한 주제는 모든 사람들은 행복을 갈망하지만, 모든 가르침과 이야기가 다 우리를 행복으로 이끌어 주지 않는다는 것이다. 예수님의 가르침이야 말로 선하고 아름다운 삶으로 이끄는 최선의 길이다.

[주의 사항] 소그룹 토의를 하기 전에 질문들을 먼저 읽도록 하라. 특별히 토의하기 원하는 질문이 무엇인지 결정하라. 소그룹 모임의 참여 인원과 토론의 깊이에 따라 시간이 모자랄 수도 있고, 모든 질문을 다 토의하지 못할 수도 있음을 기억하자.

✹ 이 장에서 우리는 벤 할아버지에 관한 이야기를 들었다. 야심차고, 이기적이고, 심지어는 죄로 가득한 삶을 살았던 사람이다. 하지만 그는 생을 마감하기 전에 구원과 밝은 빛을 발견했다. 당신이 잘 아는 나이 드신 분들 가운데 자신이 믿고 따르던 신념의 결과를(좋은 결과이든 나쁜 결과이든) 경험하고 있는 사람이 있는가? 그 사람들의 이야기에서 어떠한 지혜를 얻을 수 있는가?

✹ 27-28쪽을 보면, 저자는 행복을 추구하는 사람들의 잘못된 신념들에 대하여 소개한다. 그 부분을 다시 읽어보고 세상에서 가장 잘 통하는 가르침은 무엇인지 토의하자. 그리고 괜찮다면 자신의 삶 속에서 믿고 따르던 잘못된 가르침에 대하여 나누어 보자.

⭐ "죄는 언제나 추하다. 그러나 순수한 선행은 언제나 아름답다. 죄는 파멸로 이끌지만, 선행은 더욱 위대한 능력으로 인도한다. 그리고 이것이야말로 사람들이, 심지어는 무신론자들까지도 예수님을 사랑하는 이유다. 예수님은 순수한 선 그 자체였다. 주님은 선하고 아름다운 삶을 친히 사셨으며, 당신의 제자들에게도 그러한 삶을 살라고 초대하신다."(34쪽) 예수님께서 선하고 아름다운 덕행의 삶을 친히 사셨다는 것이 어떤 의미인지 설명해 보라.

⭐ "마찬가지로 이야기도 우리를 인도하고 길을 가르쳐 준다. 어디서 어떻게 방향을 바꿔야 할지 길잡이가 된다."(41쪽) 당신이 붙잡고 있던 이야기가 틀렸다고 느낀 적이 있었는가? 그 변화를 어떻게 다루었는가? 그때와 지금의 삶이 어떻게 달라졌는가? 예수님의 가르침과 당신이 붙잡았던 이야기를 비교하면 어떻게 다른가?

⭐ 이 책의 저자는 "예수님을 따르기 위해서 내가 무엇을 포기해야 하는가?"라는 질문이 중요한 것이 아니라, "내가 예수님을 따르지 않으면 결코 경험할 수 없게 될 체험은 무엇인가?"라고 질문해야 한다고 했다. 두번째 질문에 대한 당신의 대답은 무엇인가? 그룹 내의 다른 사람들과 나누어 보자.

말씀과 연결하기 10-15분
한 명이 자원해서 마태복음 7장 24-27절을 읽어보자. 그리고 아래의 질문들을 이용하여 토론하자.

⭐ 당신의 삶에 기초가 되는 자원들과 어떻게 하면 행복해질 수 있는지를 가르쳐 준 것들을 나열하라.

⭐ 당신의 기초가 인생의 폭풍을 어떻게 견디게 해주었는가?

⭐ 예수님의 가르침을 받아들이지 못하게 하는 저항 요소들은 무엇인가? 너무 어렵기 때문인가? 너무 제약이 많아서인가? 아니면 너무 오래된 가르침이기 때문인가?

그룹이 함께 통성으로 기도하며 그리스도가 당신 영혼의 기초가 되어 주시기를 기도하자.

평강 가운데 일상으로 돌아가기 5분

소그룹에서 한 명이 자원하여 아래 본문을 소리 내어 읽어보자.

> 매일 예수님은 우리 각 사람에게, "나를 따라오너라!" 하고 말씀하신다. 주님의 초청에 응하기만 한다면, 선하고 아름다운 삶이 우리를 기다린다고 확신한다. 그리고 그 하루하루를 씨줄과 날줄 삼아 성실하게 살다 보면 달이 가고 해가 가고 세월이 흘러 우리는 선하고 아름다운 삶을 살았다고 고백할 수 있을 것이다. 그러한 삶은 영원한 사랑의 축복을 알리는 증거가 된다. (47쪽)

이 말을 당신의 귓가에 생생하게 담아서 삶의 현장으로 들어가라! 아멘.

다음 주 과제

다음 장에서는 하나님 나라에 관한 예수님의 가르침 가운데 핵심을 공부하게 될 것이다. 한 주 동안 당신이 연습할 영적 훈련은 '놀이'다!

chapter 2
많은 사람들이 한 번도
들어보지 못한 복음

하나님께 마음 열기 5분

시작하기 전에 5분 정도의 침묵시간을 가진 뒤, 소그룹 토의에 하나님의 임재를 초청하는 짧은 기도를 하라.

영혼의 훈련 나눔 15-20분

만일 한 그룹에 6명이나 그 이상의 사람들이 참여하고 있다면, 그룹을 다시 3명이나 4명으로 나누라. 아래의 질문을 이용하여 놀이를 통한 영혼의 훈련 경험에 대하여 나누어 보자.

- 이번 주에 어떤 놀이로 영혼의 훈련을 체험했는가?

- 이 훈련을 하면서 놀라게 된 일이 있다면 무엇인가? 도전이 된 내용은 무엇이었는가?

- 이 훈련을 통해 하나님과 자기 자신에 대하여 새롭게 배운 것이 있다면 무엇인가?

책 내용 살펴보기 25-30분

예수님의 가르침 가운데 중심 내용, 즉 복음의 중심 내용은 하나님 나라가 누구에게나 열려 있다는 것이다.

- 이 장을 공부하기 전에 누군가 당신에게 "예수님이 선포하신 복음이란 무엇인가?"라는 질문을 했다면, 어떻게 답하겠는가? 당신의 대답과 저자가 제시한 답(51쪽)을 비교하면 어떻게 다른가?

- 저자는 "회개하라, 천국이 가까이 왔느니라!"를 "지금까지 가졌던 잘못된 사고방식을 바꿔라? 하나님과의 친밀하고 깊은 교제가 바로 지금 당신 곁에 있다!"라고 해석했다(54쪽). 이 해석이 당신의 해석과 어떻게 다른가? 저자의 해석에 이성적으로나 감성적으로 어떻게 반응하겠는가?

- 왜 많은 교회들이 하나님 나라의 메시지를 잃어버렸다고 생각하는가?

- 친구와 대화하다가, 친구가 "나는 하나님 나라가 미래의 약속이라고 생각하지만, 현존하는 실제라고는 믿지 않아."라고 말한다면, 그 친구에게 하나님의 나라가 미래뿐 아니라 현존한다는 것에 대하여 어떻게 설명하겠는가? (61쪽에 보면, "물론 하나님의 나라가 완벽하게 이루어지지 않았다는 사실에 대하여는 반론의 여지가 없다."라는 문장으로 시작하는 문단이 도움이 될 것이다.)

- 저자는 하나님 나라가 '위대한 능력'을 갖는 것이라고 했다(63쪽). 자신의 내면이 아닌 외부의 선하고 사랑이 넘치는 힘과 연결되었다고 느꼈던 적이 있는가? 어떤 경험이었는가? 어떤 느낌이었는가? 비록 자신의 이야기가 이상하게 들릴지 모르지만, 마음을 열어 나눌 수 있다면 그룹 내 다른 사람들과 나누어 보자.

말씀과 연결하기 ¹⁵분

그룹 내 한 사람이 자원하여 누가복음 17장 21-22절을 읽어보자. 혹시 개역개정본 외에 다른 번역의 성경이 있다면 번역이 어떻게 다른지 비교해 보라. 아래의 질문들을 가지고 토의해 보자.

- 함께 읽은 본문이 이 장에서 가르쳐주는 내용과 어떤 연관이 있는가?

- 하나님 나라에 대한 저자의 정의를 다시 살펴보자(62쪽). 정의를 마음에 품고 "하나님의 나라가 너희 가운데 있다"는 예수님의 말씀이 무슨 의미인지 토의해 보자.

- 약 5분 동안 눈을 감고 침묵의 시간을 갖자. 심호흡을 하면서 하나님 나라가 지금 우리 그룹 가운데 있음을 묵상하자. 5분이 지난 후에 이 아름다운 사실을 묵상한 느낌에 대하여 나누어 보자.

평강 가운데 일상으로 돌아가기 ⁵분

한 사람을 지목해서 아래에 나오는 내용을 소리 내어 읽고 나서 모임을 마무리 하도록 하자.

> "지금까지 가졌던 잘못된 사고방식을 바꿔라. 하나님과의 친밀하고 깊은 교제가 바로 지금 당신 곁에 있다."(54쪽)

다음 주 과제

3장에서는 하나님 나라의 포용성에 대하여 다루게 될 것이다. 이번 주에 연습할 영혼의 훈련은 '환대' 다. 의미 있는 손님을 대접하기 위하여 미리 계획하라.

chapter 3
진정한 행복으로의 위대한 초청

하나님께 마음 열기 ^{5분}

시작하기 전에 5분 정도의 침묵시간을 가진 뒤, 하나님의 영이 당신의 마음을 열어주시도록 짧은 기도를 하라.

영혼의 훈련 나눔 ^{15-20분}

만일 한 그룹에 6명이나 그 이상의 사람들이 참여하고 있다면, 그룹을 다시 3명이나 4명으로 나누라. 아래의 질문들을 사용하여 영혼의 훈련 연습에 관한 체험을 나누어 보자.

- 환대에 관한 이 책의 제안들을 연습할 기회가 있었는가? 어떤 것을 해보았는가?

- 당신과 삶의 방식이 다른 사람의 삶 속에도 하나님의 임재가 있다는 사실을 통해 무엇을 배웠는가?

- 이 훈련을 통해 하나님과 자기 자신에 대하여 새롭게 배운 점이 있다면 무엇인가?

책 내용 살펴보기 25-40분
팔복은 축복에 대한 처방전이 아니라, 하나님 나라에 초대받은 사람들에 대한 설명이다.

🐚 저자는 케빈이라는 청년과 그의 아름다운 간증에 관한 이야기로 이 장을 시작했다. 케빈의 이야기에 당신은 어떻게 반응했는가?

🐚 잠시 동안 예수님의 가르침 부분을 묵상해 보자. "팔복은 포용의 초청이다"라는 저자의 해석과 더불어 예수님의 가르침을 묵상하라(80-90쪽). 팔복에 대하여 당신이 기존에 알고 있던 해석과 저자의 해석을 비교하고 대조해 보라.

🐚 누가복음 6장 24-25절을 설명하면서 저자는 다음과 같이 말한다. "예수님이 그들에게 경고하신 이유는 하나님께서 부자들과 가진 자, 혹은 행복한 사람들을 싫어하시기 때문이 아니다. 부유하고 행복한 사람들은 자신들에게 하나님이 필요없다고 생각할 여지가 많기 때문에 그렇게 경고하신 것이다."(92쪽)
당신의 성공이 하나님으로부터 멀어지게 하거나, 하나님께 가까이 가는 것에 방해가 된다고 생각해 본 적이 있는가? 괜찮다면 그룹의 다른 사람들과 나누어 보자.

🐚 이 장의 거의 끝 부분에 보면, 저자는 다음과 같이 정리한다. "케빈의 간증을 들으면서 나는 살아 있는 팔복을 보는 듯했다. 이 세상의 관점에서 보면 케빈이 가지고 있는 조건은 전혀 복 받은 사람의 모습처럼 보이지 않았다. 사회의 가치관에 따르면 어떤 것도 케빈에게 유리한 것이 없다. 그는 세상에서 배척받고, 무시당하고, 외면당한 사람이다. 어느 누구도 그 사람처럼 되기를 바라지 않을 것이다. 하지만 하나님의 나라에서는 환영받고, 존중받고 가치를 인정받는다. 그것이 케빈이 웃을 수 있었던 이유다."(95쪽)
당신 주변에서 "살아 있는 팔복"을 본 적이 있는가? 그 사람에 대하여 설명해 보라.

말씀과 연결하기 ¹⁵분

그룹 내의 한 사람이 누가복음 6장 20-26절을 읽어보자.

> 우리는 하나님 나라에 거하는지 그렇지 않은지에 대하여 매일의 삶을 바탕으로 생각하지 않는다. 우리는 사람들의 능력과 환경 때문에 복을 받거나 저주를 받았다고 생각하는 경향이 많다. 다음에 해당하는 사람들의 목록을 만들어 보자.

- 세상의 관점에서 봤을 때 축복받은 사람.

_____
_____
_____

- 세상의 관점에서 봤을 때 저주받은 사람.

_____
_____
_____

> 목록을 다 만든 후에 하나님의 포용성에 대한 예수님의 메시지가 그 목록에 있는 사람들의 삶에 어떠한 영향을 주는지 생각해 보자. 가능한 구체적으로 설명하자.

> 예수님을 따르는 사람들인 우리가 어떻게 위의 두 목록에 든 사람들을 초대하는 메시지를 실행할 수 있을지 토의하자.

> 누가복음 6장 20-26절을 다시 읽고 모임을 마무리하자.

평강 가운데 일상으로 돌아가기 5분

그룹 내의 한 사람이 아래의 글을 소리 내어 읽고 모임을 마무리하자.

> 당신의 정체성은 그리스도께서 당신 안에 머무는 사람이라는 사실을 믿으며 이곳을 떠나라. 그러면 당신을 살아 있는 팔복으로 살게 하는 능력이 함께 하실 것이다. 세상을 향해 걷고 말하고 축복하는 살아 있는 팔복으로 살아라.

다음 주 과제

4장에서는 하나님 나라에 사는 삶이 어떻게 분노의 문제를 해결하는지 공부할 것이다. 이번 주에 경험하게 될 영혼의 훈련 연습은 안식일을 지키는 것이다. 가능하면 본문을 평소보다 일찍 읽고 일정을 조정하라.

chapter 4 화내지 않고 사는 법 배우기

하나님께 마음 열기 5분

시작하기 전에 5분 정도 침묵시간을 가진 뒤, 하나님 나라가 그룹 모임 가운데 드러나도록 짧게 기도하자.

영혼의 훈련 나눔 15-20분

만일 한 그룹에 6명이나 그 이상의 사람들이 참여하고 있다면, 그룹을 다시 3명이나 4명으로 나누라. 아래의 질문들을 이용하여 영혼의 훈련 '안식일 지키기' 경험을 나누어 보자.

- 이번 주에 안식일을 정해서 지킬 수 있었는가? 만일 그렇게 했다면 무엇을 했는지, 어떤 느낌이었는지 자세히 설명하자. 작게 시작하는 것도 괜찮다는 사실을 기억하라!!!

- 안식일과 분노의 연관관계를 경험할 수 있었는가? 만일 그랬다면, 어떻게 그 둘이 자신에게 연결되어 있다고 생각하는가?

- 이 훈련을 통해 하나님과 자기 자신에 대하여 새롭게 배운 점이 있다면 무엇인가?

책 내용 살펴보기 25-40분

이 장의 핵심 주제는 채워지지 않는 기대가 두려움과 만날 때 분노가 발생한다는 것이다.

> 이 장은 저자 자신이 여행 중 분노했던 경험을 솔직히 나누면서 시작했다. 저자의 이야기와 자신의 경험 중 공통점이 있다면 무엇인가?

> 저자는 몇 가지의 '잘못된 가르침'을 소개한다. 당신의 삶 가운데 가장 흔하게 발견되는 '잘못된 가르침'은 무엇인가? 그것이 당신을 어떻게 분노로 이끄는가?

> "예수님의 가르침에 의하면, 하나님은 우리를 구해 내시지 못할 상황에 내버려두시지도 않으실 뿐더러, 우리에게 좋지 않은 일들이 벌어지도록 허락하시지도 않는다. 하나님 나라는 항상 우리 곁에 있다. 우리는 결코 홀로 내버려지지 않았고, 그렇기 때문에 두려워할 필요도 없다. 내 마음속 깊이 이러한 현실을 인식하고 사는 한 분노가 나를 사로잡지 못할 것이다." (115-116쪽)
> 하나님이 우리와 가까이 계시며, 그분께서 우리의 선을 위하여 일하시는 분이라는 사실을 알게 되면서 분노가 사라진 경험이 있는가? 그룹 사람들과 자유롭게 나누어 보자.

> 이 장에서는 정당한 분노에 대한 정의를 이렇게 내린다. "정당한 분노란 하나님을 분노하게 만드는 일에 대하여 분노하는 것이고, 따라서 잘못된 것을 바로잡기 위해 적절한 방안을 찾는 것이어야 한다." (118쪽)
> 오늘날 찾아 볼 수 있는 정당한 분노에 대하여 토의해 보자.

말씀과 연결하기 15분

한 사람이 자원하여 갈라디아서 5장 16-17절을 소리 내어 읽어보자.

또 다른 사람이 자원하여 아래의 글을 읽어보자·

> 많은 사람들이 육체를 몸이라고 생각하는 경향이 있다. 하지만 여기서 말하는 '육체'는 신체적인 몸을 의미하기 보다는 자기 자신이 가진 것, 즉 하나님을 의지하지 않는 것에 대한 반대개념으로 사용되었다. 초대교회의 설교자였던 존 크리소스톰은 이렇게 기록했다. "육체는 몸을 의미하지 않는다. 신체의 특성이 아니라 우리가 가진 악한 기질을 의미한다." 우리 안에 하나님으로부터 멀어지기 쉬운 성향이 있다. 그러므로 우리가 하나님을 떠나 방황할 때 '육체를 따라 사는 것'이 된다. 육체를 따라 사는 사람들은 자기 자신의 능력에 의존해 문제를 해결하려고 한다. (111쪽)

 자신의 삶 속에서 하나님께서 원하시는 일을 하기 위하여 자신이 가지고 있는 자원보다 성령님을 의지한 경험이 있다면 나누어 보자.

평강 가운데 일상으로 돌아가기 ^{5분}
그룹 내의 한 사람이 아래의 글을 소리 내어 읽고 모임을 마무리하자.

> 때로 우리가 하나님의 시선을 놓칠 수는 있지만, 하나님은 결코 우리에게서 눈을 떼시지 않는다. 하나님은 우리가 성장하고 성숙할 수 있도록 시험해 볼 여유를 허락해 주신다. 하나님은 결코 우리의 시간을 방해하시지 않는다. 하지만 그것이 하나님께서 우리와 함께하시지 않거나, 지켜보시지 않는다거나, 우리가 오가는 것을 모르신다는 의미가 아니다. 예수님은 "내가 너를 떠나지도 않고, 버리지도 않으리라"고 약속하셨다. (115쪽)

다음 주 과제
5장에서는 하나님의 나라에 거하는 것이 어떻게 정욕의 문제를 해결하는지 배우게 될 것이다. 이번 주에 연습할 영혼의 훈련은 48시간 동안 미디어를 금식하는 것이다. 이 훈련을 하기 위해서는 시간을 미리 조절해야 한다는 사실을 기억하라!

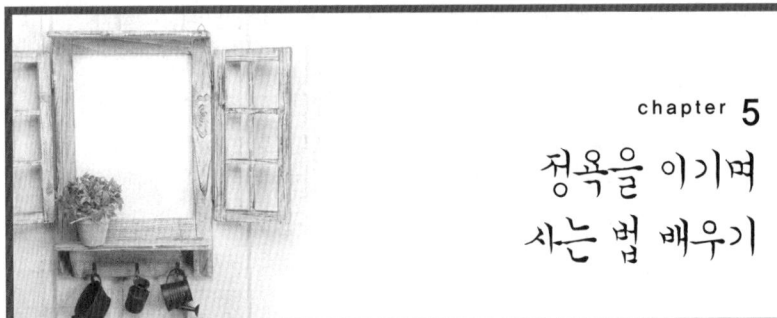

chapter 5
정욕을 이기며
사는 법 배우기

하나님께 마음 열기 5분

시작하기 전에 5분 정도의 침묵시간을 가진 뒤, 하나님의 영이 이 토의와 교재를 통하여 당신의 마음을 열어 주시도록 짧은 기도를 하라.

영혼의 훈련 나눔 10-15분

만일 한 그룹에 6명이나 그 이상의 사람들이 참여하고 있다면, 그룹을 다시 3명이나 4명으로 나누라. 아래의 질문들을 이용하여 미디어 금식의 영혼 훈련 경험을 나누어 보자.

- 미디어들과 단절된 생활을 할 수 있었는가? 어떻게 했으며 어떤 느낌이었는지 나누어 보자.

- 이 훈련을 하면서 미디어 금식과 음욕에 어떤 연관이 있다고 생각하게 되었는가?

- 이 훈련을 통해 하나님과 자기 자신에 대하여 새롭게 배운 점이 있다면 무엇인가?

책 내용 살펴보기 25-45분

이 장의 핵심 주제는 정욕 또는 음욕(에피투미아)은 사람에 대한 잘못된 이미지와 느낌에서 비롯한다는 것이다. 하나님과 하나됨을 통해서만 채울 수 있는 깊은 친밀감에 대한 욕망을 채우려고 사람이 주는 느낌과 이미지를 성적으로 도구화하는 것이다.

- 교회에서 성에 대하여 주로 어떠한 메시지를 들었는가? 교회의 침묵 뒤에는 성에 대한 교회의 태도가 어떠하다고 유추하는가?

- 저자는 134-136쪽에서 에피투미아를 간음과 연결시킨다. 그리고 간음이나 에피투미아 모두 "상대방의 존엄성 따위는 내동댕이치는 것" 으로 간주한다. 음욕과 간음의 비교에 동의하는가, 반대하는가? 자신의 생각을 나누어 보자.

- 저자는 138-140쪽에서 여성들의 에피투미아에 대하여 다룬다. 저자의 생각과 어떤 부분에서 동의하거나 반대하는가?

- 책의 마지막 부분에서 저자는 하나님 나라에 사는 것이 어떻게 음욕의 문제를 해결하는지에 대하여 몇 가지 중요한 사실을 가르쳐 준다.
  - "하나님 나라에서 우리가 누구인지 어디에 있는지를 확인하게 된다. 사랑받는 느낌, 중요하다는 느낌 그리고 존귀하고 특별하다는 느낌에 대한 필요가 그리스도와 하나가 될 때 모두 채워진다." (142쪽)
  - "내 마음을 위의 것(하나님 나라)에 둘 때, 내 자신이 하나님의 아주 멋지고 획기적인 계획의 일부분이라는 사실을 깨닫게 된다. 그것이 바로 하나님의 모략이다. 그때 내가 어디를 가든 하나님께서 나와 함께 일하고 계신 것을 알게 된다. 나는 지금 내가 찾던 드라마, 내 열정을 쏟아야 할 곳을 찾았다." (142-143쪽)
  - "마지막으로, 내가 누구인지를 알고 또한 안전하다는 사실(하나님이 선하시고 그 선하신 하나님이 내가 잘되는 것을 원하신다는 사실)을 알 때, 다른 사람들을 새로운 눈으로 바라볼 수 있다. 더 이상 쾌락의 대상으로 보지 않고, 하나님이 사랑하시는 인격체로 바라볼 수 있다." (143쪽)

자신의 개인적인 경험이 저자가 주장하는 바에 동의하거나 반대하도록 영향을 끼치는 것은 무엇이라고 생각하는가?

 적정한 육체적 친밀감에 대한 설명을 위해 사용된 삼각형 다이어그램에 대하여 어떻게 생각하는가? (144-145쪽)

말씀과 연결하기 15분
한 사람이 자원하여 골로새서 3장 1-11절을 소리 내어 읽어보자.
위의 143쪽 발췌문 내용과 질문을 이 본문과 비교하여 보라. 어떠한 연관성이 보이는가? 골로새서의 저자가 이 변화의 과정에 추가로 소개하는 것은 무엇인가?

평화 누리기 5분
그룹 내의 한 사람이 아래의 글을 소리 내어 읽고 모임을 마무리하자.

> 메타노이아(변화) 과정은 해야 하는 것과 하지 말아야 할 것의 목록을 만드는 과정이 아니다. 오히려 변화의 과정은 지금 가진 삶, 육체, 은혜, 구원 등을 우리의 힘으로 얻어낸 것이 아니라는 사실을 점점 더 깨달아 알게 되는 것이다. 변화는 감사함으로 살아가는 법을 배우는 과정이다. (Lauren Winner, *Real Sex*, Grand Rapids: Brazos, 2005, p. 159)

다음 주 과제
6장에서는 하나님의 나라에 거하는 것이 어떻게 거짓말을 치유하는지에 대하여 배울 것이다. 다음 주에 연습할 영혼의 훈련은 하루 동안 침묵하는 것이다.

chapter 6
거짓말 하지 않고 사는 법 배우기

하나님께 마음 열기 5분

시작하기 전에 5분 정도의 침묵시간을 가진 뒤, 하나님의 나라가 당신의 마음속 깊은 곳에 드러날 수 있기를 구하는 짧은 기도를 하라.

영혼의 훈련 나눔 10-20분

만일 한 그룹에 6명이나 그 이상의 사람들이 참여하고 있다면, 그룹을 다시 3명이나 4명으로 나누라. 아래의 질문들을 이용하여 하루 동안 말을 하지 않거나 거짓말을 하지 않고 지낸 영혼 훈련의 경험에 대하여 나누어 보자.

- 두 가지 훈련 중 어떤 훈련을 했는가? 어떻게 했으며 어떤 느낌이었는지를 나누어 보자.

- 이 훈련을 통해 하나님과 자기 자신에 대하여 새롭게 배운 점이 있다면 무엇인가?

- 잠시 동안 지금까지 해온 영혼의 훈련들에 대하여 묵상하자. 어떤 훈련을 아직까지도 지속하고 있는가? 그 훈련들이 자신의 삶에 어떠한 영향을 끼치는가?

책 내용 살펴보기 30-45분

이 장의 핵심 주제는 우리가 하나님 나라와의 연결이 끊어져 하나님 나라의 보호를 받고 있는지에 대한 확신이 없을 때, 정체성이 불확실할 때, 하나님의 돌봄에 대한 확신이 없을 때 거짓말을 하게 되며, 하나님 나라에 거하게 되면 거짓말이 사라진다는 것이다.

 저자는 우리가 평소에 자주 하는 거짓말의 목록을 소개했다.
- 네, 저도 그 책 읽어본 적 있어요(혹은, 그 영화 본 적 있어요).
- 네, 물론 곧 한번 만나야죠.
- 회의 중이십니다.
- 집에 없는데요.
- 아니, 그 옷을 입으니까 전혀 뚱뚱해 보이지 않아요.

그룹으로 우리가 하는 거짓말들 중에서 다른 사람들에게 직접적인 피해를 입히지 않는 것들을 위의 목록에 더해 보자.

 거짓말의 두 가지 동기는 (1) 우리가 원하는 것을 얻기 위하여, (2) 우리가 원하지 않는 것을 피하기 위해서다. 괜찮다면 자신에게 해당하는 거짓말의 동기에 대하여 나누어 보자. 위의 두 가지 동기 외에 더할 만한 동기가 있을까?

아래의 테이블에, 당신이 생각하기에 평균적으로 사람들이 거짓말하는 정도를 X로 표시하자. 그리고 본인은 어느 정도 위치에 있는지를 동그라미로 표시하고, 왜 그곳에 표시했는지 설명해 보자.

아무 때나 거짓말한다   맹세했을 때는 진실을 말한다   항상 진실만을 말한다

 한 사람이 자원하여 〈하나님 나라와 거짓의 치유〉 단락에서 첫 5문단을 소리 내어 읽도록

하자. 하나님 나라가 우리를 거짓으로부터 어떻게 자유롭게 하는지를 주목하여 보라. 그룹 안에서 하나님의 나라를 경험함으로 거짓말이 줄어든 경험이 있다면 나누어 보자.

말씀과 연결하기 10-20분

한 사람을 지목하여 골로새서 3장 9-10절을 읽어보자. 이 본문에서 바울은 그리스도가 거하고 하나님 나라에 속한 '새사람'을 소개한다. 바울은 하나님과 하나님의 자원을 의지하지 않는 "옛사람"을 벗어버리라고 권면한다. 우리가 새사람을 입을 때 우리가 어디에 속한 사람인지 우리가 누구인지가 분명해지기 때문에 더 이상의 거짓말은 필요 없다.

하나님 나라에 거하는 것과, 그리스도께서 우리 안에 거하시는 존재가 되는 것이 거짓말을 해야 할 필요성과 또 거짓말에 대한 매력에 대하여 어떤 영향을 끼치는가?

어떤 영혼의 훈련이 바울이 말하는 옛사람을 버리고 새사람을 입는 데 도움이 되는가?

평화 누리기 5분

그룹 내의 한 사람이 아래의 구절을 소리 내어 읽어 기도하자.

> 나의 반석이시요 나의 구속자이신 여호와여 내 입의 말과 마음의 묵상이 주님 앞에 열납되기를 원하나이다(시 19:14).

다음 주 과제

7장에서는 하나님 나라에 거하는 것이 어떻게 우리에게 저주하는 사람을 축복할 수 있도록 하는지에 대하여 배울 것이다. 이번 주에 연습하게 될 영혼의 훈련은 경쟁자를 위해 기도하는 것이다.

하나님께 마음 열기 5분

시작하기 전에 5분 정도의 침묵시간을 가진 뒤, 하나님의 지혜와 평강이 소그룹 모임 가운데 함께 하시기를 위해 짧게 기도하라.

영혼의 훈련 나눔 10-20분

만일 한 그룹에 6명이나 그 이상의 사람들이 참여하고 있다면, 그룹을 다시 3명이나 4명으로 나누라. 아래의 질문들을 사용하여 자신의 경쟁자를 위해 기도하는 영적 훈련의 경험을 나누어 보자.

> ★ 자신의 경쟁자의 성공을 위해서 기도하면서 자신에게 어떤 변화가 일어났는가? 주변에는 또 어떤 변화가 생겨났는가?

> ★ 이 훈련을 통해 하나님과 자기 자신에 대하여 새롭게 배운 점이 있다면 무엇인가?

책 내용 살펴보기 30-45분

이 장의 핵심 주제는 하나님 나라에 거하는 사람들은 복수나 정의를 행하는 것보다 훨씬 더 높은 것들을 추구할 수 있으며, 예수님께서 그렇게 하셨듯이, 우리를 해하려는 사람을 도리어 축복할 수 있는 수준에 도달하게 된다는 내용이다.

⭐ 저자의 친구인 농구 감독이 해임을 당했을 때 저자는 다음과 같은 진리로 친구를 위로했다. "제인, 한 가지만 기억해요. 하나님 나라는 절대로 위험에 처하지 않습니다. 또한 제인도 지금 위험에 처한 게 아니에요." (180쪽)
당신 자신이 역경에 처해 있다면, 이 말이 어떤 도움이 되겠는가?

⭐ 하나님 나라의 주지츠(Jujitsu)라는 단락에서 저자는 마태복음 5장 38-42절을 통해 4가지 가르침을 제시한다. 이것을 염두에 두고 아래의 질문들을 토의해 보자.

  a. 마태복음 5장 38-42절을 이해하기 위해 예수님 당시의 문화적 상황을 이해하는 것이 어떤 도움을 주는가?
  b. 저자는 우리에게 이 가르침들을 율법주의적으로 지키지 말라고 경고한다. 왜 율법화시키려는 유혹이 있다고 생각하는가?
  c. 하나님 나라에 거하는 삶이 어떻게 이 가르침을 따르는 데 도움이 되는가?

⭐ 〈네 원수를 사랑하라〉는 단락을 읽으며 가장 도전이 되었던 것은 무엇인가?

⭐ 미로슬라브 볼프(Miroslav Volf)는 그리스도가 그 안에 머무는 사람은 '부요한 자아'라고 설명하고 다음과 같이 기록했다. "부요한 자아는 신뢰를 가지고 미래를 기대한다. 무엇인가 부족할까 봐 두려워하는 마음으로 뒤로 물러서는 대신, 나누고 베푸는 인생을 산다. 왜냐하면 하나님께서 채우시겠다고 하신 약속을 믿기 때문이다. 유한하고 소진한 것같은 상황에서도 부요한 자아는 여전히 나누고 베푼다. 왜냐하면 무한하고, 난공불락이며, 완전히 넉넉하신, 현재와 과거와 미래의 주인이신 그리스도 안에 감추어져 있기 때문이다." (195-196쪽)

두 사람씩 짝을 지어서 그리스도가 그 안에 거하시는 사람이 왜 '부유한 자아'인지에 대하여 설명해 보라.

★ 비범해지기 위하여 도전했던 사람들의 2가지 이야기로 돌아가 보자(199-201쪽). 그 이야기들을 읽으며 어떠한 지혜를 얻었는가? 자신의 삶 속에서 이러한 도전이 필요한 영역은 무엇인가?

말씀과 연결하기 ^{10-20분}

한 사람을 지목하여 마태복음 5장 38-42절을 소리 내어 읽게 하자.

> 예수님은 하나님 나라에 거하는 사람들이 취해야 할 독특한 반응들에 대하여 가르쳐 주신다. 저자는 하나님 나라의 정체성(나는 그리스도가 내 안에 거하는 사람이다), 하나님 나라의 자각성(나는 강하고 안전한 하나님 나라에 거한다)이 예수님께서 우리를 부르신 일들을 감당하기 위해 알아야 할 열쇠라고 말한다. "그 열쇠들을 가지고 이제 우리는 파격적으로 넉넉하게 베풀며, 비범한 삶을 누리는 법을 배울 수 있다." (196쪽)

그리스도인이기 때문에 다르게 반응하는, 예수님께서 말씀하신 바로 그러한 삶을 살고 있는 예를 주변에서 찾을 수 있다면 3-4개 정도의 예를 들어보자.

평화 누리기 ^{5분}

그룹 내의 한 사람이 아래 달라스 윌라드의 글을 소리 내어 읽고 모임을 마무리하자.

> 어떤 사태가 벌어져도 자신이 하나님 안에서 안전하다는 것을 안다. 약자가 될 수 있는 것도 사실은 전혀 약자가 아니기 때문이다. 우리 삶을 주관하던 분노와 정

> 욕의 힘이 이미 깨어졌기 때문에 우리는 개인적 손해와 억압을 당해도 그리스도 방식의 반응이 언제나 더 쉬운 길임을 안다. 그것만이 피해자로서 피해를 아름답게 극복할 수 있는 유일한 길이다. (201-202쪽)

다음 주 과제

8장에서는 허영에 대하여 다룰 것이다. 이번 주에 연습할 영혼의 훈련은 은밀하게 남을 섬기는 일을 5번 하는 것이다. 은밀하게 섬기는 일을 미리 계획하기 위해서 이번 주에 읽을 분량을 미리 읽는 것이 도움이 될 것이다.

chapter 8
허영심 없이 사는 법 배우기

하나님께 마음 열기 5분

시작하기 전에 5분 정도 침묵시간을 가진 뒤, 소그룹 토의에 성령님께서 하나님의 사랑을 드러내 주실 것을 원하는 짧은 기도를 하라.

영혼의 훈련 나눔 10-20분

만일 한 그룹에 6명이나 그 이상의 사람들이 참여하고 있다면, 그룹을 다시 3명이나 4명으로 나누라. 아래의 질문들을 이용하여 은밀하게 섬기는 영혼의 훈련에 대한 자신들의 경험을 나누어 보라.

- 은밀하게 섬기는 훈련 가운데 가장 어려웠던 것은 무엇인가?

- 은밀한 섬김의 훈련을 하면서 어떠한 느낌이 들었는가? 그 섬김을 마친 후에는 어떠한 느낌이 들었는가?

- 이 훈련을 통해 하나님과 자기 자신에 대하여 새롭게 배운 점이 있다면 무엇인가?

책 내용 살펴보기 30-45분

이장의 핵심 주제는 허영이란 다른 사람들이 자신에 대하여 좋게 생각해 주기를 바라는 마음이며, 다른 사람들의 눈에 내가 어떻게 비치는가에 따라 자신의 가치가 결정된다고 생각하는 것이고, 선한 의도를 가지고 선한 일을 하는 것이 아니라, 자신에 대한 다른 사람들의 의견 때문에 잘 보이려고 선한 일을 하는 일들이 반복적으로 쌓여 이러한 습성을 형성하게 된다는 것이다.

아래의 질문들을 먼저 읽고 토의하자. 특별히 토의하고 싶은 질문이 있는지 생각해 보라. 그룹의 규모나 토의하는 내용의 질에 따라 모든 질문을 다 토의하지 못할 수도 있다.

- 저자는 이렇게 썼다. "세상은 우리의 가치를 우리의 겉모습, 성취, 수행 능력으로 평가한다. 마치 눈에 보이는 것만이 중요하다는 듯이 그런 것들만이 평가의 기준이 된다. 이것은 우리의 가치가 다른 사람들의 평가에 의해 결정된다는 잘못된 생각을 우리 마음속 깊이 심어 준다." (210쪽)
  둘씩 짝을 지어, 다른 사람들이 자신을 평가하게 내버려두는 요인이 내게도 있다면 그것이 무엇인지 토의하자.

- 다른 사람들의 이목을 집중시키거나 상을 기대하고 한 것이 아닌데, 남들 몰래 은밀하게 선행을 베풀다가 누군가에게 알려진 경험이 있는가? 괜찮다면 자신의 경험을 다른 사람들과 나누자.

- 저자는 예수님의 가르침에 대하여 다음과 같은 놀라운 깨달음을 갖게 한다.
  "가난한 사람에게 돈을 나누어 주는 구제와 기도와 금식, 이 세 가지는 모두 사람이 할 수 있는 가장 영적인 일들이다. 그런데 왜 예수님은 그토록 심하게 질책하셨을까? 실상은 예수님께서 그러한 훈련들에 대하여 비판하신 것이 아니다. 주님은 그 영적 훈련들이 행하여지는 과정을 비판하셨다. 주님이 관심을 가지신 것은 방법이 아니라 그들의 동기였다. 우리가 보았던 것처럼, 예수님은 세상 의의 기준으로 시작하셔서(살인하지 않고, 맹세하고 거짓말 하지 않는 것), 그 실상의 껍질을 벗겨서 밑에 감추어진 마음의 동기가 어떠한지를 확인하셨다. 여기서도 마찬가지다. 세 가지의 경건하고 의로운 행동들을 들어 그 사람의 마음 상태에 따라 그것이 축복으로 이끄는 훈련이 될 수도 있고, 방해가 될 수도 있다고 말씀하신다." (218-219쪽)

자신의 동기를 점검하기 위하여 각각 자신이 했던 영혼의 훈련 중 세 가지만 적어 보자. 그 일들에 대한 자신의 마음가짐이 어떠했는지를 염두에 두고 기록하자.

- 그 일들을 하는 동안 한 번이라도 다른 사람의 인정이나 칭찬을 받고 싶은 생각이 든 적이 있는가?
- 이 장에서 다룬 내용에 따르면, 이러한 훈련들을 실천하면서 어떻게 자신의 동기를 순수하게 유지할 수 있겠는가?
- 영혼의 훈련을 실천하는 가운데 어떻게 하면 청교도적 가르침인 "오직 한 분의 청중을 위하여 살라"를 적용할 수 있겠는가?

이 질문들에 대한 깨달음을 다른 사람들과 나누자.

말씀과 연결하기 10-15분

저자는 다음과 같이 썼다. "우리가 세상의 '트로피'를 많이 받았더라도 우리는 결코 평안 가운데 안식을 누릴 수 없다. 왜냐하면, 우리의 성공과 성취는 일시적인 것이기 때문이다. 하지만 가장 중요한 분이신 사랑의 아버지께서 우리의 성취와 형편과 상관없이, 여전히 우리를 사랑하신다고 말씀하신다. 우리가 측량할 수 없을 만큼 가치 있는 존재라고 말씀하신다." (225쪽)

아래에 적힌 지침에 따라 기도하는 마음으로 요한일서 4장 16-17절을 자신을 향한 하나님의 마음을 대하듯 읽어보라.

 한 명이 자원해서 요한일서 4장 16-17절을 소리 내어 읽어보자. 조용히 말씀에 귀 기울이자. 그리고 읽는 소리를 따라 침묵 가운데 말씀에 귀를 기울이자.

★🐚 다른 사람이 요한일서 4장 16-17절을 천천히 다시 읽어 보자. 말씀을 들으면서 자신의 마음속에 떠오르는 단어나 구절에 관심을 가져라. 잠시 동안의 침묵시간을 가지면서 이 단어나 구절을 조용히 되새겨 보자.

★🐚 마지막으로 한 명 더 자원하여 같은 본문을 다시 읽자. 읽는 것이 끝나면 7-8분 정도 침묵 가운데 하나님과 대화의 시간을 가지라. 감사를 드리고, 자신의 염려와 걱정을 내려놓고, 아니면 그냥 하나님의 음성에 귀를 기울여라. 하나님과 보내는 이 시간을 음미하라.

★🐚 그룹 내의 한 사람이 마무리 기도를 하고, 모든 사람이 함께 "아멘!" 이라고 소리 내어 기도를 마치자.

평강 가운데 일상으로 돌아가기 ^{5분}

그룹 내의 한 사람이 아래에 기록된 성 프란시스의 기도문을 소리 내어 읽음으로 모임을 마무리하자.

주여, 위로 받기보다는 위로하고,
이해 받기보다는 이해하며,
사랑 받기보다는 사랑하게 해주소서. 아멘.

다음 주 과제

다음 장에서는 하나님의 나라에 거하는 것이 어떻게 탐욕을 치유하는지에 대하여 공부할 것이다.
이번 주에 연습할 영혼의 훈련은 가진 것을 나누는 훈련이다.

chapter 9
탐욕을 부리지 않고 사는 법 배우기

하나님께 마음 열기 ^{5분}

시작하기 전에 5분 정도의 침묵시간을 가진 뒤, 소그룹 토의에 성령님께서 당신과 모든 멤버들을 완벽한 자유로 인도하실 것을 위해 짧은 기도를 하라.

영혼의 훈련 나눔 ^{15-20분}

만일 한 그룹에 6명이나 그 이상의 사람들이 참여하고 있다면, 그룹을 다시 3명이나 4명으로 나누라. 아래의 질문들을 이용하여 가진 것을 나누는 훈련에 대한 자신의 경험을 나누자.

- 자신의 소유를 나누는 과정에서 어떠한 어려움을 경험했는가?

- 누군가에게 자신의 소유를 나누는 느낌이 어떠했는가?

- 이 훈련을 통해 하나님과 자기 자신에 대하여 새롭게 배운 점이 있다면 무엇인가?

책 내용 살펴보기 30-45분

이 책의 핵심 주제는 우리는 모두 자신이 벌었거나 가진 돈의 청지기이며, 그 물질을 이 땅에 투자할 수도 있고, 하늘나라에 투자할 수도 있다는 것이다.

- 이 장의 도입 부분에서 저자는 자신이 어렸을 때 광고를 보고 운동화를 산 에피소드를 나누었다. 그룹의 다른 사람들과 자신이 정말 갖기를 소원했다가 결국 사게 된 물건에 대한 이야기를 나누어 보자. 그것을 갖게 되었을 때의 느낌이 어땠는가? 그 물건은 결국 어떻게 되었는가?

- 수즈 오만의 아버지가 불타는 건물에 들어가 금고를 들고 뛰어나오는 장면을 목격했다는 이야기와 그것이 어떻게 어린 수즈의 의식구조 형성에 영향을 끼쳤는지에 대한 이야기를 읽었다(237-238쪽). 돈에 대한 관점을 형성하는 데 영향을 준 경험이 있다면 그룹의 한두 사람과 조를 이루어 나누어 보자.

- 한 사람이 자원하여 마태복음 6장 19-24절에 관한 아래의 내용을 읽어보자.

    "우리가 투자하는 두 종류의 보물(하늘의 보물과 이 땅의 보물)이 있고, 두 종류의 눈(베푸는 마음과 인색함)이 있고, 우리가 섬기는 두 신적인 존재(하나님과 맘몬)가 있다. 이 땅의 보물들은 일시적이지만, 하늘의 보물은 영원하다. 지혜로운 선택은 뻔하다. 인색한 사람들은 자기중심적이고 기쁨을 누리지 못한다. 넉넉하게 베푸는 사람들은 베풀고 나누기 때문에 기쁨을 경험한다. 베푸는 것이 지혜로운 선택이다. 마지막으로 맘몬은 평화와 행복을 줄 수 있다고 말하지만 실패한다. 하나님이 약속하신 평화와 행복은 언제나 우리에게 주어진다. 누구에게 우리의 충성을 바칠 것인가? 사랑 많고 베푸시며 영원하신 아버지에게 충성해야 한다. 예수님이 우리를 부끄럽게 만드시려는 것이 아니라, 다만 우리에게 좋은 투자에 대해 조언하시는 것이다. 왜냐하면 주님은 하나님 나라의 속성을 잘 알고 계시기 때문이다."
    (243-244쪽)

    방금 읽은 인용문과 마태복음 6장 19-24절에서 얻을 수 있는 깨달음은 무엇인가?

⭐ 저자는 하나님 나라의 경제 원리를 설명하기 위하여 자신이 알고 지내던 사람에게 돈을 빌려준 이야기를 소개한다(245쪽). 만일 이 하나님 나라의 경제 원리가 실제적인 것이라면, 이 장을 읽고 난 후에 당신은 어떻게 다른 삶을 살겠는가? 소그룹에서 하나님 나라의 경제 원리를 어떻게 실천하며 살 수 있는지 나누어 보라. 그리고 기쁨으로 그 실험을 실천해 보고 하나님께서 어떻게 역사하는지 지켜보라!

말씀과 연결하기 ^{10-20분}

디모데전서 6장 6-10절은 묵상하기 좋은 본문이다. 저자는 "바울은 필요한 것들을 공급받은 것에 대하여 족한 줄 알아야 한다고 주장한다. 그 이상을 넘어가면 우리는 하나님이 아닌 맘몬을 섬기려는 유혹에 빠진다."라고 말한다(253쪽).

한 사람이 자원하여 디모데전서 6장 6-10절을 소리 내어 읽어보자.

⭐ 이 본문에서 가장 충격적인 내용은 무엇인가?

⭐ 어떤 영혼의 훈련 연습이 내면의 자족과 단순함을 개발하는 데 도움이 되었는가?

⭐ 자신의 삶 가운데, 부자가 되고 싶은 마음이 유혹으로 치닫는 증거는 무엇인가?

평화 누리기 ^{5분}

그룹의 한 사람이 아래에 기록된 문단을 읽고 모임을 마무리하자.

> 하늘의 보물은 하나님이 하시는 일들과 관련이 있다. 하나님은 사람들을 도우신다. 그러므로 하늘에 보물을 쌓는 최상의 방법은 마태복음 6장 33절 말씀대로 사는

것이다. "그런즉 너희는 먼저 그의 나라와 그의 의를 구하라 그리하면 이 모든 것을 너희에게 더하시리라." (240쪽)

다음 주 과제
10장에서는 하나님 나라에 거하는 것이 어떻게 염려의 문제를 치유하는지 배울 것이다. 이번 주에 연습할 영혼의 훈련은 특별한 기도의 훈련이다. 이번 주 내내 이 기도를 훈련하면 좋은 결과를 기대할 수 있다.

chapter 10
염려하지 않고
사는 법 배우기

하나님께 마음 열기 5분

시작하기 전에 5분 정도의 침묵시간을 가진 뒤, 성령을 초청하여 당신과 소그룹을 깊은 하나님의 나라로 인도해 달라고 짧게 기도하라.

영혼의 훈련 나눔 10-20분

만일 한 그룹에 6명이나 그 이상의 사람들이 참여하고 있다면, 그룹을 다시 3명이나 4명으로 나누라. 이번 주 영혼의 훈련 과제는 기도다. 기도와 염려에 대한 관계를 저자는 다음과 같이 설명한다.

> 하나님은 우리를 돌보기 위한 독특한 방편으로 기도를 선택하셨다. 우리의 염려를 기도로 바꾸라고 초청하신다. 기도하면 우리의 문제를 하나님의 손에 맡기는 것이다. 이것이 문제를 다루어야 하는 우리의 책임을 없애지는 않지만, 적어도 문제를 하나님 나라라고 하는 더 큰 맥락에서 다루게 한다. 그리고 그것은 하나님이 우리의 필요를 채우시기 위해 하나님 나라의 자원을 동원하시도록 한다. 바울은 우리가 그렇게 할 때 우리의 이해를 뛰어넘는 평강을 발견하게 될 것이라고 말한다. (272-273쪽)

아래의 질문들을 이용하여 기도를 훈련한 경험에 대하여 나누어 보자.

> 🐚 당신이 기도한 영역들 중 어떤 부분에서 하나님 나라가 역사하고 있다고 생각하는가?

> 🐚 이 기도를 드리는 동안 평강을 경험했는가? 그렇다면 당신에게 어떠한 영향을 주었는가?

> 🐚 이 훈련을 통해 하나님과 자기 자신에 대하여 새롭게 배운 점이 있다면 무엇인가?

책 내용 살펴보기 30-45분

이 장의 핵심 주제는 하나님 나라에 거하는 사람은 자신들의 삶에 대하여 염려할 필요가 전혀 없다는 것이다.

> 🐚 저자는 염려하는 것과 조심하는 것은 다르다고 말한다. 두 가지 차이점을 말해 보라.

> 🐚 이 장에서 미디어와 두려움의 상관관계에 대하여 배웠다. 잠시 당신이 자주 접하는 뉴스 미디어에 대하여 생각해 보자. 그들은 어떻게 사람들의 두려움을 이용하는가? 미디어가 당신의 의식과 하나님 나라에 대한 태도에 어떠한 영향을 주는가? 이 질문들을 그룹의 다른 두 사람과 함께 토의해 보자.

> 🐚 〈예수님의 가르침: 염려하지 말아야 할 일들〉이라는 단락을 다시 읽어보자(266-270쪽). 도움이 되었거나 도전이 된 부분들을 함께 나누어 보자.

> 🐚 주석가인 데일 앨리슨(Dale C. Allison)과 W. D. 데이비스(W. D. Davies)는 "염려는 어리석은 일이며, 하나님을 중심에서 밀어내는 것 말고는 아무 것도 이루지 못한다."라고 주장했다 (272쪽). 그 말에 동의하는가? 이유를 설명해 보라. 하나님의 나라와 염려는 왜 공존할 수 없는가?

🐚 마태복음 6장 34절을 설명하면서 저자는 다음과 같이 말한다.

"예수님은 하나님 나라가 현재 시제에만 적용된다고 말씀하신다. 우리는 바로 오늘 주어진 하나님 나라를 살 수 있다. 내일은 살 수 없다. 그래서 내일을 걱정하는 것은 불필요한 시간 낭비다. 우리가 바로 오늘 하나님을 의지하는 것처럼, 내일은 또 그때 가서 의지하면 된다. 하지만, 우리는 지금 내일을 살고 있는 것이 아니다. 오늘이라는 현재를 살고 있다." (273-274쪽)

예수님의 가르침은 오늘날 우리 문화가 미래에 대하여 취하는 태도와 어떻게 다른가?

말씀과 연결하기 ^{10-20분}

저자는 마태복음 6장 33절이 '산상설교 전체의 핵심 구절' 이라고 말한다. 〈한 번에 하루씩〉이라는 단락으로(273-275쪽) 돌아가 자신에게 특별히 도움이 되었거나 도전이 된 요점들을 정리해 보자. 모든 사람이 한 번씩 돌아가면서 토의한 후, 마태복음 6장 33절을 기도하는 마음으로 아래 지침대로 묵상하자.

🐚 한 사람씩 모두가 위의 구절을 소리 내어 읽어보자. 다음 사람으로 넘어가기 전에 잠시 멈춤의 시간을 갖자.

🐚 모두가 한 번씩 그 구절을 읽은 후에, 5분에서 10분 정도 침묵 가운데 말씀을 묵상하며, 어떻게 실제적으로 하나님 나라를 먼저 구할 수 있는지 그 방법들을 생각해 보라.

🐚 침묵 가운데 그룹 안에서 깨달음을 나눌 수 있도록 잠시 나눔의 시간을 가져라.

평강 가운데 일상으로 돌아가기 ^{5분}

그룹 내 한 사람이 아래의 인용문을 소리 내어 읽음으로 모임을 마무리하자.

> 우리가 하나님의 나라에 거하며, 선하고 아름다운 하나님과 교제하고 사는 한, 아무 것도 두려워할 필요가 없다. 심지어는 두려움 그 자체도 있을 수 없다. 왜냐하면 생명이나 죽음도 우리를 하나님의 사랑에서 끊을 수 없기 때문이다. 우리가 이 사실을 확신할 때 염려로부터 자유로울 수 있고, 비로소 기쁨에 가득 차고, 자신감 넘치는 인생을 살 수 있다. (276쪽)

다음 주 과제

11장에서는 하나님 나라에 거하는 것이 어떻게 남을 비판하는 잘못을 치유할 수 있는지에 대하여 공부할 것이다. 이번 주에 연습하게 될 영혼의 훈련은 하루를 온전히 험담하지 않고 보내는 것이다.

chapter 11
다른 사람을 판단하지 않고
사는 법 배우기

하나님께 마음 열기 5분

시작하기 전에 5분 정도 침묵시간을 가진 후에 그리스도의 성령께서 지속적으로 새로운 삶의 방식을 가르쳐 주시도록 짧은 기도를 하라.

영혼의 훈련 점검 10-15분

만일 한 그룹에 6명이나 그 이상의 사람들이 참여하고 있다면, 그룹을 다시 3명이나 4명으로 나누라. 아래의 질문들을 이용하여 한 주 동안 연습한 영혼의 훈련, 험담하지 않고 하루를 보내기에 대한 경험들을 나누어 보자.

- 남을 험담할 수 없을 때 어떠한 어려움이 있다는 것을 발견했는가?

- 이 연습을 하는 동안 다른 사람들에 대한 관점이 어떻게 바뀌었는가?

- 이 훈련을 통해 하나님과 자기 자신에 대하여 새롭게 배운 점이 있다면 무엇인가?

책 내용 살펴보기 30-45분
이 장의 핵심 주제는 남을 비판하는 것은 그들을 조정하기 위해 흔히 사용하는 방법이지만, 언제나 성공하지 못한다는 것이다. 예수님의 방법은 기도하고, 구하고, 찾고, 변화되기를 원하는 그 사람 곁에 함께 있는 것이다.

- 저자는 비판이 실패하는 이유를 다음과 같이 요약한다. "정죄의 기술은 사랑의 표현이 아니기 때문에 실패한다. 상대방이 변화의 필요성을 스스로 느끼지 않기 때문에 실패한다. 정죄의 기술은 상대방이 변화를 향해 발전할 수 있도록 돕지 못할 뿐만 아니라, 완전히 틀린 비판일 수도 있기 때문에 실패한다(289쪽)."

- 가족 중에 당신에게 정죄의 기술을 사용한 사람이 있었는가? 그랬다면 결과는 어땠는가?

- 저자는 마태복음 7장 7-11절에 나오는 구하라, 찾으라, 두드리라는 말씀을 전혀 다르게 접근하여 해석한다(297-301쪽). 저자의 해석에 대하여 어떻게 생각하는가?

- 저자는 남을 비판하는 것이 하나님께 사랑받거나 하나님 나라에 사는 것으로 만족함을 느끼는 대신 다른 사람들보다 자신이 우월하다는 느낌을 갖기 위해서, 혹은 다른 사람을 변화시키려는 욕심 때문이라고 말한다. 하나님 나라에 거한다는 느낌이 들고, 그 결과로 다른 사람을 비판하고 싶은 마음이 줄어든 경험을 한 적이 있는가? 만약 그렇다면 다른 사람들과 자신의 경험을 나누어 보자.

말씀과 연결하기 10-20분
한 사람이 자원하여 요한복음 8장 1-11절을 읽어보자.

- 바리새인들이 이 여자를 비판한 보이지 않는 동기와 언급된 동기는 무엇인가?

★ 자신이 간음 현장에서 붙잡혀 온 이 여인이었다고 상상해 보자. 그 경험이 당신을 어떻게 변화시키겠는가?

★ 우리가 변화시키고 싶은 사람을 생각할 때 이 이야기에서 어떠한 깨달음을 얻을 수 있는가?

평강 가운데 일상으로 돌아가기 ^{5분}
이 책의 저자는 자신의 아들에 관한 이야기를 하며 이 장을 결론짓는다. 소그룹의 한 명이 아래의 인용 부분을 소리 내어 읽어보도록 하자.

> 만일 정말 누군가가 변화하는 것을 보기 원한다면, 우리는 그들과 함께 있고 변화의 과정에 동참해야 한다. 우리의 시간과 에너지를 투자해야 한다. 나는 우리에게 기도의 특권과 하나님 나라의 자원이 주어졌다는 사실이 너무나도 감사했다. 제이콥의 문제가 해결되지 않았다 할지라도 여전히 내게 큰 축복이었다. 우리는 성공한 모든 사람들의 인생은 엄청난 노력이 필요하다는 사실을 배웠다. 그리고 그 과정을 통해 아들과 나는 더욱 가까워졌다. 예수님의 명령에 따라 우리의 인생을 건설하는 것은 때로는 어렵지만, 분명 든든한 반석 위에 세워 가는 것이다. (306쪽)

다음 주 과제
12장에서는 어떻게 하면 일상에서 하나님 나라를 경험할 수 있는가를 배울 것이다. 이번 주에 연습할 영혼의 훈련은 하루를 경건하게 사는 것이다. 이 연습을 하루만이 아니라 며칠 동안 하는 것이 좋다. 그러므로 시간을 계획하여 이 장을 미리 읽고 준비하라.

chapter 12
날마다 하나님 나라를 경험하며 살기

하나님께 마음 열기 5분

시작하기 전에 5분 정도 침묵한 뒤, 그리스도께서 우리를 그분의 삶의 방식으로 인도해 주실 것을 구하는 짧은 기도를 하라.

영혼의 훈련 점검 10-15분

만일 한 그룹에 6명이나 그 이상의 사람들이 참여하고 있다면, 그룹을 다시 3명이나 4명으로 나누라. 아래의 질문들을 이용하여 하루를 경건하게 사는 영혼의 훈련 경험에 대하여 나누어 보자.

- 마담 귀용의 하루 일과를 따르기 위해서 당신의 일상 중 어떤 부분을 바꿔야 했는가?

- 이러한 삶의 방식을 고수하기 위해서 당신의 삶의 영역에서 어떤 부분을 바꾸겠는가?

- 이 훈련을 통해 하나님과 자기 자신에 대하여 새롭게 배운 점이 있다면 무엇인가?

책 내용 살펴보기 30-45분

이 장의 핵심 주제는 영성훈련을 하지 않고서는 효율적이고 기쁜 그리스도인의 삶을 일상에서 누릴 수 없다는 것이다.

- 이 장의 첫 부분에서 저자는 영혼의 세계를 관리하는 것을 불을 지피고 유지하는 것에 비교했다. 이 설명 방법에 대한 당신의 반응은 어떤가?

- 이 장에서는 두 가지의 잘못된 가르침이 언급되었다. (1)중요한 것은 예수님을 믿는 것이지 그분과 지속적인 관계를 갖는 것은 아니다. (2) 좋은 그리스도인이 되기 위한 유일한 방법은 모든 율법을 지키는 것이다. 이러한 잘못된 사고방식이 당신의 믿음 생활에 어떠한 영향을 미쳤는가?

- 요한복음 15장 5-8절을 설명하는 과정에서 저자는 다음과 같이 말한다. "예수님 안에 거한다는 것은 예수님과 시간을 함께 보낸다는 것이다. 내 경우에는, 내 생각과 마음을 주님의 임재 가운데 집중할 때 주님과 시간을 함께 보낼 수 있다."(317쪽). 어떠한 훈련이 그리스도 안에 거하도록 돕는가? 이것이 당신의 삶에 어떠한 영향을 미치는가?

- 산상설교의 마지막 부분에서 예수님이 소개하신 4가지 이미지들(넓은 문 좁은 문, 내면 세계와 외면 세계의 차이, 예수님을 안다고 주장하지만 정작 모르는 사람들의 모임, 모래 위에 지은 집과 반석 위에 지은 집, 318-324쪽) 가운데 자신에게 가장 도전이 된 이야기는 무엇인가? 왜 그렇게 생각하는가?

- 당신 안에 그리스도가 거한다는 사실을 알고, 흔들리지 않는 하나님 나라에 거한다는 사실을 안다면, 인생의 폭풍을 통과하는 태도가 달랐을 것이라고 생각하는가? 그 차이를 설명해 보자.

말씀과 연결하기 10-20분
한 사람이 마태복음 7장 24-27절을 소리 내어 읽어보자. 아래의 질문들을 토의해 보자.

 이 본문을 친구에게 설명해야 한다면, 무슨 말을 어떻게 하겠는가?

 이 책을 통해 무엇을 배웠으며, 그리스도 예수의 굳건한 가르침에 기초하여 당신의 영적인 집을 짓기 위해 앞으로 당신이 할 일은 무엇인가?

평강 가운데 일상으로 돌아가기 5분
한 사람이 아래의 단락을 읽음으로 모임을 마무리하자.

> 예수님과의 관계를 키우기 위한 유일한 길은 내 생각과 마음을 하나님 나라에 맞추는 것이다. 예수님의 제자에게 가장 기초적인 초석은 매일의 삶 속에서 예수님과 친밀한 관계를 맺는 것이다. 우리의 생각을 위의 것에 맞추고 일상을 보내는 법을 배운다면, 그리스도인의 삶에서 가장 중요한 영적인 훈련들 가운데 하나를 배운 것이다. (324-325쪽)

새로운 기대
이로써 『선하고 아름다운 삶』을 공부하는 시간이 끝났다. 그러나 소그룹이 함께할 수 있는 일들이 여전히 많다. 그중 하나는 곧 출판될 시리즈의 세번째 책 『선하고 아름다운 공동체』를 다시 공부하는 것이다. 세번째 시리즈에서는 우리가 매일의 삶 가운데 예수님의 제자로 어떻게 살아가야 하는지에 대하여 배울 수 있다. 또 다른 할 일은 이 과정을 마친 여러분 한 사람 한 사람이 『선하고 아름다운 삶』으로 제자훈련 과정을 인도할 새로운 소모임을 만드는 것이다. 이 두번째 방법이야말로 우리의 삶을 예수님의 이야기에 젖어들게 하고, 하나님과 더욱 깊은 사랑에 빠질 수 있는 좋은 방법이다. 무엇을 하든지 미리 계획을 세우고, 계획대로 정해진 시기에 실천할 수 있기를 바란다.

Note

서문

- p. 6 · "당신은 나에게 그 사람들을 위해 무엇을 해주냐고 물으셨지요?" : 존 웨슬리, 〈이성과 종교를 가진 분들에게 드리는 진지한 호소〉, The Works of John Wesley: On Compact Disc (Franklin, Tenn.: Providence House, 1995).

1장 미처 누리지 못한 선하고 아름다운 삶

- p. 25 · "85%가 행복이라고 답했다" : J. P. 모어랜드와 클라우스 이슬러, 『진짜 행복(이미 손에 쥐고 있는)』(생명의말씀사)
- p. 30 · "하나님의 진노는 죄를 간과하지 않으시고, 죄에 대하여 자신의 의를 드러내신다." : 하나님의 진노에 대해 더 많은 것을 알고 싶으면 『선하고 아름다운 하나님』 6장, "거룩하신 하나님"을 읽어라.
- p. 33 · "선행 없이는 행복이 있을 수 없다" : 토마스 머튼, 『칠층산』(바오로딸)
- p. 36 · "자신을 훈련하지 않으면 다른 선수들이 고생한다." : See Jay Carty and John Wooden, Coach Wooden One on One (Ventura, Calif.: Regal, 2003).
- p. 41 · "만일 지도가 지형과 다르다면" : 고든 리빙스턴, 『너무 일찍 나이들어버린 너무 늦게 깨달아버린』(리더스북)
- p. 43 · "하나님은 하나님과 상관없는 행복이나 평화를 주실 수 없습니다" : C. S. 루이스, 『순전한 기독교』(홍성사)
- p. 44 · "제자가 되지 않는 대가" : 달라스 윌라드, 제임스 브라이언 스미스, 리차드 포스터, 『리처드 포스터가 묵상한 신앙 고전 52선』(두란노)에서 재인용

2장 많은 사람들이 한 번도 들어보지 못한 복음

- p. 54 · 하나님 나라와 천국(Kingdom of Heaven)은 동의어임. 마태는 후자(천국)를 사용하였는데 이를 두고 학자들은 하나님의 신성한 이름을 사용하는 것을 불쾌하게 생각하는 유대인을 대상으로 하였기 때문이라고 한다.
- p. 58 · "달라스 윌라드도 다음과 같이 말했다" : 달라스 윌라드, 『하나님의 모략』
- p. 59 · "영국이 낳은 위대한 설교가 마틴 로이드 존스" : 마틴 로이드 존스, 『하나님의 나라』(복있는 사람) Martyn Lloyd-Jones, The Kingdom of God (Wheaton, Ill.: Crossway, 1992), p. 8.
- p. 60 · "신약시대의 교회는……승리를 확신했다." : 존 브라이트, 『하나님의 나라』(크리스챤다이제스트) John Bright, The Kingdom of God (Nashville: Abingdon, 1981), p. 244.

3장 진정한 행복으로의 위대한 초청

- p. 79 · "종교적으로 순전하지 못한 사람들이 예수님과 같은 테이블에서" : L. Gregory Jones, Embodying Forgiveness (Grand Rapids: Eerdmans, 1995), p. 121.

p. 83 · "그리스도 왕국의 광대함": Alfred Edersheim, *The Life and Times of Jesus the Messiah* (Peabody, Mass.: Hendrickson, 1993), p. 367.

p. 83 · "마태와 누가의 심령이 가난한 자": 마태와 누가의 표현이 다른 것은 언어적인 표현의 문제이다. 예수님은 아람어를 사용하셨다. 예수님이 원래 사용하셨던 단어는 'inwetan'인데 히브리어로는 'anawim'으로 표기된다. 심령이 가난한 자로 번역된 단어는 'anawim'이다. ("복 있는 사람들은 'anawim'이다"). Anawim이라는 단어에는 "궁핍하다 혹은 가난하다는 의미가 없다. 오히려 종교적인 의미로서의 가난함을 의미한다." 안나 베쥬비츠까야(Anna Wierzbicka)의 주장에 의하면, 헬라어에는 이 개념을 완벽하게 설명할 수 있는 단어가 없었다고 한다. 그래서 마태는 예수님이 물질적으로만 가난한 사람들이 아니라(누가복음에는 이 개념이 강하다), 삶의 다른 영역들에서도 가난한 사람들을 의미했다고 주장한다. *What Did Jesus Mean?* [Oxford: Oxford University Press, 2001], pp. 37-39.

p. 83 · "달라스 윌라드는 '심령이 가난한 자'를 '영적 빈곤'으로 번역했다": 달라스 윌라드, 『하나님의 모략』(복있는사람), *The Divine Conspiracy* (San Francisco: HarperSanFrancisco, 1998), p. 100. 개인적으로 나는 'anawim;에 대한 위쯔비카의 표현도 좋아한다. "여기서는 하나님이 채우시지 않으면 아무것도 할 수 없는 약자들을 의미한다. 그 하나님은 그들의 필요를 공급하실 수 있는 분이시고 무엇보다 그렇게 하시기 원하는 분이시다." (Wierzbicka, *What Did Jesus Mean?* p. 39).

p. 84 · "사회적으로 소외되고 외면된 계층의 사람들": Wierzbicka, *What Did Jesus Mean?* p. 38.

p. 84 · "환경이 비참한 사람": R. T. France, *The Gospel of Matthew* (Grand Rapids: Eerdmans, 2007), p. 165.

p. 86 · "하나님 나라가 그런 사람들의 것이고": 달라스 윌라드, 『하나님의 모략』, *The Divine Conspiracy*, p. 117.

p. 94 · "교황 베네딕트 16세가 아주 아름답게 묘사했다": Pope Benedict XVI, *Jesus of Nazareth* (New York: Doubleday, 2007), pp. 71-72.

p. 97 · "환대를 이야기할 때 우리는": Daniel Homan and Lonni Collins Pratt, *Radical Hospitality* (Brewster, Mass.: Paraclete, 2002), p. 3.

p. 98 · "낯선 사람에게 자신을 먼저 열어 보인다는 것은": *Ibid.*, p. 21.

p. 99 · "내가 보수적이라면 그 사람은 진보적이다.": *Ibid.*, p. 63.

p. 99 · "준비하는 사람이 되라.": *Ibid.*, p. 117.

p. 100 · "전화기를 내려놓고 동료의 말에 잠시라도 귀를 기울여라.": *Ibid.*, p. 43.

4장 화내지 않고 사는 법 배우기

p. 111 · "육체는 몸을 의미하지 않는다.": John Chrysostom, quoted in *The New Schaff-Herzog Encyclopedia of Religious Knowledge* (New York: Funk & Wagnalls, 1909), 3:329.

p. 116 · "사람들은 어떻게 변화하는가?": Andrew D. Lester, *The Angry Christian* (Louis-ville, Ky.: Westminster John Knox, 2003), pp. 100-101.

p. 118 · "분노 중에는 의로운 분노도 있다.": Neil T. Anderson and Rich Miller, *Getting Anger Under Control* (Eugene, Ore.: Harvest House, 2002), p. 54.

p. 119 · "바울이 여기에서 말하고자 하는 핵심 포인트는": Archibald Hart, *Feeling Free* (Old Tappan, N.J.: Revell, 1979), p. 74.

p. 121 · "안식일의 쉼은 신뢰로의 초대다.": Norman Wirzba, *Living the Sabbath* (Grand Rapids: Brazos, 2006), p. 38.

5장 정욕을 이기며 사는 법 배우기

p. 129 · "매년 TV에는 평균 14,000번도 넘게 성적인 내용이 등장한다" : Lauren Winner, *Real Sex*(Grand Rapids: Brazos, 2005), p. 63.

p. 130 · "인간의 성에 대한 두 가지 주된 실수가 있다" : Dallas Willard, "Spirituality and Ministry," a D.Min. course at Fuller Theological Seminary I cotaught with Dallas for ten years.

p. 130 · "아주 영향력 있고 유명한 기독교 영성 작가 히포의 어거스틴: 과연 어거스틴이 성에 대하여 무조건적으로 부정적인 시각을 가지고 있었는지에 대해서는 논란의 여지가 있다. 그가 성에 부정적인 관점을 갖고 있었다는 것은 확실한 사실이다. 하지만, 어떤 사람들은 당시 문화적 상황을 고려하면 어거스틴은 성에 대하여 비교적 균형 있고, 심지어는 진보적인 관점을 가지고 있었다고 주장한다.

p. 143 · "정욕과 대항하는 일이라면": Rob Bell, *Sex God: Exploring the Endless Connections Between Sexuality and Spirituality*(Grand Rapids: Zondervan, 2007), pp. 81-83.

p. 143 · "하나님이 지으신 인생을 살아가는 데 핵심은 감사하는 태도다." : Ibid., p. 74.

pp. 144-145 · 리쳐드 포스터의 삼각형 도해 : 이 도해는 리처드 포스터, 『돈, 섹스, 권력』(두란노), *The Challenge of the Disciplined Life*(San Fransisco: HarperSanFrancisco, 1989), p. 129

6장 거짓말하지 않고 사는 법 배우기

p. 156 · "우리는 10분 동안 평균 3.3회 거짓말을 한다고 한다." : Ralph Keyes, *The Post-Truth Era*(New York: St. Martin's Press, 2004), p. 3.

p. 156 · "우리는 5분에 한 번꼴, 즉 하루에 평균 200번 이상 속고 있다는 것이다." : 2007년 8월27일에 방송된 〈오프라 윈프리 쇼〉를 보면서 들은 내용이다. 인터넷에도 '다시 보기'로 올라와 있기는 한데, 이 연구에 대한 정확한 출처는 밝히지 않아서 찾지 못했다.

p. 156 · "어떤 종류의 거짓말은 모든 대화의 3분의 2정도 등장한다." : Keyes, *Post-Truth Era*, p. 7.

p. 156 · "59퍼센트 정도의 부모들은 아이들에게 정기적으로 거짓말을 한다." : Ibid., p. 250.

p. 156 · "거의 모든 사람이 자기도 모르게 거짓말을 한다." : Ibid., p. 7.

p. 156 · "돈 많은 부모들은 자기 아이들을 위해 진단서 쇼핑을 다닌다.": 데이비드 칼라한, 『거짓과 편법을 부추기는 문화』(서돌), David Callahan, *The Cheating Culture* (Orlando: Harcourt, 2004), p. 8.

p. 157 · "이력서에 기록된 쓰레기 정보들" : Keyes, *Post-Truth Era*, p. 63.

p. 157 · "미국 사람들은 현재 1년에 60억 달러어치 정도의 텔레비전 수신료를 훔치고 있다." : Ibid., p. 11.

p. 157 · 자동차 정비소에서 이뤄지는 사기 행위 : Ibid., pp. 30-32.

p. 157 · "미국 사람들은 많은 분야에서 점점 더 속일뿐만 아니라, 그런 행동에 대해 죄책감도 거의 느끼지 않는다." : Ibid., p. 13.

p. 158 · "자신들의 거짓말에는 관대하면서": Keyes, Post-Truth Era, p. 8.

p. 167 · "누군가를 속일 목적으로": *Ibid.*, p. 9.

p. 171 · "철저한 정직": 나는 이 말을 〈에스콰이어〉 2007년 7월호 기사에서 처음으로 접했다.

7장 저주하는 사람을 축복하는 법 배우기

pp. 187-188 · "로마 병사가 유대인들에게 짐을 들어줄 것을 요청하면" : 마태복음 27장 32절에 보면 로마 병사가 시몬에게 명령하는 장면에서 이 전통을 알 수 있다.

- p. 193 · "예수님은 인간의 악에 관한 문제를" : 데이비드 옥스버거, 『외길영성』(생명의 말씀사) David Augsburger, *Dissident Discipleship* (Grand Rapids: Brazos, 2006), p. 137.
- p. 194 · "부족함이 없는 사람들" : 미로슬라브볼프, 『베품과 용서』(복있는사람) Miroslav Volf, *Free of Charge* (Grand Rapids: Zondervan, 2005), p. 109.
- p. 195 · "부요한 자아는 신뢰를 가지고 미래를 기대한다" : *Ibid.*, p. 110.
- p. 197 · 텔레이오스는 영적 성숙을 의미한다. : R. T. France, *The Gospel of Matthew* (Grand Rapids: Eerdmans, 2007), p. 228.
- p. 197 · "스티븐의 아들 바비는 911참사로 목숨을 잃었다." : 쉐인 클레어본, 『믿음은 행동이 증명한다』(규장) Shane Claiborne, *The Irresistible Revolution*(Grand Rapids: Zondervan, 2006), pp. 204-5.
- p. 198 · 보일 하이츠의 엄마들 : 옥스버거, 『외길영성』 Augsburger, *Dissident Discipleship*, p. 126.
- p. 201 · "어떤 사태가 벌어져도 우리는 하나님 안에서" : 달라스 윌라드, 『하나님의 모략』 Dallas Willard, *The Divine Conspiracy* (San Francisco: HarperSanFrancisco, 1998), p. 181.

8장 허영심 없이 사는 법 배우기

- p. 213 · 허영심에 관한 존 카시안의 글 : John Cassian, *The Monastic Institutes* (London: Saint Austin Press, 1999), p. 163.
- p. 213 · "거룩함에 대한 교만처럼": 엔드류 머레이, 『겸손』(크리스찬다이제스트) Andrew Murray, *Humility* (Minneapolis: Bethany House, 2001), p. 64.
- p. 213 · "이 질병은 사람의 선행이 있는 곳을 정확하게 친다.": Cassian, *Monastic Institutes*, pp. 163-65.
- p. 217 · "사람들이 일정량의 돈을 회당에 내면": R. T. France, *The Gospel of Matthew*, New International Commentary on the New Testament (Grand Rapids: Eerdmans, 2007) p. 236.
- p. 221 · "하나님은 보이지 않는 분이시다": *Ibid.*, p. 239.
- p. 221 · "우리는 왜 기도하는가?": John Chrysostom, "Homily 19 on St. Matthew: On the Lord's Prayer," in Nicene and Post-Nicene Fathers, first series, vol. 10, ed. Philip Schaff, trans. George Prevost and rev. M. B. Riddle (Buffalo, N.Y.: Christian Literature Publishing, 1888). Rev. and ed. for New Advent site by Kevin Knight ⟨www.newadvent.org/fathers/200119.htm⟩.
- p. 223 · "나사렛 예수의 전 생애는": 헨리 나우웬, 『세상의 길 그리스도의 길』(IVP) Henri Nouwen, *The Selfless Way of Christ* (Maryknoll, N.Y.: Orbis, 2007), p. 31.
- p. 224 · 존 캘빈은 어떻게 하나님께 집중하면: John Calvin, quoted in C. J. 매허니, 『겸손』(생명의 말씀사) C. J. Mahaney, *Humility* (Colorado Springs: Multnomah Books, 2005), p. 21.

9장 탐욕을 부리지 않고 사는 법 배우기

- p. 233 · "소비자의 대략 90퍼센트가 무의식중에": Martin Lindstrom, *Buyology* (New York: Doubleday, 2008), p. 195
- pp. 235-236 · 수즈 오만의 아버지 이야기 : 수즈 오만, 『당신이 알고 있는 모든 것은 틀렸다』(청년정신) Suze Orman, *The 9 Steps to Financial Freedom* (New York: Crown, 1997), p. 3.
- p. 237 · "지금보다 조금만 더": 이 이야기를 많이 들었는데 출처를 찾을 수가 없다. 저자가 불명확한 것 같다.
- p. 240 · "그가 보호하고 간수하고 지키려는 대상이 보물이다" : 달라스 윌라드, 『하나님의 모략』 Dallas

Willard, *The Divine Conspiracy* (San Francisco: HarperSanFrancisco, 1998), pp. 203-4.

p. 241 · "그것은 하나님 나라에 속하며 하나님 나라의 우선순위를 따라 살 때 저절로 쌓인다.": R. T. France, *Gospel of Matthew* (Grand Rapids: Eerdmans, 2007), p. 259.

p. 241 · '눈이 나쁜 사람'은 인색하고 시기심이 많고 질투심이 많은 사람을 의미했다.: Ibid., p. 262.

p. 242 · "학자들은 맘몬이라는 표현이 히브리 문화에서": Ibid.

p. 243 · "돈이 말하고 사람들은 귀 기울인다.": Wesley K. Willmer, *God and Your Stuff* (Colorado Springs: NavPress, 2002), p. 26.

p. 247 · "최근에 신경학자들이 신앙을 가진 사람들에게: Lindstrom, *Buyology*, p. 108.

p. 248 · "사람들이 아주 잘나가는 브랜드": *Ibid.*, p. 124.

p. 248 · "아무 것도 안 하고 하루 여덟 시간씩 꼬박": *Ibid.*, p. 37.

p. 249 · "실제적으로 내가 생각할 수 있는": *Ibid.*, p. 138.

p. 251 · "단순성은 외적 생활로 나타나는 내적 실재": 리차드 포스터, 『영적 훈련과 성장』(생명의 말씀사) Richard J. Foster, *Celebration of Discipline* (San Francisco: HaperSanFrancisco, 1978), p. 69.

10장 염려하지 않고 사는 법 배우기

p. 261 · "여러분 팔뚝의 작은 반점이 어쩌면": Adapted from Scott Bader-Saye, Following Jesus in a Culture of Fear (Grand Rapids: Brazos, 2007), p. 14.

p. 262 · "이익을 위한 두려움" syndrome: Ibid., p. 16.

p. 262 · "텔레비전 뉴스 프로그램들은 근거 없는 공포에 의존해서": 배리 글래스너, 공포의 문화(부광) Barry Glassner, *The Culture of Fear* (New York: Basic Books, 1999), p. xxi.

p. 268 · "예수님이 의도적으로 오래된 주제를 기가 막히게": Dale C. Allison and W. D. Davies, Commentary on Matthew VII-XVIII, International Critical Commentary (Edinburgh: T & T Clark, 1991), p. 653.

p. 272 · "염려는 어리석은 일이며,": Ibid., p. 652.

11장 다른 사람을 판단하지 않고 사는 법 배우기

p. 286 · 정죄의 기술: 이 말은 달라스 윌라드 교수에게서 처음 들은 말이다. 그렇기 때문에 출처를 달라스 윌라드 교수라고 밝혀야 한다.

p. 293 · "내가 틀릴 수도 있겠지만, 그 본문들을": 달라스 윌라드 교수는 내가 산상설교를 해석하는 데 가장 중요한 기초를 제공했다(『하나님의 모략』을 한번 읽어보라) 달라스 윌라드 교수의 해석에 동의하기까지는 몇 년이 걸려야 했다. 하지만 결국 교수님의 해석에 동의할 수밖에 없었다. 비록 윌라드 교수가 신약 학자가 아닌 철학자이지만, 산상설교에 대한 이해는 그 어떤 학자보다 명확하다고 생각한다.

pp. 293-294 · "몇몇 신약 학자들도 이 해석에 힘을 실어준다.": 데일 앨리슨과 데이비스 그리고 프란스 모두 예수님께서 남을 비판하지 말라는 가르침을 주시면서 우리의 도움을 거절하는 사람에게 시간을 낭비하지 말아야 할 때가 있다는 의미로 이 비유를 말씀하셨다고 주장한다. 그 사람들에게는 미안한 말이지만, 나는 그 해석에 동의할 수 없다. 예를 들면, 앨리슨은 예수님께선 남을 비판하는 것에 대한 모호한 태도를 복음을 듣고 싶지 않은 사람들에게 복음을 전하는 것과 비교하시며, 도덕적인 균형을 잡으려고 하셨다고 주장한다. 그의 주장에 의하면, 진주는 하나님의 나라를 의미하고, 마음이 강퍅해진 사람들은 하나님 나라의 가치를 알지 못하기 때문에 알려줄 필요가 없다고 말한다. "진리의 경제성이 필요하다"고 말하는 것이다.(Dale C. Allison and W. D. Davies, *Commentary on Matthew VII-XVIII*,

International Critical Commentary [Edinburgh: T & T Clark, 1991], pp. 674-76).
- pp. 299-300 · "남을 비판하는 일은 전적으로": T. W. Manson, quoted in Allison and Davies, *Commentary on Matthew*, p. 669.
- p. 302 · "남이 당신에게 하지 않았으면 하는 일을 절대로 다른 사람에게도 하지 말라.": John Wesley, "Sermon XXX: Upon Our Lord's Sermon on the Mount," *Sermons on Several Occasions*, vol. 1, ed. Thomas Jackson and Thomas Osmond Summers (New York: Carlton & Phillips, 1855), p. 285.

12장 날마다 하나님 나라를 경험하며 살기

- p. 316 · "거한다는 것은 예수님 안에 머물고, 온전히 그분만 의지한다는 말이다.": 제임스 브라이언 스미스, 『선하고 아름다운 하나님』(생명의말씀사) James Bryan Smith, *The Good and Beautiful God* (Downers Grove, Ill.: InterVarsity Press, 2009), p. 159.
- p. 319 · "제자가 되지 않음으로 치러야 할 희생은": Dallas Willard, quoted in Richard Foster and James Bryan Smith, *Devotional Classics* (San Francisco HarperSanFrancisco, 1992), p. 16.
- pp. 320-321 · "거짓 선지자들은 이단을 지칭하지 않는다.": John Chrysostom, "Homily 23.6, Matthew 7:16," *The Homilies of S. John Chrysostom on the Gospel of St. Matthew*, trans. George Prevost (Oxford: J. H. Parker, 1843), p. 356.
- p. 321 · "겉으로 드러나는 가면을 보지 말고": Quoted in *Matthew 1?13*, ed. Manlio Simonetti, Ancient Christian Commentary on Scripture (Downers Grove, Ill.: InterVarsity Press, 2001), p. 152.
- p. 327 · 〈딸에게 주는 엄마의 조언〉: 존 웨슬리의 *A Christian Library*에서 인용했고, 제임스 브라이언 스미스와 다니엘 하워드가 현대적인 용어로 고쳤다.
- pp. 330-331 · 〈언약의 기도〉: Frank Whaling, ed., *John and Charles Wesley: Selected Prayers, Hymns, Journal Notes, Sermons, Letters and Treatises*, Classics of Western Spirituality (Mahwah, N.J.: Paulist Press, 1981), p. 59.
- p. 333 · "걱정을 하면 잠을 못 잔다네.": Irving Berlin, "Count Your Blessings Instead of Sheep," 1954.

사명선언문

너희가 흠이 없고 순전하여……세상에서 그들 가운데 빛들로
나타내며 생명의 말씀을 밝혀 _ 빌 2:15-16

1. 생명을 담겠습니다
만드는 책에 주님 주신 생명을 담겠습니다.
그 책으로 복음을 선포하겠습니다.

2. 말씀을 밝히겠습니다
생명의 근본은 말씀입니다.
말씀을 밝혀 성도와 교회의 성장을 돕겠습니다.

3. 빛이 되겠습니다
시대와 영혼의 어두움을 밝혀 주님 앞으로 이끄는
빛이 되는 책을 만들겠습니다.

4. 순전히 행하겠습니다
책을 만들고 전하는 일과 경영하는 일에 부끄러움이 없는
정직함으로 행하겠습니다.

5. 끝까지 전파하겠습니다
모든 사람에게, 땅 끝까지, 주님 오시는 그날까지
복음을 전하는 사명을 다하겠습니다.

서점 안내

광화문점 서울시 종로구 새문안로 69 구세군회관 1층
02)737-2288 / 02)737-4623(F)

강남점 서울시 서초구 신반포로 177 반포쇼핑타운 3동 2층
02)595-1211 / 02)595-3549(F)

구로점 서울시 동작구 시흥대로 602, 3층 302호
02)858-8744 / 02)838-0653(F)

노원점 서울시 노원구 동일로 1366 삼봉빌딩 지하 1층
02)938-7979 / 02)3391-6169(F)

일산점 경기도 고양시 일산서구 중앙로 1391 레이크타운 지하 1층
031)916-8787 / 031)916-8788(F)

의정부점 경기도 의정부시 청사로47번길 12 성산타워 3층
031)845-0600 / 031)852-6930(F)

인터넷서점 www.lifebook.co.kr